中等职业教育国家规划教材
全国中等职业教育教材审定委员会审定

# 会计基本技能

## （第3版）

主　　编　郭启庶　张建强
责任主审　曹　冈
审　　稿　贡学智　张崇敏

中国财政经济出版社

**图书在版编目（CIP）数据**

会计基本技能/郭启庶，张建强主编．—3 版．—北京：中国财政经济出版社，2011.9
中等职业教育国家规划教材
ISBN 978－7－5095－3056－6

Ⅰ.①会…　Ⅱ.①郭…　②张…　Ⅲ.①会计学－中等专业学校－教材　Ⅳ.①F230

中国版本图书馆 CIP 数据核字（2011）第 168772 号

责任编辑：尉　敏　　　　责任校对：杨瑞琦
封面设计：华乐功

中国财政经济出版社出版

URL：http：//www.cfeph.cn
E－mail：jiaoyu@cfeph.cn

社址：北京市海淀区阜成路甲 28 号　邮政编码：100142
发行处电话：88190406　财经书店电话：64033436
北京财经印刷厂印刷　各地新华书店经销
787×1092 毫米　16 开　12 印张　282 000 字
2014 年 6 月第 3 版第 4 次印刷
定价：17.00 元
ISBN 978－7－5095－3056－6/F·2593
（图书出现印装问题，本社负责调换）
本社质量投诉电话：010－88190744
反盗版举报热线：88190492、88190446

# 中等职业教育国家规划教材
# 出 版 说 明

为了贯彻《中共中央国务院关于深化教育改革全面推进素质教育的决定》精神，落实《面向21世纪教育振兴行动计划》中提出的职业教育课程改革和教材建设规划，根据教育部关于《中等职业教育国家规划教材申报、立项及管理意见》（教职成［2001］1号）的精神，我们组织力量对实现中等职业教育培养目标和保证基本教学规格起保障作用的德育课程、文化基础课程、专业技术基础课程和80个重点建设专业主干课程的教材进行了规划和编写，从2001年秋季开学起，国家规划教材将陆续提供给各类中等职业学校选用。

国家规划教材是根据教育部最新颁布的德育课程、文化基础课程、专业技术基础课程和80个重点建设专业主干课程的教学大纲（课程教学基本要求）编写，并经全国中等职业教育教材审定委员会审定。新教材全面贯彻素质教育思想，从社会发展对高素质劳动者和中初级专门人才需要的实际出发，注重对学生的创新精神和实践能力的培养。新教材在理论体系、组织结构和阐述方法等方面均作了一些新的尝试。新教材实行一纲多本，努力为教材选用提供比较和选择，满足不同学制、不同专业和不同办学条件的教学需要。

希望各地、各部门积极推广和选用国家规划教材，并在使用过程中，注意总结经验，及时提出修改意见和建议，使之不断完善和提高。

**教育部职业教育与成人教育司**

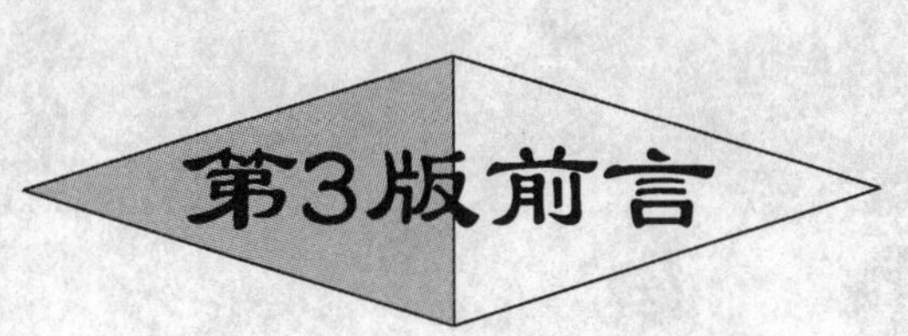

# 第3版前言

为全面贯彻落实《国家中长期教育改革和发展规划纲要（2010～2020年）》和《中等职业教育改革创新行动计划（2010～2012年）》，我们参考《中等职业教育专业目录（2010年修订）》对中等职业教育国家规划教材进行了修订，以满足中等职业学校财经类专业教学的新需要。

本教材是依据中等职业学校会计专业的特点和培养目标，按照教育部颁布的“会计基本技能教学大纲”结合“会计基本技能”课程教学改革的实际而进行修订编写的。参与编写的有：郭启庶（第一、二章）；张建强（第三、四、七章）；焦英华（第五章）；高致远、刘芳霞（第六章）。全书由郭启庶、张建强修改并总纂。

由于时间仓促，加之作者水平有限，书中不当之处在所难免，恳请广大读者不吝指正。

编　者

2011年5月

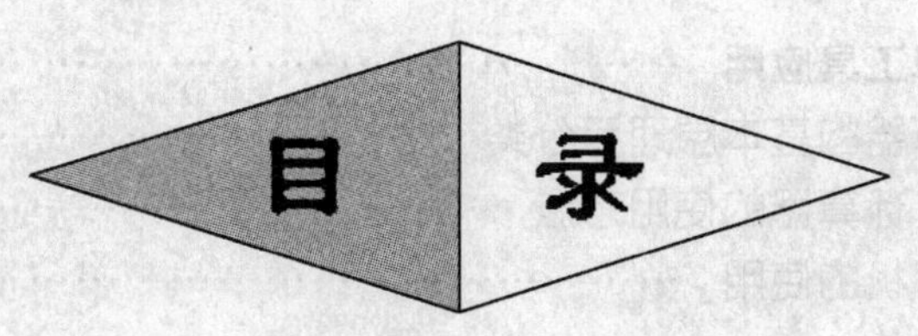


**第一章　珠算概述** …… ( 1 )
第一节　数码符号书写与订正 …… ( 1 )
第二节　珠码符号 …… ( 11 )
第三节　珠算模型 …… ( 21 )

**第二章　珠算加减法** …… ( 27 )
第一节　基本加减法 …… ( 27 )
第二节　正负数珠算加减法 …… ( 36 )
第三节　珠算加减基本技巧 …… ( 43 )
第四节　传票算与账表算 …… ( 49 )

**第三章　珠算乘法** …… ( 53 )
第一节　概述 …… ( 53 )
第二节　空盘前乘法 …… ( 57 )
第三节　破头乘法与连乘法 …… ( 65 )
第四节　混合运算——滚乘法 …… ( 70 )
第五节　省乘法 …… ( 73 )
第六节　提高乘算水平的基本途径 …… ( 75 )

**第四章　珠算除法** …… ( 89 )
第一节　一位数除法 …… ( 89 )
第二节　多位数除法 …… ( 96 )
第三节　提高除算水平的基本途径 …… (109)

**第五章　脑算法概述** …… (119)
第一节　脑算法 …… (119)
第二节　珠算式脑算加减法 …… (121)
第三节　凭借珠码拼排单积 …… (127)

第四节　凭借阿拉伯数码心算单积 …………………………………………………（132）
第五节　珠算式心算乘除法 ………………………………………………………（137）

**第六章　简单电子计算工具应用** ………………………………………………（144）
第一节　电子计算器的基本原理与分类 …………………………………………（144）
第二节　算术电子计算器的使用方法 ……………………………………………（146）
第三节　电子收银机的使用 ………………………………………………………（156）

**第七章　点钞** ……………………………………………………………………（168）
第一节　人民币的兑换与挑剔 ……………………………………………………（168）
第二节　人民币真假票币的鉴别 …………………………………………………（170）
第三节　点钞技能 …………………………………………………………………（176）

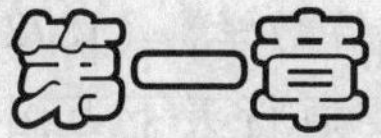

# 第一章 珠算概述

学习目标

通过本章学习，要求了解会计有关的信息，最终要用数据表达；处理过程主要是对数据的运算；这要用到多种计算方式方法和工具，本课程着重人体智能，即珠算、脑算等。理解珠算是中华民族优秀文化，既在历史上发挥了巨大作用，又仍然有现实应用和教育意义，这是由于它本身的科学性、独特优越性所产生的。明确珠码符号和珠算模型的要点，以便抓住后面各章的学习要领。掌握数据符号如何记录、书写，错了如何更正等方法、技能。

本章重点是理解珠算的优越性和独特作用，掌握数据书写、拨动、更正方法。

## 第一节 数码符号书写与订正

### 一、阿拉伯数码的产生与优缺点

数码 0，1，2，3，4，5，6，7，8，9 习惯上称为阿拉伯数码。实际上它是印度人发明的，经过阿拉伯传到欧洲，欧洲人讹称为阿拉伯数码。后又由欧洲传到世界各地，便这样称呼起来了。此前，欧洲流行的是罗马数码。大抵从 12 世纪到 16 世纪，经历了 400 年，阿拉伯数码才通行欧洲。

（一）罗马数码

罗马数码用 I、V、X、L、C、D、M 这 7 个基本符号，按积累方法，辅以左减右加原则等表示数目。例如，MMMCDLXXXIX，表示 3489。显然，这样虽有道理，也行得通，但非常麻烦。用罗马数码写大数目已感不易和缓慢；若凭借这样写出的数目计算，就更麻烦了！据说，当时一般人只能对这样的数目做加减法，能做乘除法的人，只能是专家。

（二）阿拉伯数码的优缺点

10 个阿拉伯数码符号，突出的优点是容易书写。除 4、5 之外，都能一笔写成。由于数码符号处于最基础的部位，这种优点不可小看，它可以带来一系列的简化效果。例如，使记录多位数计算中间结果的笔算竖式简化。美国传教士狄考文在其译著的《笔算数学》（1872年出版）中写道："阿拉伯数码……容易写，笔算也很合用，看大势是要通行天下万国的……"。果真被他言中，现在阿拉伯数码通行全世界。在会计簿记中，引用阿拉伯数码，也正是由于它"容易写"，从而使一系列的会计有关记录、核算工作大大简化。

当然阿拉伯数码容易涂改，是其不利的一面，例如1改7，2改3，3改8，4改8，6改8，7改9等等。这对记录会计数据是不利的，往往不得不再引用别的数码符号（如中文大写数码），加以补救，或者是采取一些其他的防范措施。

没有计算功能，也是阿拉伯数码符号的重要缺陷。例如5+3=8，但由"5"、"3"这两个符号是不能直接并成"8"的，只能通过其他途径求出得数，并靠死记硬背基本运算结果完成计算。也正由于此，不得不在计算过程中，重复书写阿拉伯数码符号（如中文大写数码），既慢又占用纸面。所以，在会计核算中，几乎是不用笔算的。

（三）阿拉伯数码写法

弥补阿拉伯数码"容易涂改"的措施之一，是书写必须规范。尤其是会计数据，不容含糊，更需要规范。

1. 账表凭证上的书写要求

在有金额分位格账表凭证上（主要是在账簿上），阿拉伯数字在书写时，结合记账规则需要有特定的要求。

（1）规范化写法（如图1-1所示）。

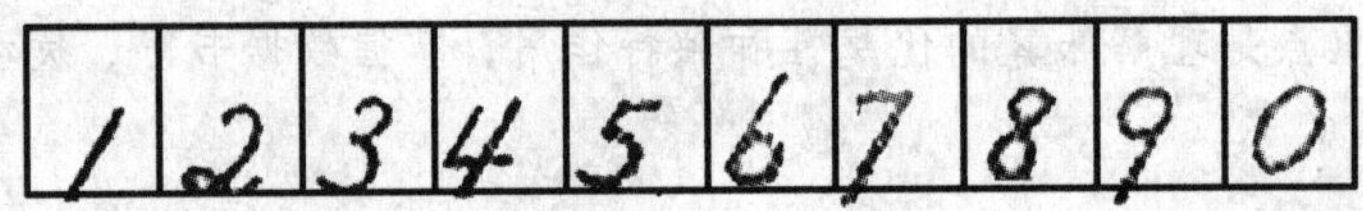


图1-1

（2）书写时的要求。

①数字的写法是自上而下，先左后右，要一个一个写，不要连写，以免分辨不清。

②数字的倾斜度以六十度左右为宜。这样能避免上下数字的重叠。

③数字的高度以账表格的二分之一为宜。这样既美观又方便写错时进行划线订正。

④除"7"和"9"下伸次行上半格的四分之一外，其他数字要靠在底线上。

⑤"6"的竖上伸至上半格的四分之一处。

⑥"0"字不要有缺口。

⑦"4"的顶部不封口。

⑧从最高位起，以后各格必须写完，如叁仟捌佰贰拾元，应写成图1-2所示样式。

| 万 | 千 | 百 | 十 | 万 | 千 | 百 | 十 | 元 | 角 | 分 |
|---|---|---|---|---|---|---|---|---|---|---|
| | | | | | 3 | 8 | 2 | 0 | 0 | 0 |

图1-2

而不能写成图 1－3 所示样式。

| 万 | 千 | 百 | 十 | 万 | 千 | 百 | 十 | 元 | 角 | 分 |
|---|---|---|---|---|---|---|---|---|---|---|
| | | | | | 3 | 8 | 2 | | | |

图 1－3

也不能写成图 1－4 所示样式。

| 万 | 千 | 百 | 十 | 万 | 千 | 百 | 十 | 元 | 角 | 分 |
|---|---|---|---|---|---|---|---|---|---|---|
| | | | | | 3 | 8 | 2 | 0 | | |

图 1－4

⑨如果书写中发生错误，不需更换凭证，只要采用正确的订正方法即可。

2. 采用三位分节制，“点、撇分明”

使用分节号能够较容易地辨认数的数位，有利于数字的书写、阅读和计算工作。我国过去以四位数为一节，现在按国际惯例，数的整数部分采用国际通用的“三位分节制”，从个位自右向左每三位数用分节号“，”分开，即三位一撇，并在个位的右下角加列小数点。例如：6,950.12。但国际上不用“，”号而以空格代替。带小数的数，应将小数点记在个位与十分位之间的下方。

一般账表凭证的金额栏印有分位格，元位前每三位印一粗线代表分节号，元位与角位之间的粗线则代表小数点，记数时不要再另加分节号或小数点。

3. 关于人民币符号“¥”的使用

在填制凭证时，小写金额前一般均冠以人民币符号“¥”，书写时在“¥”与数字之间，不能留有空位，以防止金额数字被人涂改。书写人民币符号“¥”，尤其是草写“¥”时，要注意与阿拉伯数字有明显的区别。

在登记账簿、编制报表时，不能使用“¥”符号，因为账簿、报表上，不存在金额数字被涂改而造成损失的情况。在账簿或报表上如果使用“¥”符号，反而会增加错误的可能性。例如：¥6 749 123.82，即为人民币陆佰柒拾肆万玖仟壹佰贰拾叁元捌角贰分。

> 相关资料：“¥”是拼音文字“YUAN”（元）的缩写，“¥”既代表了人民币的币制，也表示了人民币“元”的单位。所以小写金额前填写“¥”以后，数字之后就不要再写“元”了。

4. 关于金额角、分的写法

在无金额分位格的凭证上，所有以元为单位的阿拉伯数字，除表示单价等情况外，一律写到角、分；无角、分的，角位和分位可写“00”或符号“—”；有角无分的，分位应写“0”，不得用符号代替。例如，人民币捌拾玖元整，可以写成“¥89.00”，也可以写成“¥89.—”，人民币伍拾柒元陆角，应写成“¥57.60”，不能写成“¥57.6—”。

## 练　习

在下面格中练习书写阿拉伯数码

## 二、用阿拉伯数码表达数目

（一）十进位值制

用10个符号表示基数，用左位1表示本位10的记数方法，称为“十进位值制”。这是中国发明的，大约在公元1世纪已十分成熟。印度最早出现此方法，是在公元6世纪。[①]

“十进位值制”是人类文明进程中最美妙的创造之一。法国著名数学家拉普拉斯就曾说过：“用10个记号表示一切的数，每个记号不但有绝对的值，而且有位置的值，……这是一个深远而又重要的思想，它今天看来如此简单，以致我们忽视了它的真正伟绩。但恰恰是它的简单性以及对一切计算都提供了极大的方便，才使我们的算术在一切有用的发明中列在首位；而当我们想到它竟逃过了古代最伟大的两位人物阿基米德和阿波罗尼的天才思想的关注时，我们更感到这成就的伟大了。”[②]

用阿拉伯数码，并用十进位值制，就使多位数的书写非常简捷。其实就是把阿拉伯数码直接拼排起来即可。如八百四十七，把8、4、7三个码拼排成847即可；而用罗马数码记数法，则要写成DCCCXLVII，麻烦得多。

（二）数级及多位数读写法

用阿拉伯数码，按十进位值制记数，在不超过三、四位时，一看便知，随口可以读出。但位数多时，就得另想办法，这就是分级（见表1－1）。

① 吴文俊：《吴文俊论数学机械化》，75页，山东教育出版社，1996。

② 刘钝：《大哉言数》，33页，辽宁教育出版社，1993。

**表 1－1** 西洋记数法分级表

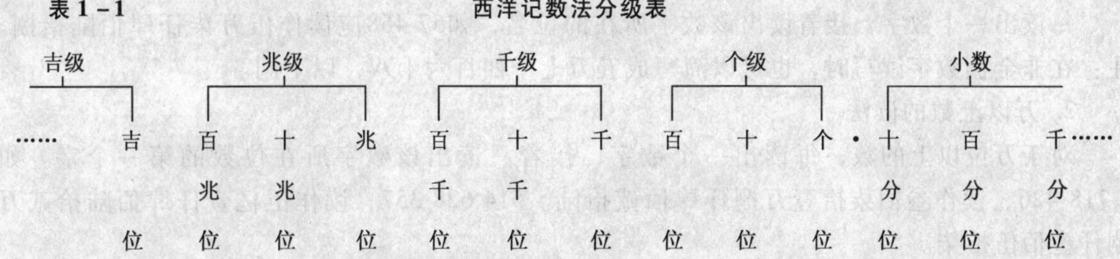


根据分级法，写多位数每 3 位一级，级间空半格（或点号“,”）；读数也按级，只读出百、十，级末才带上级名，级末的 0 不读，中间多个 0 只读一个。经过分级，即便 10 多位的多位数，也很容易读写。

［**例 1－1**］ 37 400 502 869

按级读为：37 吉 4 百兆 502 千 869，或全按汉字写出：三十七吉四百兆五百零二千八百六十九。

但是,在中国遇到了特殊情况,读写多位数成了大难题。许多人读文章,一见大数目,就停顿下来,默念:“个,十,百,千,万,十万,百万,千万,亿……”一阵子后,才能生疏地读出其中的数目来。原因在于中国传统分级法与西洋不同,是四位一级(见表 1－2)。

**表 1－2** 中国传统记数法分级表

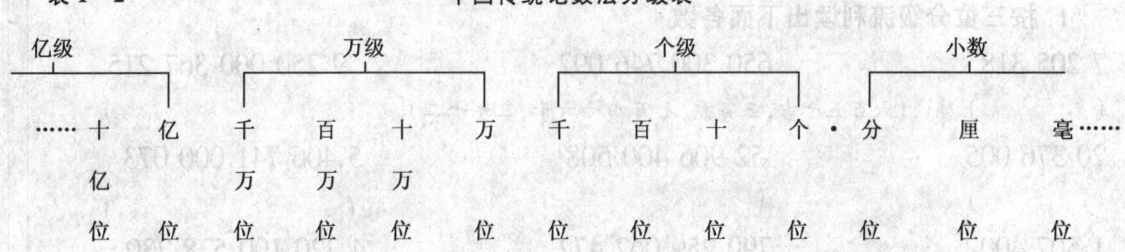


由于西洋记数法在世界上流行,我们为了与国际一致,写多位数一律按三位分级;但读数难以丢掉传统习惯,仍按四位分级读。这样,把本来容易的事情变难了。例如,读[**例 1－1**]的数 37 400 502 869 时，不知“3”在何位，只得“个，十，百……”数到它在“百亿”，但又不能读作“3 百亿”，因为“亿”只能在“亿级”末才能带上；然后“7”在“十亿位”，“4”在“亿位”，最后读“374 亿”，再读……都不顺当。如果，按四位分级来写多位数，即374 0050 2869，按级读此多位数很容易。读为：三百七十四亿零五十万二千八百六十九。听着读数，按四位分级来写也很容易。

按三位分级写数，而按四位分级读数是不科学的。所以，1984 年国务院颁布命令，不再用万、亿，正文规定大数以千、兆、吉、太、拍……表示级名。这在计算机、出版等行业已经采用，但在报刊等许多其他方面还未积极按照要求施行。其实，习惯是可以改变的。倘若遇到不得不按习惯读数时，应急的办法，可将多位数四位四位地分开，这比按“个，十，百……”逐一地数位强得多。

为方便多位数的写读，我们在三位分节的基础上总结如下读数歌诀：“一节前仟位，两节前佰万，三节前面是拾亿，好读又好记。”有了读数歌诀，按习惯读数稍有方便。

1. 万以下数的读法

每读出一个数字，接着读出该数字所在的位名，如57 468应读作伍万柒仟肆佰陆拾捌。注：在非金额数字读写时，也可以简写成五万七千四百六十八，以下同。

2. 万以上数的读法

对于万位以上的数，每读出一个数字，接着只读出该数字所在位数的第一个字。如3 718 426，读作叁佰柒拾壹万捌仟肆佰贰拾陆。514 628 357，读作伍亿壹仟肆佰陆拾贰万捌仟叁佰伍拾柒。

3. 中间有零的数的读法

数字中间有零的，不论是一个或连续几个零，都只读一个"零"而不读出其所在的位数。如9 012，读作玖仟零壹拾贰；800 065，读作捌拾万零陆拾伍。

4. 后面有零的数的读法

数字末尾有零的数的读法，既不读零，也不读零所在的位数。如2 000，读作贰仟；6 200，读作陆仟贰佰。

## 练　习

**1. 按三位分级流利读出下面各数**

7 205 318　　650 300 746 092　　9 250 000 367 215

(　　)　(六百五十吉，三百兆，七百四十六千，零九十二)　(　　)

20 376 005　　52 906 400 508　　5 406 741 000 073

(　　)　(　　)　(　　)

1 507 400　　790 259 062 472　　4 320 100 578 230

(　　)　(　　)　(　　)

**2. 上面第1题中的数目，按传统习惯读出来，容易吗？试一试。问题在哪里？**

例：最后一数按现行一些报刊上的读法是：四万三千二百零一亿，零五十七万，八千二百三十。

**3. 按下面传统习惯读出的数，写成与国际接轨的三位分级形式**

三十二亿六千零八万三千二百；三千零九亿零八万二千；二十八万亿零四百万零八十。

(　　)(　　)(　　)

（三）位数

用计数单位作位名，说起来有一定的直观性，如"个位"、"十位"、"百位"……，而用数表示位，对于运算、处理数据更有方便之处。义务教育数学里，尚未引入"位数"概念，这里，须加以明确：规定"个位"为"1位"，或说它的"位数"是1。其他各位按整数大小顺序排列，给出位数如表1-3。

表 1-3　位数表

| 位数 | …… | 10 | 9 | 8 | 7 | 6 | 5 | 4 | 3 | 2 | 1 | | 0 | -1 | -2 | …… |
|---|---|---|---|---|---|---|---|---|---|---|---|---|---|---|---|---|
| | …… | 吉位 | 百兆位 | 十兆位 | 兆位 | 百千位 | 十千位 | 千位 | 百位 | 十位 | 个位 | · | 十分位 | 百分位 | 千分位 | |

一个数左起非0“首码”所在的位数，便称这个数的位数。例如，32 504是5位数；0.00708是-2位数；90.0601是2位数。在计算或数据处理中，往往还要知道一个数中每个非0码所在的位数，如在上述三个数中，“2”在4位，“4”在1位；“8”在-4位；“6”在-1位，“1”在-3位。熟练辨别“位数”是很重要的。许多地方，别的没有什么不同，仅仅是位数不同。位数搞错，常常比数码搞错的后果更加严重。

有了“位数”概念，整数、小数就统一了。63与0.063的区别，同63与630区别一样，仅仅位数不同而已。如果不用“位数”概念，“63”为整数，“0.063”为小数，二者为两种数，区别很大；而“63”与“630”却都看成整数。

## 练　习

**1. 写出下列各数的位数**

460 300　　0.00507　　3.04071　　70 265·0309

(6)位数　　(-2)位数　　(　)位数　　(　)位数

0.00065　　0.20007　　35.00308　　0.00000261

(　)位数　　(　)位数　　(　)位数　　(　)位数

**2. 写出下列数中各码所在的位数**

3 2 0 7·6 0 9 0 0 8　　5·9 0 0 1 7 0 4

↓ ↓ ↓ ↓ ↓ ↓　　↓ ↓ ↓ ↓ ↓

( ) ( ) ( ) ( ) (-2) ( )　　( ) ( ) ( )( ) ( )

## 三、中文大写数字与会计数据订正法

### （一）中文大写数目、单位

为了弥补阿拉伯数码容易涂改的不足，在我国，会计票据总计金额不仅用阿拉伯数码写出，而且还用中文大写数码及计数单位、货币单位，按中文数目乘法累数制写出（见表1-4）。

表 1-4　中文大写数码、单位表

| | |
|---|---|
| 中文大写数码 | 壹　贰　叁　肆　伍　陆　柒　捌　玖　零 |
| 中文大写计数单位 | 亿　万　仟　佰　拾 |
| 货币单位 | 圆(元)　角　分　厘　毫 |

还具体规定：大写金额前应写“人民币”三字；空位要写“零”字；以“元”结尾必须写一个“整”字；“拾”字开头的要在前写一个“壹”字等。例如，总计120 678元，应大写为：人民币壹拾贰万零陆佰柒拾捌元整。（人民币钞票上写“圆”，票据中现在可以简写为“元”）

中国人民银行《支付结算制度汇编》规定，银行、单位和个人填写的各种票据和结算凭证是办理支付结算和现金收付的重要依据，是记载经济业务和明确经济责任的一种书面证明。直接关系到支付结算的准确、及时和安全。因此，填写票据和结算凭证，必须做到标准化、规范化，要做到数字正确、字迹清楚、不错漏、不潦草，以防止涂改。

（二）用正楷或行书字书写

相关资料：为了预防将来出现涂改的情况，在书写阿拉伯数字的同时，还要按规范的汉字书写要求进行。如壹（壹）、贰（贰）、叁（叁）、肆（肆）、伍（伍）、陆（陆）、柒（柒）、捌（捌）、玖（玖）、拾（拾）、佰（佰）、仟（仟）、万（万）、亿、圆（元）、角、分、零、整（正）等易于辨认、不易涂改的字样，不得用一、二（两）、三、四、五、六、七、八、九、十、念、仨、毛、另（或0）、园等字样代替。

第一，汉字大写数字，主要用于填写需要防止涂改的信用凭证，如：收据、借据、发货票、支票、合同书及委托合同等。中文大写数字庄重，笔画繁多，可防篡改，有利于避免混乱和经济损失。在书写时应一律用正楷字或行书字，不得自造简化字。书写如下：

基数词：壹、贰、叁、肆、伍、陆、柒、捌、玖、零。

数位词：个、拾、佰、仟、万、亿。

读写规则：

（1）基数词要与数位词结合起来表示数。

如：¥120.00元　大写为：人民币壹佰贰拾元整。

（2）数字之间不能留空位。写数字的顺序与读一样，如果数目中有相邻两个以上“0”时，大写时只写一个“零”字。如果连续有几个“0”，个位也是“0”，十分位不是“0”时，大写可不写“零”字。

如：¥2 000.46元　大写为：人民币贰仟元肆角陆分或人民币贰仟元零肆角陆分。

汉字大写数字不能写错，也不能漏写，一旦出现差错，要重新填制凭证，不能涂改。

第二，汉字小写数字用于无需防止涂改的数字。如计划、总结以及请示报告等。读写规则与大写汉字数码完全相同。书写如下：

基数词：一、二、三、四、五、六、七、八、九、十。

数位词：个、拾、佰、仟、万、亿。

（三）“人民币”与数字之间不得留有空位

有固定格式的重要单证，大写金额栏一般都印有“人民币”字样，数字应紧接在“人民币”后面书写，在“人民币”与数字之间不得留有空位。大写金额栏没有印“人民币”字样的，应加填“人民币”三字。在票据和结算凭证大写金额栏内不得预印固定的“仟、佰、拾、万、仟、佰、拾、元、角、分”字样。若发票等凭证大写金额栏内预印了固定的数位，对未使用的部分应划线或在前面加符号“⊗”。

（四）“整”字的用法

汉字大写金额数字到“元”为止的，在“元”字之后，应写“整”字。汉字大写金额数字到“角”为止的，在“角”位后可以不写“整”字，到“分”为止的，“分”字之后，不写“整”字。例如：¥25.00大写为：人民币贰拾伍元整；¥36.70大写为：人民币叁拾陆元柒角。

（五）有关“零”的写法

阿拉伯金额数字有“0”时，汉字大写金额怎样书写要看“0”所在的位置。对于数字尾部“0”，不管是一个还是连续几个，汉字大写到非零数位后，可用一个“整”字结尾，而不需用“零”来表示。如“¥8.20”，汉字大写金额写成“人民币捌元贰角”；又如“¥300.00”，应写成“人民币叁佰元整”。至于阿拉伯金额数字中间有“0”时，汉字大写应按照汉语语言规律、金额数字构成和防止涂改的要求进行书写。具体如下：

（1）阿拉伯金额数字中间有“0”时，汉字大写金额要写“零”字。如“¥604.39”，汉字大写金额应写成“人民币陆佰零肆元叁角玖分”。

（2）阿拉伯金额数字中间连续有几个“0”时，汉字大写金额可以只写一个“零”字。如“¥7 006.24”，汉字大写金额应写成“人民币柒仟零陆元贰角肆分”。

（3）阿拉伯金额数字万位是“0”，但仟位不是“0”时，汉字大写金额可以写“零”，也可以不写“零”。如“¥106 857.43”，汉字大写金额应写成“人民币壹拾万零陆仟捌佰伍拾柒元肆角叁分”或“人民币壹拾万陆仟捌佰伍拾柒元肆角叁分”。

（4）阿拉伯金额数字元位是“0”，或者数字中间连续有几个“0”，元位也是“0”但角位不是“0”时，汉字大写金额中可以只写一个“零”字，也可以不写“零”。如“¥2 580.92”，汉字大写金额应写成“人民币贰仟伍佰捌拾元零玖角贰分”或者写成“人民币贰仟伍佰捌拾元玖角贰分”；又如“¥17 000.38”，汉字大写金额应写成“人民币壹万柒仟元叁角捌分”或“人民币壹万柒仟元零叁角捌分”。

（5）阿拉伯金额数字角位是“0”，而分位不是“0”的，汉字大写金额元字后面应写“零”字。如“¥95.04”汉字大写金额应写成“人民币玖拾伍元零肆分”；又如“¥3 400.01”,应写成“人民币叁仟肆佰元零壹分”。

（六）有关“壹”字的要求

1. 在书写数字金额大写汉字中不能遗漏

平时口语习惯说“拾几”、“拾几万”，在这里“拾”字仅代表数位，不是数字。“壹拾”即代表位数，又代表数字，所以壹拾几的“壹”字不能遗漏。如¥16.79，汉字大写金额应写成“人民币壹拾陆元柒角玖分”；又如“¥180 000.00”,应写成“人民币壹拾捌万元整”。

2. 票据的出票日期必须使用中文大写

为防止变造票据的出票日期，在填写月、日时，月为壹、贰和壹拾的，日为壹至玖和壹拾、贰拾、叁拾的，应在其前加“零”；日为拾壹至拾玖的，应在其前加“壹”。例如，1月16日，应写成零壹月壹拾陆日。再如，10月30日，应写成零壹拾月零叁拾日。若票据出票日期是用小写填写的，银行不予受理。大写日期未按要求规范填写的，银行可予受理，但由此造成损失的，由出票人自行承担。

（七）结算凭证书写的补充要求

金融与财会部门在日常业务往来中，经常要用汉字来书写金额数字，如开户单位向银行提交的各种结算凭证，银行为国民经济各部门、各单位办理资金划拨、现金存款等业务。为此，财政部、中国人民银行和中国文字改革委员会在1963年联合通知规定了凭证的填写方法，1984 年财政部又在《会计人员工作规则》中再次予以明确。中国人民银行也多次作了布置和指示。例如，针对银行在审查各种凭证时，大、小写金额数字方面可能出现的问题，又作出以下几点规定：

（1）汉字大写金额数字，如果有的单位书写金额数字中使用繁体字（如貳、陸、億、萬、圓）的，也可以受理。

（2）汉字大写金额数字到“角”为止，如果“角”位后没写“整”字的，可通融受理。

（3）汉字大写金额数字有“分”位的，“分”字后面多写了“整”字的，可通融受理。

（4）阿拉伯数字小写金额￥701 002. 08，汉字大写金额写成“人民币柒拾万壹仟零贰元零捌分”时，可以受理。

（八）大写金额的写法举例

正确写法与错误写法对照如表 1－5 所示。

**表 1－5**

| 小写金额 | 大写金额 | | |
|---|---|---|---|
| | 正确写法 | 容易写错 | 错误原因 |
| ￥5 000.00 | 人民币伍仟元整 | 人民币：伍仟元整 | “人民币”后多写冒号 |
| ￥19.08 | 人民币壹拾玖元零捌分 | 人民币拾玖元捌分 | 漏写“壹”和“零” |
| ￥830.70 | 人民币捌佰叁拾元柒角 | 人民币捌佰叁拾零元柒角 | 不需写“零” |
| ￥560.70 | 人民币伍佰陆拾元柒角 | 人民币伍佰陆拾元柒角零分 | 多写“零分”两个字 |
| ￥100 600.00 | 人民币壹拾万零陆佰元整 | 人民币拾万陆佰元整 | 漏写“壹”和“零” |
| ￥9 900 000.08 | 人民币玖佰玖拾万元零捌分 | 人民币玖佰玖拾万另捌分 | 漏写“元”字，“零”错写成“另” |

（九）会计数据订正法

如果数字书写发生了错误，就要进行订正，订正数字要求规范化，不能在原来数字上涂改、挖补、刮擦或用消字药水消迹。阿拉伯数字出现错误，不需换凭证。更正办法是先将错误数字从头到尾加一道横线完全划掉，并加盖订正人的图章，以示负责；然后再将正确数字写在上方。注意一定是一个完整的数字，不准只改一半，更不准在原数上涂改其中一个数字，以免混淆不清。只有部分数字写错（哪怕只有一个数字），也要把全部数字划线勾掉更正，这种改正方法叫划线更正法。例如，4 915. 00 正确的更正方法见表 1－6：

**表 1－6**

| 万 | 千 | 百 | 十 | 元 | 角 | 分 |
|---|---|---|---|---|---|---|
| | 4 | 9 | 1 | 5 | 0 | 0 |
| | ~~4~~ | ~~8~~ | ~~1~~ | ~~4~~ | ~~0~~ | ~~0~~ |

不正确的更正方法见表 1－7：

**表 1－7**

| 万 | 千 | 百 | 十 | 元 | 角 | 分 |
|---|---|---|---|---|---|---|
| | | 9 | 1 | 5 | 0 | |
| | 4 | ~~8~~ | ~~1~~ | ~~4~~ | 0 | 0 |

不正确的更正方法见表 1－8：

**表 1－8**

| 万 | 千 | 百 | 十 | 元 | 角 | 分 |
|---|---|---|---|---|---|---|
| | | 9 | | 5 | | |
| | 4 | ~~8~~ | 1 | ~~4~~ | 0 | 0 |

在会计、统计以及其他经济类工作中，数字不许涂改、乱擦或挖补，更不许用消字药水消去数字，应该一律采用“划线更正法”加以更正。但一个结果最多只能修改两次，大写数字出现错误或漏写，必须重新填写。这一点，我们从书写珠算数字开始，就应该养成一个良好习惯，为将来工作打下基础。

## 练　习

**一、请用大写表示下面的各组金额**

(1)￥120 305.48　(2)￥68 510.00　(3)￥45 807.08　(4)￥280 006 305.00

**二、下面记的数字有错，请订正(见表 1－9)**

**表 1－9**

<table>
<tr><td colspan="8">下面第 1 行需将 6 改 8，3 改 5。<br>下面第 2 行需将 3 改 4，8 改 7。<br>下面第 3 行需将 7 改 8，5 改 7。</td><td colspan="8">下面第 1 行需将 4 改 8，9 改 2。<br>下面第 2 行需将 4 改 5，5 改 3。<br>下面第 3 行需将 2 改 3，1 改 2。</td></tr>
<tr><td></td><td>2</td><td>7</td><td>6</td><td>8</td><td>3</td><td>0</td><td>0</td><td></td><td>6</td><td>0</td><td>4</td><td>7</td><td>2</td><td>9</td><td>1</td></tr>
<tr><td></td><td></td><td>5</td><td>3</td><td>0</td><td>4</td><td>8</td><td>2</td><td></td><td></td><td>8</td><td>0</td><td>4</td><td>7</td><td>5</td><td>9</td></tr>
<tr><td>3</td><td>7</td><td>0</td><td>2</td><td>9</td><td>5</td><td>6</td><td>0</td><td>2</td><td>7</td><td>0</td><td>5</td><td>7</td><td>1</td><td></td><td></td></tr>
</table>

# 第二节　珠码符号

## 一、珠算的产生与发展

珠算的最本质特征是以“珠”为算子。严格说来珠是球体，汉语习惯上将体积较大的球体称为球，较小的称珠。了解珠算的历史，必须首先明确算珠及珠算有关的概念。不然便会产生歧义。

算珠：由于空间位置不同而可以有不同赋值的珠子，称为算珠。

算盘：按一定规格构成的算珠系统，称为算盘。

珠算：算珠系统运用的科学技术。

结绳，扳手指，用小石子、树枝条等都是远古人的原始计算。用小石子帮助计算，可以说是珠算之蒙始。

1978年在陕西周原岐山，西周早期宫室建筑遗址，发掘出90粒陶丸（青色20粒，黄色70粒），史家认为这是作计算用的，距今已有3100多年。西周陶丸也可作为一种珠算的起源来看。

东汉徐岳撰（2世纪），南北朝（6世纪）甄鸾注《数术记遗》里记有13种算具（另有“既舍数术，宜从心计”当是心算）。其中太一算、两仪算、三才算、了知算、九宫算和珠算这六种都用珠作算子，可以说是属于珠算一类，并且出现了“珠算”的名词。关于这些算具，《数术记遗》中记述的主要是记数的方法，未有详述算法。

宋代张择端名画《清明上河图》中，药铺柜台上有一把算盘。宋代古籍《谢察微算经》载有“算盘之中”、“脊梁之上”、“脊：盘中横梁隔木”等语。

到明代，在吴敬、王文素、程大位等家著作中，珠算有着明确的甚至是规范性的论述。如黄龙吟《算法指南》（1604年）中云：“夫算盘每行七珠，中隔一梁，上梁二珠，每珠当下梁五珠；下梁五珠，一珠只是一数。”此外，还记有梁上一珠的算盘。清代潘逢禧《算学发蒙》中记有梁上三珠的算盘。

## 二、古珠算法

从算法上看，史籍有记载的年代要早得多。如唐代《夏侯阳算经》提出了可以在一行里完成的多种算法，而在一行里演算是珠算法的突出特点。宋代杨辉《乘除通变算宝》（公元1274年）中已载有“归除歌”。不过，“归除歌”之类歌诀，珠算、筹算可以通用。因此，即便有某种算法，依然有人认为不一定有珠算。另一方面，也有人认为，从现有史籍中找不到珠算的记载，不等于说那时没有珠算，特别是由于古代印刷条件限制，要在史籍中留下算盘图更难。总之，关于珠算的早期历史发展情况，尚缺乏一致的看法。

历史流传至今的珠算法，是明代王文素、程大位所规范的珠算法。程大位《算法统宗》（1592年）流传全世界。现在，人们熟悉的古珠算法，就基本上是《算法统宗》里的珠算法。

### （一）珠算加法应用歌诀（也称口诀）

程大位《算法统宗》卷一称为“九九八十一，‘便蒙通用’”：

| | | | | |
|---|---|---|---|---|
| 一上一 | 二上二 | 三上三 | 一退九还一十 | 二退八还一十 |
| 四上四 | 五上五 | 六上六 | 三退七还一十 | 四退六还一十 |
| 七上七 | 八上八 | 九上九 | 五退五还一十 | 六退四还一十 |
| | | | 七退三还一十 | 八退二还一十 |
| 一下五除四 | | 二下五除三 | 九退一还一十 | |
| 三下五除二 | | 四下五除一 | 六上一起五还一十 | 七上二起五还一十 |
| | | | 八上三起五还一十 | 九上四起五还一十 |

显然，加法歌诀是根据能直接拨九个珠码的情况编出的，要熟记口诀，按口诀拨珠进行加法计算，加法口诀分为上面四类。现在，年龄大些的人，还是这样来作珠算加法，只是口诀用字略有变化，如说“三下五去二”，“八退二进一”，“六上一去五进一”等。

（二）珠算乘除法

乘法用九九口诀，如“二三如六”、“三六一十八”、“六七四十二”等。程大位《算法统宗》卷二称：“原有破头乘，掉尾乘，隔位乘，总不如留头乘之妙，故皆不录”，只用留头乘法。

除法，程大位主张用归除法。他说：“商除法者，商量法实多寡而除之；古法未有归除，古用之。不如归除，最是捷径之法也。然开方法用之。”可见，他提到商除法，只是为了开方时用。

（三）古珠算法观念

1. 古珠算意味着只是用手直接拨算盘上的算珠而完成计算的工具算

古珠算观念，就是为了求实际问题（尤其是财经商贸问题）具体得数的工具算。要计算得快而适合应用，就要求算盘合适和手指拨珠分工合理且熟练。于是，设计各种适合某应用场合的算盘，如药铺设计同柜台一样长的大算盘，上二下五珠算盘，上一下五珠算盘，上三下五珠算盘，双层算盘，多层算盘等；还很注意设计各种练习题和练习方法。

2. 古珠算只用 10 个算珠构成的状态

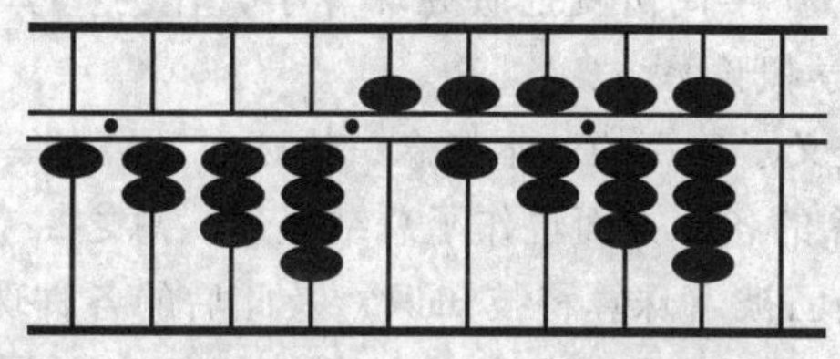

图 1－5

古珠算限于用如图 1－5 所示的 10 个算珠状态繁衍基本珠算法。现在把它们当符号看待，简称为珠码。古珠算没有明确的珠码概念，只是使用它们。在能直接拨珠加减这些构成状态时，就直接拨它们相加减；如果不能直接拨它们相加减，就将加减数码，分解成能直接拨的几个部分完成，并把该分解拨珠的情况，编成口诀。显然，要能作这种分解，尚需要珠算之外的一定的基础知识技能。例如，档上已经有，再加；无法直接向梁拨，只得向梁拨，这多加了，（5 比 3 多 2），要减 2，需向框拨。这里，“5 比 3 多 2”，“加数多 2，和也多 2，需减 2”等，就是另外的基础知识。

3. 乘除法是转化为加减的程序

乘是通过乘法九九歌诀，化乘为加；除法除用九九歌诀之外，还有用九归歌诀等估商的。由于入盘、取码等情况、顺序不同，或估商法不同，就产生了纷繁多样的乘除法名目。

## 三、近代珠算的发展

关于珠算的观念，现代当然不应当停留在古珠算阶段。应当用发展的科学观点看待珠算，估价珠算，合理有效地运用珠算。20世纪，尤其是下半叶，珠算有了突飞猛进的发展，逐步形成了现代科学珠算的全新观念。其发展过程分为若干阶段。

（一）为了实用教学珠算

20世纪初，我国学校数学教学全盘西化，那种笔算的数学教学体系里不容珠算。但笔算在实际中（如银行、商店等商贸和日用计算）不实用，所以，从1904年的“癸卯学制”以来，数学课程里都附有珠算，这可以说是近现代教学中仅有的一点中国特色。不过，这都仅仅是为了实用。

（二）三算结合教学促进珠算发展

在同一个教学班里，都是教学计算，笔算一套，珠算一套，显然不合理。所以从20世纪30年代到50年代，就有一些专家，研究笔算、珠算结合教学的问题，改进珠算方法，以使其接近笔算。60～70年代，进一步明确提出珠算、口算、笔算相结合的“三算结合教学”，想达到“一学三会”。于是，又遇到“对笔算能行的计算问题珠算也能行吗”这样的问题，从而有专家研究珠算作高级运算的问题，出现了“珠算代数”一类的著作。研究结果表明，从初等数学到高等数学，凡是笔算能行的，珠算都能行，而且在大多数情况下珠算简捷得多。当然，珠算的方法不能照搬笔算的，要根据珠算的特点精心设计。

（三）珠算学

中国珠算协会成立之后，面对着珠算的方方面面，觉得迫切需要研究珠算之“理”，求其所以然。于是从20世纪80年代初就把研究珠算学，作为“算理算法研究会”的主要任务。1990年出版了《珠算学概论》[①]。

《珠算学概论》明确定义了珠算的基本概念，论述了珠算的一些基本原理原则，对珠算法进行了归纳概括，对珠算的各个方面也作了总结概述。总之，《珠算学概论》探索概括出了珠算的许多“理”，这些已被《珠算科技知识》及此后的各种珠算教材、书籍所引用。

但对珠算作为学科的定位仍然是含糊的。如“珠算的主要作用是计算，而计算的理论和方法来自数学，所以珠算与数学联成一体，但珠算是通过运动算珠而进行计算的，珠算系统有独立的意义。”所以，关于珠算之“理”，需要继续研究探索。珠算由于面临电子计算机、计算器逐渐推广普及的挑战，特别是20世纪80～90年代，珠心算教育活动的兴起及产生的巨大震撼和影响，三算结合教学的进一步深入发展等因素，更需要解释其中之所以然。解释这些有实际意义，更有理论意义。

在丰富多彩的珠算、珠心算活动中，人们对珠算的认识逐渐深化：由单纯的认识它的计算实用功能，到认识到它有强大的多方面的教育功能，从而使珠算焕发了新的活力。珠算活动更加活跃了，参与的人数越来越多。珠算通过三算结合教学进入数学课堂，珠心算进入了课外活动课中，有的则通过“用三算结合教材，但采用珠心算教法”的形式进入数学课堂。

然而，珠算、珠心算不能堂堂正正地进入课堂吗？珠算的学科性质或特点是什么？珠算、珠心算怎样纳入教育内容系统？这些问题必须给以合理、科学的解答，是教学中不能回避的问题。目前而言，珠算、珠心算与现行幼儿园、小学到大学的数学，是不完全合拍的。这是因为世界数学有两大体系：希腊数学体系和中国数学体系，现行幼儿园、小学到大学的

---

① 中国珠算协会编：《珠算学概论》，天津科学技术出版社，1990。

数学搬用的是希腊数学体系；而珠算则是中国数学和算法的优秀代表，属于中国数学体系。希腊数学是否在一切方面都完美无缺？中国数学是不是有十分优越的部分值得采用？明显突出的例子就是计算。按中国数学之珠算、珠心算模型方式培养计算能力，比按希腊数学的计算模型方式（笔算）优越得多。因此，不能用希腊数学体系的框子，硬往珠算、珠心算上套。珠算是一门属于中国数学体系的独特的基础数学，它蕴涵着数学的强“基因”，急待系统的整理和发掘。

（四）珠算模型符号化

20 世纪 90 年代以来，对珠算、珠心算的基础意义进行了积极地探索研究。其实，在珠算（包括珠心算）的基础上，可以建立起与希腊数学之算术、几何相当的基础数学，这门基础数学，简称为“珠数学”。在 1994 年出版的《珠数学》[①] 中，开发出了许多独到的、具有中国特色的、算术和几何中所缺乏的数学之强“基因”。还可以看到，珠算就是对研究电子计算机算法特别有用的现成的“图灵机”。电子计算机运算模型与珠算模型是相同的，运算模型是电子计算机的核心，其他功能部件都是围绕运算模型而设置的。运算模型相同，在其他方面必然相似，仔细分析起来，珠算与电子计算机不仅运算模型相同，而且系统相似，语言相应，程序相当，方法技巧可以共享。对于电子计算机，人们能看到的只是输入、输出，是个“黑箱”，内部活动机制看不到，所以，从电子计算机教育的角度来看，通过计算机孩子难以明白它的原理，而珠算是能够体现计算机算法的“白箱”，所以，对于孩子，结合运用珠算教学电子计算机，会获得良好的效果。

《珠数学》的直接目的是为了把珠算、珠心算融合于数学，进而为实施中西数学方法融合提供理论和方法。进一步深入的研究成果表明，只要把珠码、动珠码等作为数学符号，同别的数学符号（阿拉伯数码 0，1，2，…，+、-、×、÷，<、>、=等）一样看待，内化在学生脑子里就可以了。所以，对珠算“扬弃旧义，创立新知”，得到现代科学珠算的基本观念是：不能单纯把珠算看做“手拨盘上算珠求得数”的工具算；而是将它符号化，内化脑中，纳入数学符号系统[②]。作为数学符号，它有许多独特且优越的地方。

## 四、珠码符号

（一）不能停留在古珠算的 10 个手拨珠码上

单个算珠装置在算盘档上，可上、下移动（不能左右移动），如此简单而已。问题是如何衍化成功能强大的系统。

一档上可以装置多个算珠，可以单独或联合移动。再结合十进位值制、5 升制这些构造计数系统的天才设计，从而一档有 5 个算珠（上 1 个下 4 个）就够了。十进制下表示基数的符号，只用如图 1-5 中 10 种状态的珠码就可以。多少年来，都是只运用这 10 种状态。这 10 种状态表示多位数够用，但用作计算（按这些状态向梁拨珠为加，向框拨珠为减）显然不够。

珠码虽有符号作用，但历史上未把它们明确为符号。用算珠构成珠码，本来与用笔画构成汉字有相似性，但人们未能这样去看，没有把珠码也如汉字那样看成符号，更不知如汉字

---

① 郭启庶、陈雨光、梁特猷：《珠数学》，中南工业大学出版社，1994。

② 郭启庶：《把珠算符号纳入中西融合的数学符号系统》，载《首届世界珠算大会文集》，中国财政经济出版社，1997。

那样去衍化。例如汉字有基本的符号（字）：金、木、水、火、土，但仅此不够，还得衍化出更多的字。例如，用两个木拼成一字表示多棵树，称为“林”，用三个木又拼合成一字表示特多的树，称为“森”；设想，当初不创造“林”、“森”这样的字，遇到这类事物就说村后“有一些树”、山上“有好些好些树”未尝不能达意，但这样无论从简捷、明确哪方面看都不如用“林”、“森”好。还有把“木”与别的字结合，如“呆”、“枯”、“棉”等，用起来都更加方便了，而且提高了语言表达能力。联系对比起来看，古珠算只局限用图1-5的那 10 种状态（10 个珠码），尚未达到构造汉字符号的境界。

另一方面，汉字是作为符号整体看待的，如“棉”是表示棉花的一个整体的字，而不分解为“木”、“白”、“巾”三个字来认来说。可是，在 6 上加 7，就把“+7”分解成“+10”、“-3”（“-3”又分解为“+2”、“-5”）来珠算。可能古人也感到这样不妥，于是编出一句口诀：“七上二去五进一”，这样熟练之后，虽比上述分解好用，但实质上口诀仍是上述分解过程的描述，而未能如“+7”那样当成一个整体的符号（字）。

珠算加减是怎么回事，如此难以说清楚，乘除就更不容易说清楚了。珠算是否还能做更高级的运算，显然难以捉摸。珠算与笔算、脑算以及其他数学运算、其他数学内容、其他科学有没有相通处，有什么共同点，则更难以琢磨。

（二）珠码符号

现代珠算把基本算珠构成状态视为符号，既要求能在算盘上灵活高速地拨出这些符号。还要求将其内化脑中，在脑中灵活运用这些符号。并开拓出动态符号的概念，即不仅静态的算珠能构成符号，动态的算珠也能构成符号。由算珠构成“算”的符号，就像由笔画构成文字是“语言”的符号一样。

1. 静珠码与动珠码

**静珠码**是指由算珠构成的表示十进位值制基数的 10 个符号。如图 1-5 中，若将其看成 10 个静止符号，就是静珠码。静珠码的作用是输出计算结果。

**动珠码**是指运动状态的算珠构成的表示加减基数的整体符号。平时说到珠码符号，包括静珠码、动珠码符号。

为了便于说明动珠码的意义和作用，还需要补充动珠码的两个概念：

**动总**：一档上所有运动着的算珠总数，简称“动总”。

**示数**：动珠码所表示出的加减珠数的绝对值，简称“示数”。

运用符号学的概念，“动总”是符号的“能指”，即符号的形式，它的多少能够直观表示出来；“示数”是符号的“所指”，即符号的内容。把一个动珠码作整体符号处理，弄清它的能指（动总）和所指（示数），是基本要求。

由于有了十进制、五升制，因此动珠码符号不必造得很多，不必像汉字那样多，总共需 26 个就足够了。比拟“字母”的说法，这 26 个动珠码可以称为“算母”，因为一切运算都可以用它们直接拼排出结果。

关于符号的具体构造、认识和掌握，将在第二章加减法里阐述、练习。

2. 珠算模型符号化的意义

运用动珠码符号（算母）概念，可以使数值运算转化为拼排算母而直接得到结果。这样，把计算简化到了理想的境界。当年被称为西方数学泰斗的莱布尼兹，平生潜心研究《万能算法》，寻求“建立一种符号和术语的体系”以使“关于符号的科学，应能排列符号，使其表达所思"。[1] 但在数值计算上，他未能寻求到如此的符号。如果我们这样来构造、运用珠码符号，就可以实现"排列符号"完成数值计算的理想目标。

把珠算模型化、符号化，不仅能形成严密而简捷的数值计算系统，而且可获得手操算、脑算、电子计算机通用的算法。这种算法系统与各种对象（如多项式、矩阵、微积分运算等）的计算系统，如数学系统、算法系统、计算机语言系统、自然语言系统……有更大的相似性，更易于使珠算与其融合，使珠算法成为能处处发挥其积极作用的算法，从而使得有关的算法更加科学、简捷、合理。此外，这种符号拼排算法系统，与人的认知结构系统、思维甚至艺术等亦有相似，因此其对教育学、心理学、思维科学、人工智能等的研究也有重要意义。

## 五、拨珠法

### （一）掌握珠码符号的三阶段

#### 1. 认识珠码

认识珠码，要在算盘上进行。它们构成的方法、涵义、道理，都须在算盘上讲解，即应通过动手操作来掌握，其与珠算法的讲解是密不可分的。当然，为突出珠码符号，也可以把它从算盘上剥离、抽象出来，或制作珠码卡片，或制作电脑软件，来进行演示，以强化认识和掌握珠码符号。

#### 2. 手拨珠码

手拨珠码，俗称打算盘，是认识、掌握、内化珠码的中心环节。要通过适当有趣的练习题目充分练习。练习中要明确其目的是熟练掌握珠码符号。

#### 3. 内化珠码

各种符号都要求内化于脑中，以便灵活运用。例如，汉字的"笑"字，孩子初认识时，看它不过是"白纸黑道"的一个字，虽能认识，却没有内化。但是，成人看见"笑"字，会觉得这个字本身就在笑、有笑意，这就是因为已把它内化了。

珠码符号，也应达到内化的程度，才算熟练掌握。珠码符号内化后，在脑子里运用它拼排完成运算，这就是所谓的珠算式脑算（俗称珠心算）。这种脑算比较易学，效率极高，值得推广。

### （二）拨珠指法

用手拨珠既是掌握珠码符号的中心环节和手操算的根本，又是将珠码符号内化脑中的重要的桥梁、手段和第一阶段，因此，应当特别重视拨珠技能技巧。

手指对算珠的接触拨动和分工管理方法，叫做指法。

打算盘不仅要有正确指法，还要有正确的坐姿，即：头正、身直、臂开、足安平。

两手大体的分工为：以右手拨珠为主，左手合理配合，至少保证拨动一个动珠码只能有一个响声；左手用拇指与无名指、小指握算盘左段，用食指（拨下珠）、中指（拨上珠）拨珠（见图 1－6）；根据具体情况两手密切配合：如右手拨本位、左手拨进位，左手拨商、右手减积，左手加根、右手减幂，左手减因、右手加积……

手指拨珠，一般要求：指稍倾斜，指尖触珠，用力适当。至于手指分工拨动方法，还要视算盘、题目情况而定。大体上以多用食指、拇指为好，因为这两个指头最灵活。此外，算

---

① 刘云章：《数学符号学概论》，8 页，安徽教育出版社，1993。

和写常常联系一起，交替使用，所以手中还要拿着笔（见图1－7）。

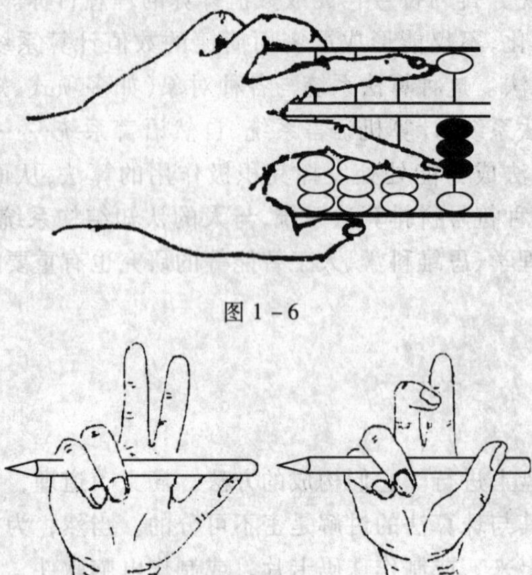

图1－6

图1－7

拨珠指法有多种，这里只介绍一般的情况。通常，大算盘用三指（拇、食、中）拨珠（见图1－8）；小、中型算盘用两指（拇、食）拨珠（见图1－9）。

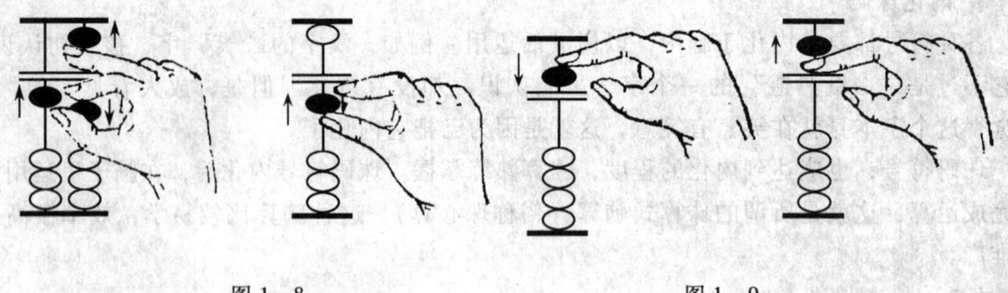

图1－8　　　　图1－9

这里，以两指法为例，大体上是拇指拨下珠向上，其余均用食指。现在具体说明最常用的八种指法：

1. 上一下（见图1－10、图1－11）

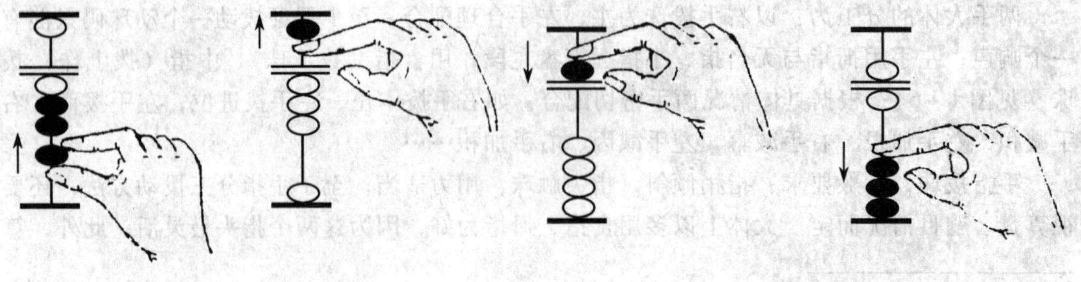

图1－10　　　　图1－11

2. 扭进—扭退（见图 1－12、图 1－13）

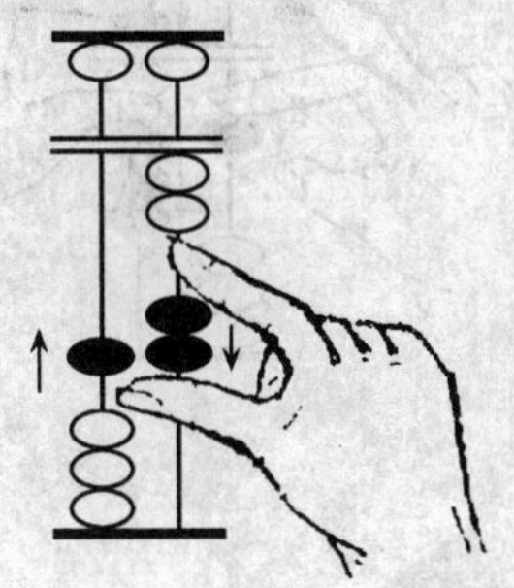

图 1－12

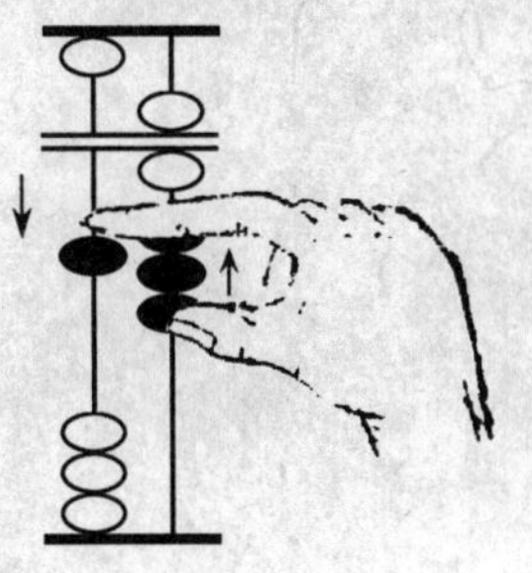

图 1－13

3. 合—分（见图 1－14、图 1－15）

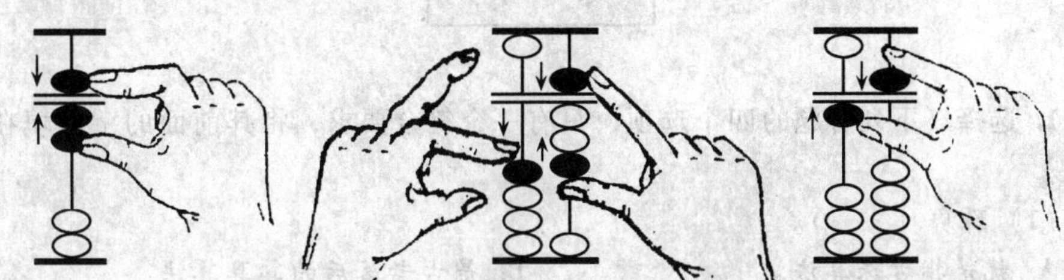

图 1－14

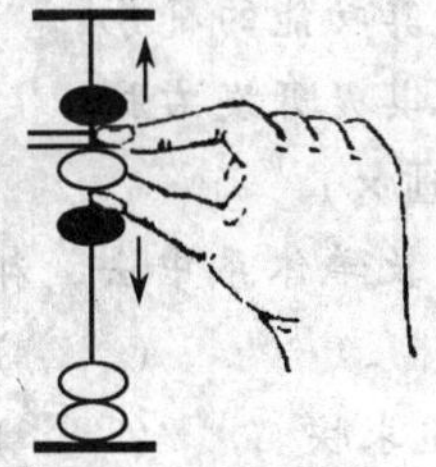

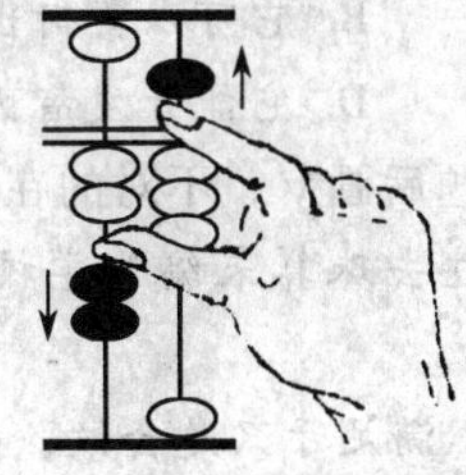

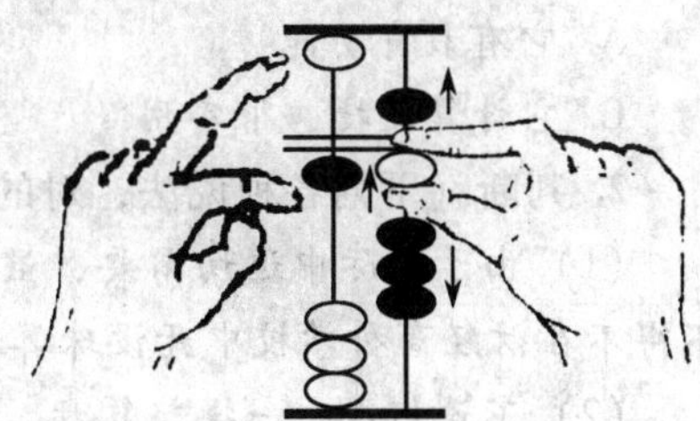

图 1－15

4. 齐上—齐下（见图 1－16、图 1－17）

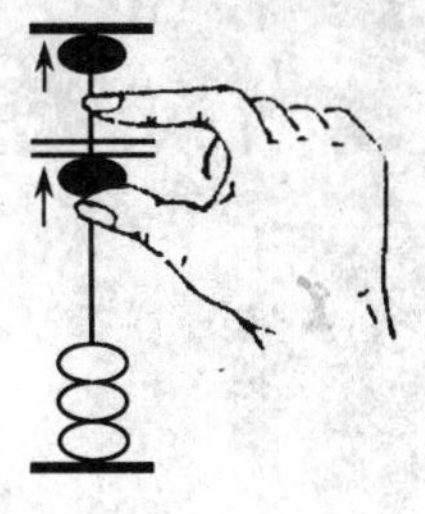

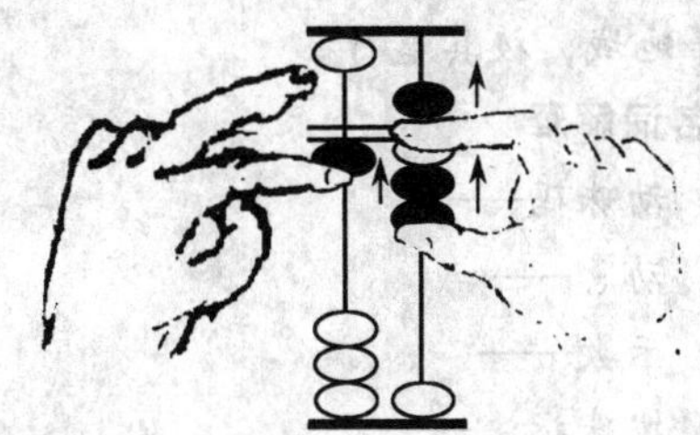

图 1－16

这八种指法，将在随后的内容中结合动珠码拼排加减的学习，练习操作技能技巧，达到熟练掌握。

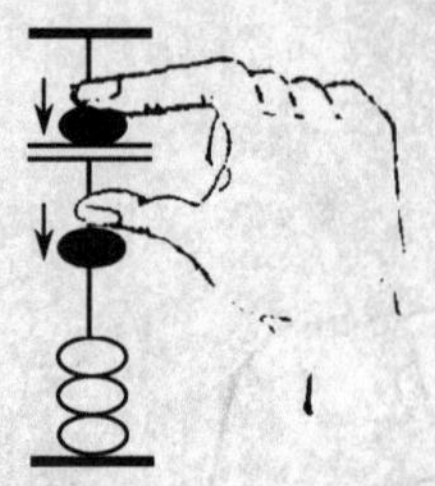

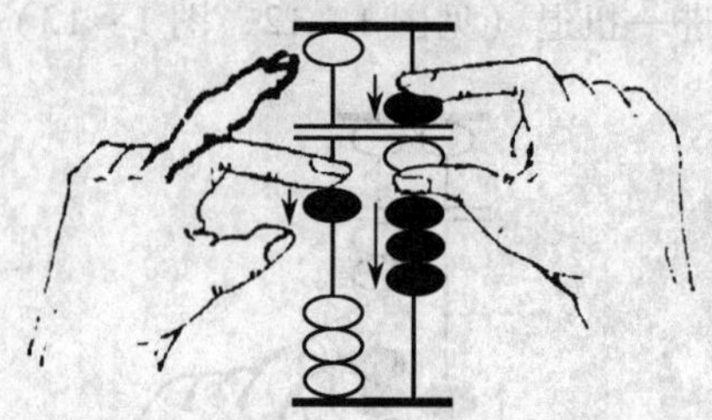

图1-17

## 练　习

**1. 选择**（下列各题的四个选项，只有一个符合要求，将其前面的字母填在括号里）

（1）珠算（　　）。

A. 就是指古珠算法　　B. 是古老落后的算具算法

C. 古珠算就已经符号化　　D. 是中国数学的优秀代表

（2）在历史上人们看重珠算是因为认识到（　　）。

A. 它有教育功能　　B. 它可以繁衍出有计算功能的符号

C. 它计算简捷，很实用　　D. 它能开发智力，尤其是开发右脑

**2. 判断**（下列各种说法，对的在题后画√，不对的在题后画×）

（1）由于实际中迫切需要，虽然过去珠算未编入学校数学教学体系中去，却不得不在财经商科学校中开设珠算课。（　　）

（2）不论何人，一操起算盘，便不满足于只是会做，而要追求快。（　　）

（3）美国人主要是从教育功能考虑，把珠算当做新文化引进，并向世界推介的。（　　）

（4）珠算早已跨出了国门，传播到世界各地。尤其在日本、朝鲜半岛，以及东南亚等地域，极其盛行。（　　）

**3. 名词解释**

（1）动珠码——

（2）动总——

（3）示数——

（4）拨珠指法——

（5）珠算式脑算（珠心算）——

# 第三节 珠算模型

## 一、珠算模型与笔算模型

（一）珠算模型与笔算模型

概括地说，由两个数求一个数就叫作运算。但平常说到运算，人们总会有意无意具体化为某种模型。例如，要把153与726加成一个数，人们除了会用横式“153+726”外，还会想到下面的笔算竖式和珠算盘式。

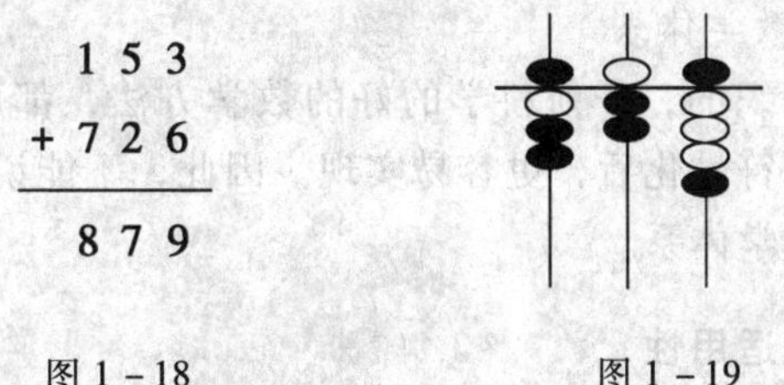


图1－18　　图1－19

图1－18的笔算竖式和图1－19的珠算盘式，都不是运算本身，而只是一种运算模型。抽象的运算，要凭借具体的模型来把握、实施。为叙述方便，可分别称其为笔算模型和珠算模型。

进行运算的难易，不仅与题目本身繁简有关，也与它所凭借的符号、模型有关。运算模型的难易、快慢、优劣受多种因素的影响。

（二）珠算模型由符号拼排得结果

观察图1－19可知，将珠码符号拼在一起，就得结果（如拼上就得）。总共掌握26个“算母”，就能直接拼排出任何运算结果。因此，我们说珠码符号有运算功能。

图1－18的笔算模型是凭借阿拉伯数码符号计算，不能拼排符号直接得出结果，即阿拉伯数码符号没有运算功能。如“3”与“6”这两个符号不能直接拼成符号“9”，要通过其他途径（如把3个苹果与6个苹果并在一起，数得9），最后死记住3+6=9；必须熟记162个这样的式子（称为加减法表），方可掌握任意两码加减的运算，求得结果。

这是在“基因”上的差别，推广到复杂的计算，难易、繁简的悬殊之大，可以想象。

（三）珠算模型省储存空间

算盘一档，是一个储存位置。可以在一档上拨来拨去反复拨无穷无尽的珠码。如观察图1－19，虽涉及9个珠码：、、、、、、、、，可是自始至终只占用了3个（档）位置。

而用笔写阿拉伯数码，每个都要占一个位置，所以笔算模型要占用大量储存空间。如图1－18，仅写所涉及的阿拉伯数码1、5、3、7、2、6、8、7、9就占用9个位置，此外，还要画“+”号，及画横线“————”的位置。

笔算模型过多占用储存空间的缺点，在纸上写人们似乎没有发现，或者习以为常，孰视无睹。但在脑算、电子计算机中就不能容忍了。脑算要尽量节省记忆空间，所以，向来按笔算模型的脑算难以学习、掌握，而且效率极低。电子计算机如果按笔算模型计算，则须制作海量的储存器。总之，笔算模型不适用于脑算和电子计算机。

（四）珠算模型可留可不留过程

珠算模型，既可以不保留计算过程、又可以保留计算过程而直接显示计算结果。如图 1－19，在算盘上看不出黑白珠，看不到计算过程，呈现的只是结果，这对实用本是优点。如果需要保留过程，可把盘式留下来，如图 1－20，计算过程能看得很清楚。但是笔算模型不写过程就无法进行，必须把过程都留下来，如图 1－18，一个数字也不能少写。

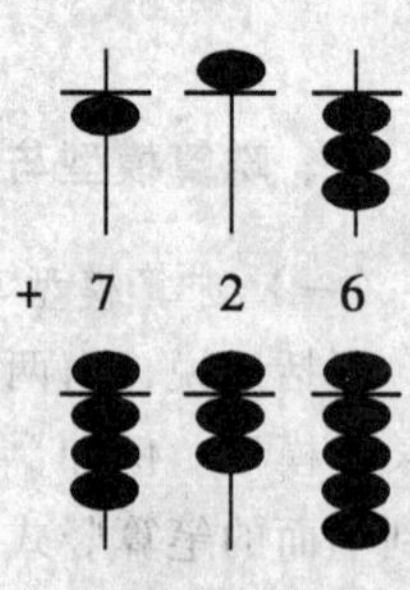


图 1－20

（五）珠算模型可融入数学体系

数学教学体系是人为编织的，任何科学的好的数学方法，都可以编织进去的。特别是把珠算符号化后，更容易实现。因此，不能说笔算模型能融合入数学体系，而珠算模型不能融入数学体系。

## 二、珠算模型具有普遍适用性

计算机采用的是珠算模型，笔算模型不适用于电子计算机。

［例 1－2］ 325＋623－756＝192

笔算模型

A＝325，　B＝623，　C＝756

| | | |
|---|---|---|
| A＋B－C | 325　A | 948　D |
| ＝D－C | ＋ 623　B | － 756　C |
| ＝E | | |
| ＝192 | 948　D | 192　E |

（用 5 个储存单元：A，B，C，D，E）

计算机运算模型

A＝325

A＝A＋623

A＝A－756

A＝192

（只用一个储存单元：A）

例 1－2 中，计算机算法语言 A＝A＋623 这样的语句，用笔算体系的数学，无法解释。例如，若说它是方程，解得 623＝0，显然不对。可是计算机专家为什么要这样写？就是因为运算模型不同。而珠算模型恰恰适合计算机。如例 1－2 中，取算盘三档的一段，用 A 表示，那么例 1－2 的运算都是在这一段上（即同一个储存单元里）完成的（见图 1－21），电子计算机算法语言含义在这里体现得十分明白具体，且还体现了程序含义。

按此模型脑算，若“算母”已内化脑中，将其拼排就能完成运算。而且该模型节省储存空间，对例 1－2，脑中只需记住三个珠码符号，每报一数随即将其拼排而刷新该段珠码符号，报数一停，脑中各档的珠码符号便呈现得数。实践证明，比较其他脑算方式，在脑中拼排珠码符号的是最容易学习和推广的脑算。

因此，可以说珠算模型具有普遍适用性。“算母”拼排是手操算、脑算、计算机运算通用算法模型。数学课程采用珠算模型，不仅教学手操算的同时就教学了高效率的脑算，而且把数学与计算机自然地整合到了一起。

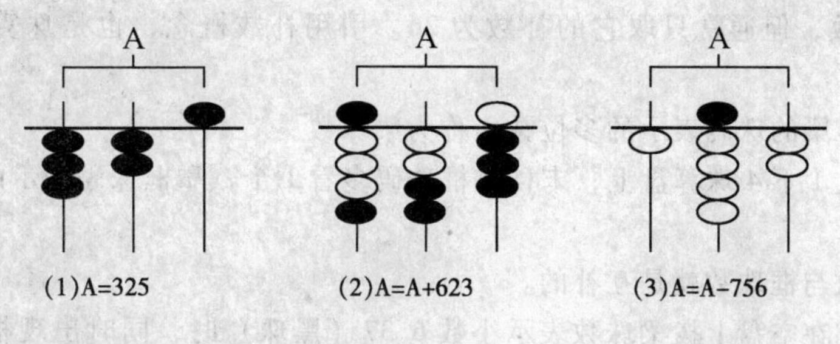


图 1－21

## 三、珠算模型的一体性

珠算模型的一体性，是指它集输入、储存、运算、输出为一体。这种巧妙设计，使运算过程的速度接近极限。为了便于了解，这里画出图 1－22 与电子计算机进行比较。

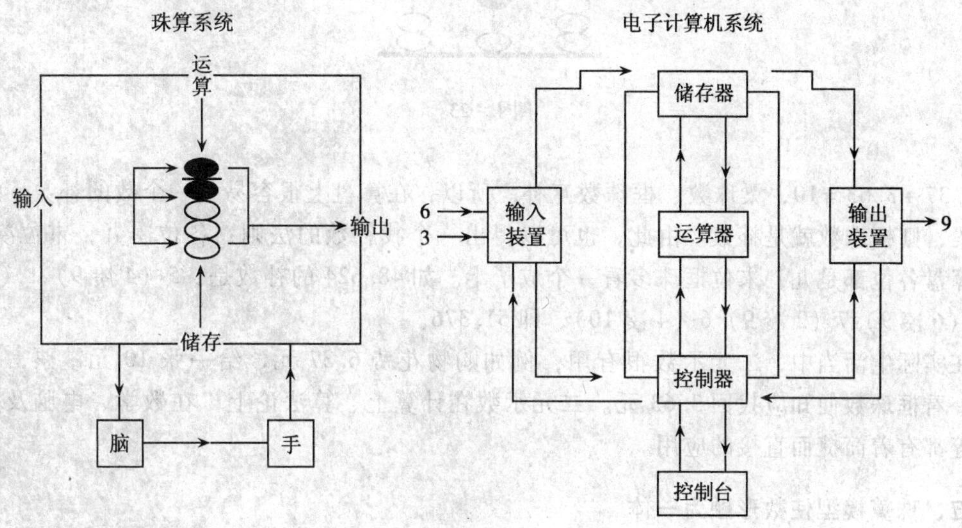


图 1－22

图 1－22 中的珠算，向梁拨珠码 3（图中白珠），是输入、是储存、是运算、也是输出，都同时完成了，既直观具体又快速无比；而用电子计算机，输入要用输入装置（如键盘），储存要专设储存器，运算需通过运算器，输出需要输出装置（如显示器）。可见，电子计算机目前还达不到珠算所具备的一体性设计。

## 四、珠算模型的二元示数

所谓二元示数是指在算盘上拨珠靠梁表示一个数时，靠框的算珠同时也表示出一个数。因此，算盘可以同时表示出本数、补数。

补数：两个正数（整数、小数）之和为 $10^m$（m 为整数）时，这两个数互称补数。

补数也是一个非常有用的概念，过去未学过的，应当掌握好它。二元示数有助于表示、运用补数。十进位值制下，能恰当表示补数的算盘，以上 1 珠、下 4 珠较好。通常，所取补数的位数，不应超过本数的位数。如：本数 74，那么，26、926、9926、99926

……都是它的补数，但通常只取它的补数为 26。引用补数概念，也是珠算优越思想的一个体现。

梁珠数：由靠梁的珠码表示的多位数，称为梁珠数。

框珠数：在上 1 下 4 珠算盘上，末档靠框珠码多看 1 个，靠框珠码表示的多位数称为框珠数。

这样，梁珠数与框珠数就是互补的。

例如，当我们在空盘上拨梁珠数表示小数 6.37（黑珠）时，同时出现框珠数也表示一个小数 3.63（白珠末位多看一个）。如图 1－23 所示。

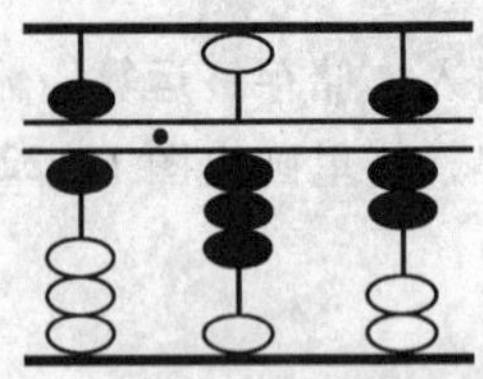

图 1－23

6.37＋3.63＝10，梁珠数、框珠数互补。所以，在算盘上很容易找一个数的补数：拨本数靠梁，则框珠数就是补数。由此，也可以得出一个找补数的法则：各位凑九，末位凑十。因为算盘各位都是九，末位框珠多看一个成了十。如 48.624 的补数是：5（4 凑 9）1（8 凑 9）3（6 凑 9）7（2 凑 9）6（4 凑 10），即 51.376。

在实际生活当中，二元示数很有用，例如购物花费 6.37 元，给一张 10 元钞票，不用算，一看框珠数便知应找回 3.63 元。二元示数在计算上、算法论上，在数学、电脑及其教育上等都有着简捷而直接的应用。

**五、珠算模型使数形融为一体**

珠算模型使数形融为一体。在运用珠算的过程中，从数的角度看是在进行运算，而从图的角度看，是在进行数字化的图形变换。

例如三变九：从数看，入盘 123456789，；从数字化图形看，是在用点排出两面小旗图。输入数和作图，是一体完成的。

就此盘面数，见子打（档上有几就加几）三遍，末位加 9。小旗变换成，好像由东风变成西风，小旗反向飘了。

从练习的角度看，这题不用记题、看题，可把精力集中在拨算珠上，而且计算是否准确无误，从结果的数字化的图形上立刻可知。笔算加法是设计不出这么样的数形结合的美妙的有趣的练习题的。练此题可以不断追求高速度，百练不厌！

数形结合是数学中最重要、最有效的基本思想方法。如果运用珠算教学数学，可以使学生学习数学一开始就浸润在数形结合的思想方法氛围里，有着无比的优越作用。

## 六、算盘是计算工具兼作图工具

从工具的角度看，算盘是计算工具，又是数字化的作图工具。如果用算珠作为点的模型，算盘就是天然的点阵。用点阵作图功能最强，有独到的优点。

例如，幼儿园孩子就可以在算盘上排线段、矩形、梯形……如果用珠点作面积单位，也可以计量出它的面积等，我国古代珠算，就已经有人排出了许多象形图、写意图等，饶有兴趣。算盘也是一个天然的直角坐标系——如用梁作横轴，选某一档作纵轴，也可以确定某一点的坐标。

在点阵上可以作任何图形，而且容易把点用数表达出来。不会如直尺只能画线段、圆规只能画圆那样受局限。正是这种缘故，计算机也是采取算盘上那样用点阵作图的方式。所谓数字化的图形就是用离散化的方式表达的图形。所以，珠点表示图是现代化的。原来数学教材里没有教学这种方式表达的几何图形是个缺憾。因此，如果用珠算教学数学，可以使几何教学更加完善，并且可以使几何教学简易化。

总之，从珠算本性（基本机制和思想方法）来看，至少有六个特点或优点：有计算功能、具有普适性、一体性、二元示数、数形融合一体、算具兼图具。历史上世界各民族发明的算具算法没有胜过珠算的，这六大特点，堪称世界之最。

普及了计算机不等于就该淘汰珠算。通过研究可知，珠算有长远的意义和美好的发展前景。首先，珠算的当家本领是教学数学，运用珠算教学数学是世界上最好的方式；数学是主课，学校、学生、家长和社会各方面都非常重视数学，如果人们认识到珠算是教学数学的最好方式，自然会对珠算重视有加。其次，珠算可辅助实用，尤其是珠算内化成的珠心算（脑算）最容易学练而且效率最高；实用中广泛应用计算机是无疑的，但并非处处都是最简便、最有效的；珠心算处处有用，例如谈话、演说、谈判，固然可以打开笔记本电脑看着说，但不如按腹稿即席发言方便、效果好；上街购物、买菜，饭馆点菜、结算，如果处处拿着计算器或笔记本电脑，不停地按键是一幅什么风景？不如用珠心算，边讨论商品特色、价格边珠心算帐项精明能干；现在提倡“学习型社会”，人人终生都要学习，学习过程中不时要做些计算，显然用珠心算最简便……社会永远都需要珠心算。第三，无论教学数学、辅助实用，运用珠算、珠心算比起其他方式（如笔算、笔算概念式心算）能够更好的开发多元智能。仅就此三项，就足以说明珠算有长远的意义。

财经院校珠算教学意义深远。首先财会人员有必要运用珠算、珠心算辅助处理财经信息，而且珠算是培养其基本财会素质的“队列训练”；其次，财经院校教学珠算可以为用珠算教学数学培养师资，弘扬国宝珠算文化；目前除财经院校外再没有学校教学珠算，教出来的学生都不会珠算，珠算可能失传，更谈不到有谁去用珠算教学数学了。第三，就是带动在实用和学习中用珠算、珠心算；财经院校教学珠算，保留了珠算火种，使中国数学这一文化瑰宝，能够在数学教育、辅助实用、开发智能等方面起必要而优越的作用。

［本章小结］本章论述财经数据表达、处理，及其需使用的珠算、珠心算的基本知识技能，着重在基本理论方面。真正明白了这些问题，就明确了学习本课程的目标和要领。

## 练　习

**1. 选择**(下列各题的四个选项中,只有一个符合要求,将它前面的字母填在括号里)

(1)珠算模型(　　)。

A. 不能留计算过程　　B. 不可融合于数学体系

C. 省储存空间　　D. 没有笔算模型先进

(2)珠算模型(　　)。

A. 只适用于手操算　　B. 不适用于脑算

C. 不适用于电子计算机　　D. 是手脑机通用算法模型

**2. 判断**(下列各种说法中,对的在题后画√,不对的在题后画×)

(1)计算器是适合于各种场合的通用算具算法。(　　)

(2)笔算模型、计算器均有一体性。(　　)

(3)笔算模型、计算器均有普适性。(　　)

(4)古珠算已充分运用了珠算模型的二元示数特性。(　　)

(5)把珠算模型符号引入数学教学体系,能把计算机与数学整合起来。(　　)

**3. 名词解释**

(1)珠算模型的普遍适用性——

(2)一体性——

(3)二元示数——

**4. 读写出图1-24所示各梁珠数、框珠数**

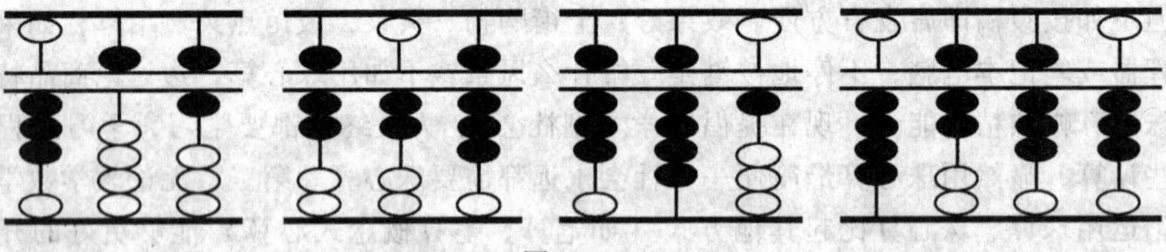

图1-24

梁珠数:

框珠数

**5. 写出下面各数的补数**(想一想:怎样才读得快!)

32，　485，　78 624，　407 629；　　3.25，　62.307，　0.258，　0.0003072。

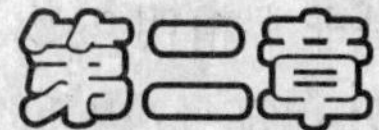

# 第二章 珠算加减法

## 学习目标

通过本章学习，要求了解珠算系统从算珠开始衍化的第一个层次就是加减算法，以后的珠算都归结为珠算加减的程序，因而对珠算加减算法的理解、掌握具有根本的意义；珠算加减算法掌握不好，就不能奢望珠算乘除、珠算式脑算等能够掌握好，能够实际应用好。理解珠算贵在简单，加减方法更是越简单越好，珠码符号以及拼排动珠码符号实现加减是最简单的；二元示数使正负数简单；加减技巧也是追求简单。明确学习珠算只是理解不够，必须形成熟练地技能技巧，不仅要算得准确无误，而且要算得快。掌握 26 个动珠码符号拼排加减以及悬珠符号和正负数加减，达到每秒拨动 1 个动珠码方为及格。

本章重点是理解和掌握 26 个动珠码和悬珠，熟练正负整小数的珠算加减。

## 第一节　基本加减法

### 一、直加和直减

（一）认识静珠码

第一章已述及，珠码是由“算珠” ⬬ 衍化成的。将其累积，即得图 2－1 的 4 个静珠码。再用“位值原则”，命梁上 1 珠表示 5，结合累积，就得到图 2－2 的 5 个静珠码；再用空档表示 0，就得到了十进位值制的 10 个基数码。

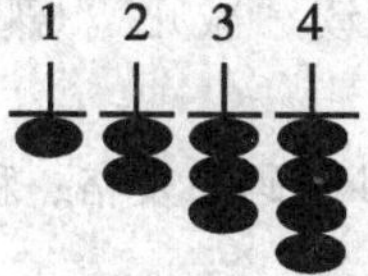


图 2－1

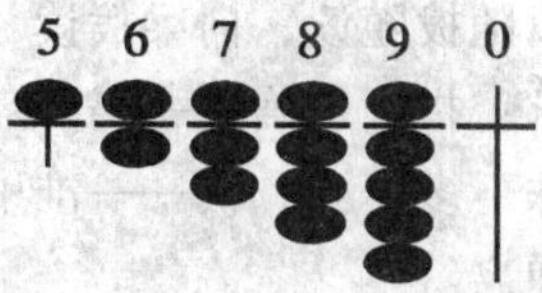

5 6 7 8 9 0

图 2－2

仅以算珠一种元素，运用累积、位值原则，繁衍出全部基数码，这是非常精明巧妙的设计，由此能带来一系列的优点。从含义不可再分割的符号角度来看，只有符号和不可再分割；和这两个符号，可称为“珠母”。一切珠码符号都是由珠母构造出来的。

由于珠码的直观性，很易认识静珠码。但这是基础，不可忽视，要能内化。至少要达到看见它们如同看到阿拉伯数码1，2，3，4……一样自然。

（二）拨动珠码

最好在静态、动态交替中认识、掌握它们。基本规定是：向梁拨动为加；向框拨动为减。

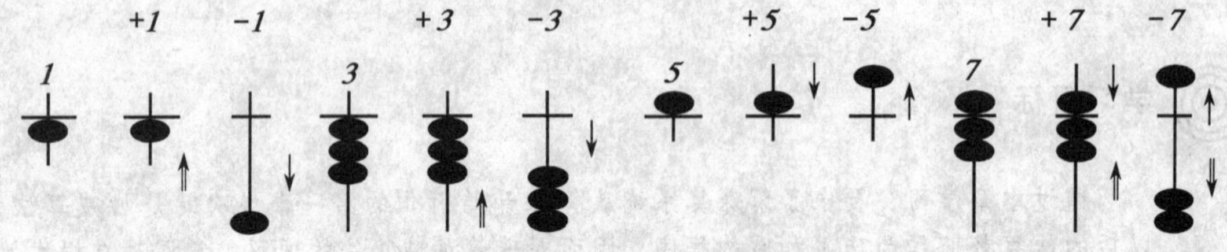


图2-3

从图2-3容易看出，由认识静珠码到动珠码，是很容易的，由静态到动态而已。拨动珠码，要注意指法：⇑、⇓表示用拇指拨；↑、↓表示用食指拨。为了保持动珠码符号的整体性，+3、-3“上一下”拨；+7、-7“合一分”拨。一码只一个响声是拨珠码的基本原则。

减是加的逆运算，用动珠码表示更明显突出——加与减只是拨珠方向相反。因此，只着重记加的动珠码拨珠即可。为了简便，以后都只说加的动珠码，加的动珠码反向即是减。

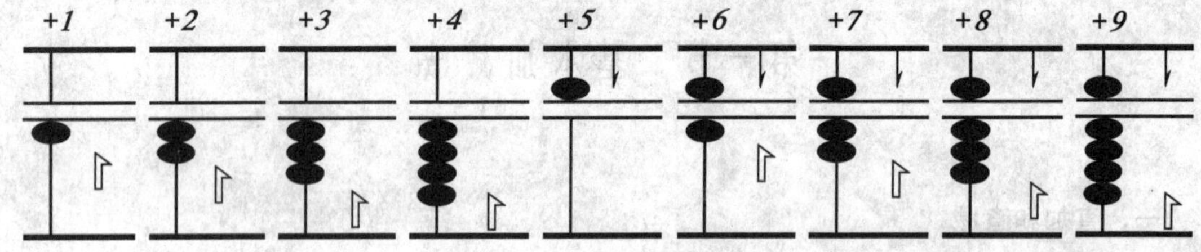


图2-4

图2-4的动珠码，直接拨静珠码本身即可，所以简称“直本码式”。直本码式共9个，直接称各动珠码为“加几”、“减几”即可。如称“ ”为“+3”，比说“三加三”更简捷。练习时可以随拨随读，向梁拨读“加几”；向框拨读“减几”。熟练后不必读出。

拨珠基本要求：指法正确，一码一声，准、快、稳！

准——拨的珠不多不少；快——准中求快，达到每秒两码为及格；稳——用力适当，拨珠到位，又不能弹离。

## 练　习

**1. 按照拨珠基本要求在算盘上反复做下面各题**（多位数应从高位加减起）

（1）± 1 ± 2 ± 3 ± 4 ± 5 ± 6 ± 7 ± 8 ± 9 （9秒完成及格）

（2）± 1 111 ± 2 222 ± 3 333 ± 4 444 ± 5 555 ± 6 666 ± 7 777 ± 8 888 ± 9 999 （36秒完成及格）

（3）全盘练：± 111……1 ± 222……2 ± 333……3 ± 444……4 ± 555……5 ± 666……6 ± 777……7 ± 888……8 ± 999……9 （17档算盘2分30秒完成及格）

（4）± 1 234 ± 4 321 ± 56 789 ± 98 765 ± 123 456 789 ± 987 654 321（80秒完成及格）

**2. 珠算下面各题**（多位数应从高位加减起，与读数顺序一致，顺当快速）

（1）345 + 654 − 736 − 263 =　　　（2）748 − 637 + 375 − 265 =

（3）看竖式珠算

| | | | | | | |
|---|---|---|---|---|---|---|
| 372 | 999 | 2.57 | 7.68 | 3 729 | 78 643 | 21 536 |
| 115 | − 536 | 5.32 | − 5.21 | 1 260 | − 63 521 | 68 352 |
| + 512 | − 261 | − 6.76 | − 2.65 | − 2 654 | 56 762 | − 75 628 |
| ______ | ______ | ______ | ______ | ______ | ______ | ______ |

（三）内化珠码

认识了直本动珠码，拨它们做加减法无非将其拼排一下即得，是多么容易简捷！由此，不难体会到动珠码的威力。应当充分运用它，以使我们作计算更方便。如果将它们符号化，并内化脑中，那么，不动算盘就能迅速完成计算，就更加理想了。

把珠码符号内化，需要较多的练习，本课程对此不作统一要求，学生可以自行安排。在珠算练习时，应有意识地把动珠码剥离、抽象出来，脑中想象动珠码形象。比如在做上述练习时，除全盘练外，还可以想象直本码的形象，在脑中拼排它们完成计算。相信坚持这样练习，一定会有意外的收获。

## 二、不进位加和不退位减

直本动珠码拼排加减之所以容易明白掌握，就是因为它的“动总”和“示数”相同。但是，遇到有些情况，“动总”和“示数”就不会相同。

[**例2－1**] 珠算4 + 3（见图2－5）

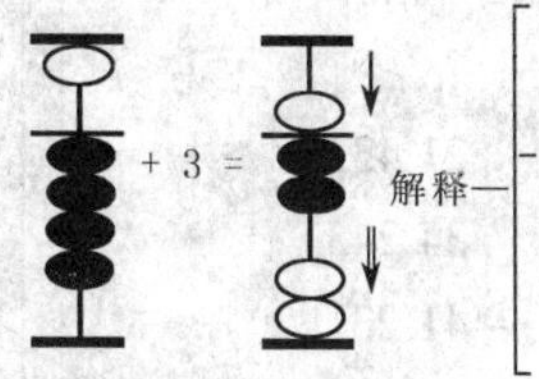


图2－5

上例三种解释方法，道理相通，也都可行。(1)、(2) 两种解释的区别是：(1) 要编4句口诀，(2) 只概括成一条法则。但基本思想都是分解为两个直本码（+5，再-2）拨动，把"+3"分割为两部分拨珠——"下五"、"去二"是两部分，"加五"、"减凑"也是两部分。这里都用3的凑数——两个数之和为5，这两个数互称凑数，故3的凑数是2；或要求会分解"5"。(3) 是进行了符号化，把"+3"作为一个动珠码符号整体："下7"；没有分割的意思。"3"与"7"互为补数，不用"凑数"。总之，"+n"——"下补"即可，是最简捷的。

这里动珠码"下7"，其动总是"7"，示数是"3"，二者不同但互补。

图2-6所示的4个动珠码，称为"齐补码式"。拨珠用拇、食二指（上一下）。它的"动总"与"示数"虽不同，但有关系。虽然它们没有直本码式简单（"动总"与"示数"相同），但由于"互补"，掌握起来也不难。

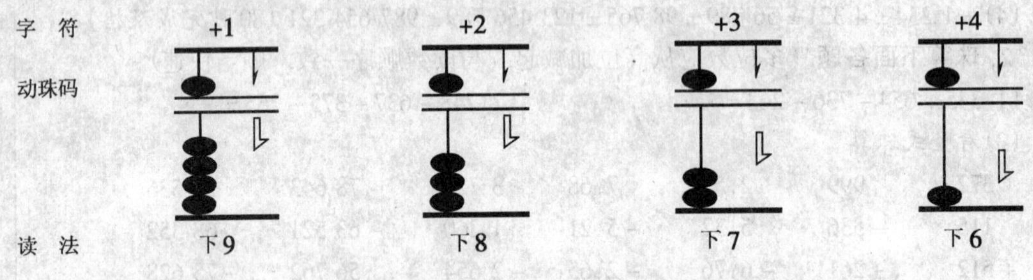


图2-6

作为符号，齐补码式相当上下结构的汉字，如"全"字。不能分割成"人"、"王"两个字来认、读，必须将它作为整体，视它为完全的"全"字。齐补码式也须保持整体性。

减只是加的动珠码的反向拨珠，可说"上几"。不必专意记减的动珠码。

[课堂讨论] 1. 什么叫直本码式？如何读与拨直本码？

2. 什么叫齐补码式？如何读与拨齐补码？

## 练 习

**1. 按照拨珠基本要求在算盘上反复做下面各题**（每秒能拨2个动珠码为及格）

(1) 4 ± 1 ± 2 ± 3 ± 4　　(2) 4 444 ± 1 111 ± 2 222 ± 3 333 ± 4 444

(3) 全盘练：444……4 ± 111……1 ± 222……2 ± 333……3 ± 444……4

(4) 4 444 ± 1 234 ± 4 321 ± 1 324 ± 4 231 ± 1 432 ± 3 142 ± 4 132 ± 3 412 ± 2 143

**2. 珠算下面各题**

(1) 444 + 342 − 442 + 324 − 234 =　　(2) 423 + 234 − 423 + 342 − 142 =

(3) 看竖式珠算

| | | | | | | |
|---|---|---|---|---|---|---|
| 342 | 444 | 2.43 | 8.56 | 3 124 | 57 685 | 21 432 |
| 423 | 132 | 4.32 | − 4.23 | 2 431 | − 13 243 | 34 243 |
| − 432 | − 234 | − 2.41 | 1.24 | − 2 413 | 42 314 | − 41 231 |
| | | | | | | |

## 三、进位加和退位减

### （一）反拨进位加和退位减

［**例 2－2**］珠算 9＋2（见图 2－7）

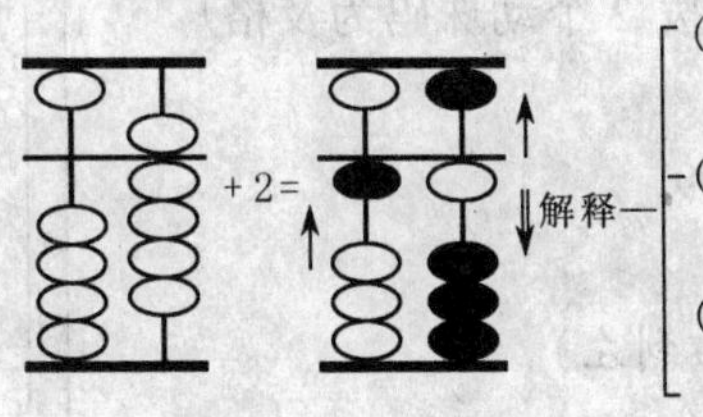


（1）加 2 满十，十位拨 1，就是＋10。这多加 8，所以，要在本位减去 8，即拨 8 靠框。把做法编成口诀："二去八进一"。"二"是加二，"去八进一"是加二的方法。

（2）用"补数"概念，叫＋2，满十，十位拨 1，＋10；多加了补数，再减去补数。并且给出法则："本位满十，进一减补。"

（3）道理可用珠码"十换 10"直观讲；对成人也可按上述（1）的讲法。但把所动的算珠，当作整体，说"进框 8"；把"进框 8"（黑珠）作为"＋2"的符号。

图 2－7

上例中（1）、（2）两种解释的基本思想也都是分解为两个直本码（＋1，再－8）拨动，把"＋2"分割为两部分拨珠——"去八"、"进一"是两部分，"进一"、"减补"也是两部分。(3）是进行了符号化，把"＋2"作为一个直观的动珠码符号整体："进框 8"。"框 8"是就直观形象本档向框拨 8；左档"进 1"，却只说"进"，省略了"1"，因为凡"进"定是"1"，不可能进"2"、进"3"……，所以省略"1"字不会混淆。"进框 8"是整体感觉，若说"进 1 框 8"就有分割成两部分的意味了。

"＋2"的符号是"进框 8"。"2"与"8"互为补数，"动总"与"示数"虽不同，但容易掌握。总之，"＋n"——"进框补"即可，也是很简捷的。"进框补"相当左右结构的汉字，如"栓"，必须作为整体认、读、用。左偏旁（档）都是"1"，不必专意记，只记本位是"框几"就可以了。但左档"1"相当汉字的"意旁"——它向梁即是加；向框为减。两档拨珠反向：一者向梁，另一者就向框。

图 2－8 所示的 8 个动珠码符号，称为反补码式。因为两档拨珠反向，动总与示数互补。为保证整体性，一码一声，要用两手拨珠：左手食指拨左档"进"（1），右手反拨补（分、合，或扭进一扭退）。

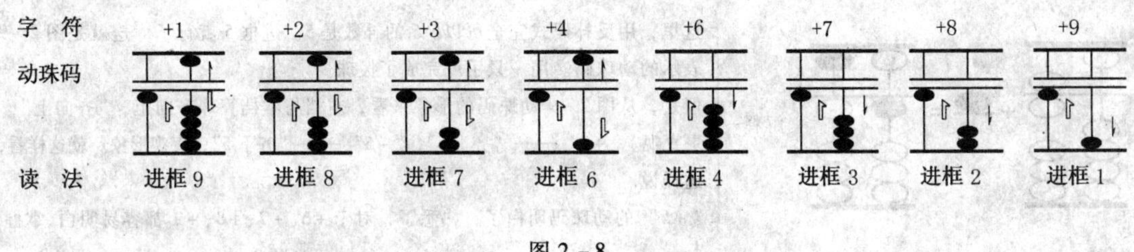


图 2－8

减只是加的动珠码的反向拨珠，就是"退梁补"，可说"退梁几"。掌握了加，就自然掌握了减，不必专意记减的动珠码。

## 练　　习

**1. 按照拨珠基本要求在算盘上反复做下面各题**（每秒能拨 2 个动珠码为及格）

（1）9 ± 1 ± 2 ± 3 ± 4 ± 6 ± 7 ± 8 ± 9

（2）9 999 ± 1 111 ± 2 222 ± … ± 4 444 ± 6 666 ± … ± 9 999

（本题加时从左到右，减时从右到左）

（3）全盘练（本题左空一档，加时从左到右，减时从右到左）

999……9 ± 111……1 ± 222……2 ± …… ± 444……4 ± 666……6 ± …… ± 999……9

**2. 同码连加连减，按照拨珠基本要求在算盘上反复做**（每秒能拨 2 个动珠码为及格）

(1) 1 + 1 + 1 + 1 + 1 + 1 + 1 + 1 + 1 + 1 = 10，10 − 1 − 1 − 1 − 1 − 1 − 1 − 1 − 1 − 1 − 1 = 0

(2) 2 + 2 + 2 + 2 + 2 + 2 + 2 + 2 + 2 + 2 = 20，20 − 2 − 2 − 2 − 2 − 2 − 2 − 2 − 2 − 2 − 2 = 0

(3) 3 + 3 + 3 + 3 + 3 + 3 + 3 + 3 + 3 + 3 = 30，30 − 3 − 3 − 3 − 3 − 3 − 3 − 3 − 3 − 3 − 3 = 0

(4) 4 + 4 + 4 + 4 + 4 + 4 + 4 + 4 + 4 + 4 = 40，40 − 4 − 4 − 4 − 4 − 4 − 4 − 4 − 4 − 4 − 4 = 0

**3. 珠算下面各题**

（1）999 + 423 − 341 + 432 − 324 =　　　　（2）978 + 234 − 342 + 134 − 231 =

（3）看竖式珠算

| | | | | | | |
|---|---|---|---|---|---|---|
| 869 | 798 | 8.76 | 12.10 | 6 987 | 101 213 | 89 679 |
| 342 | 432 | 2.34 | − 4.23 | 2 431 | − 12 324 | 32 431 |
| − 432 | − 324 | − 3.41 | 3.42 | − 3 241 | 34 213 | − 42 342 |
| | | | | | | |

（二）齐拨进位加和退位减

**[例 2 − 3]** 珠算 6 + 5、6 + 7（见图 2 − 9、图 2 − 10）

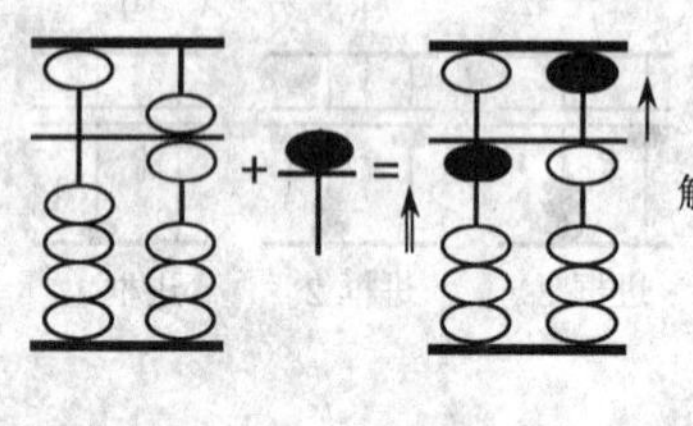

解释——
- 这里，用反补码式完全可以。5 的补数是 5。进框 5 就行了。这就是图 2 − 9 表示的动珠码。用一只手就完成了拨珠。
- 但是，从图 2 − 9 动珠码的形象来看，左档与本档算珠齐向上，“齐向上”更直观。“+5”——“齐上 5”，“−5”——“齐下 5”，直观形象。就这样看，这样说。
- “+5”的动珠码明白了，熟悉了，对于 +6、+7、+8、+9 都容易明白、掌握。

图 2 − 9

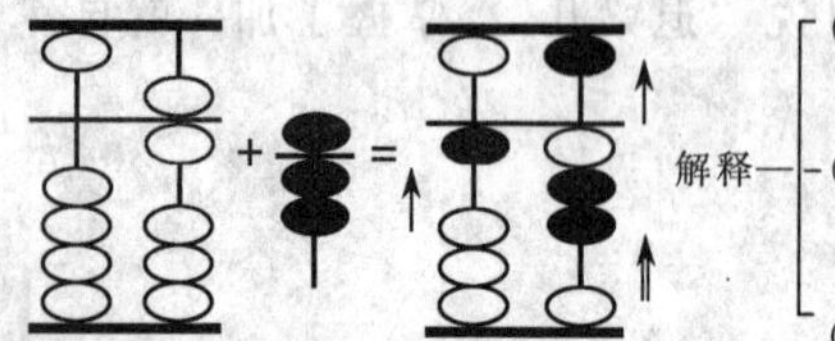

解释——
- （1）6 + 7 满十，左档进 1，是 +10，多加 3；本档要减 3，下珠不够，只得减上珠，这是 −5，多减 2，又得 +2。把做法编成口诀：“七上二去五进一”。
- （2）用补数、凑数：6 + 7 用“本档满十，进一减补”。即要左档进 1，本档减 3；再用“下珠不够，减五加凑”。用两条法则，方完成此题拨珠。
- （3）先加 的 ，齐上 5；再加 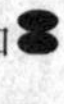 ，也是上 ；总起来看：齐上 。“齐上 7”。

图 2 − 10

同理，“+6”——“齐上6”；“+8”——“齐上8”；“+9”——“齐上9”。

显然，按照（1）、（2）的方法解释，都十分复杂；而按（3），作为符号，看形象，很直观，“+n”，就“齐上n”，反而更简单！

图2-11所示的5个动珠码符号，称为齐本码式。因为两档拨珠齐上，动总与示数相等。为保证整体性，一码一声，也要用两手拨珠：左手食指拨左档“进”（1），右手齐拨本数（齐上一齐下）。

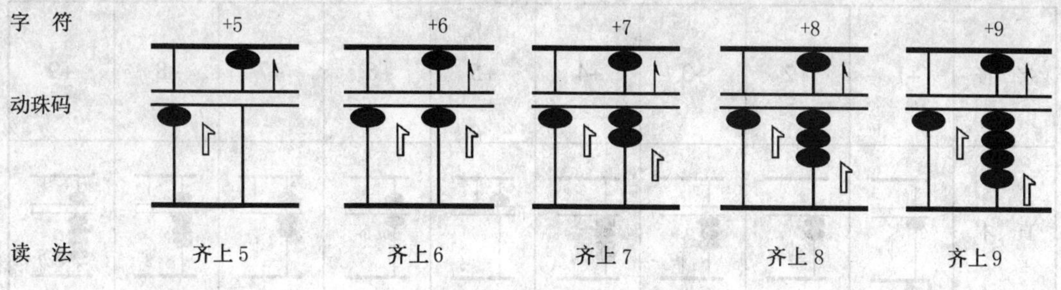


图2-11

减只是加的动珠码的反向拨珠，就是“齐下本”，可说“齐下几”。掌握了加，就自然掌握了减，不必专意记减的动珠码。

［课堂讨论］1. 什么叫反补码式？如何读与拨反补码？

2. 什么叫齐本码式？如何读与拨齐本码？

## 练　　习

**1. 按照拨珠基本要求在算盘上反复做下面各题**(每秒能拨2个动珠码为及格)

(1)5 ± 5 ± 6 ± 7 ± 8 ± 9

(2)5 555 ± 5 555 ± 6 666 ± … ± 9 999(本题加时从左到右,减时从右到左)

(3)全盘练(本题左空一档,加时从左到右,减时从右到左):

555……5 ± 555……5 ± 666……6 ± …… ± 999……9

**2. 同码连加连减,按照拨珠基本要求在算盘上反复做**(每秒能拨2个动珠码为及格)

(1)5 + 5 + 5 + 5 + 5 + 5 + 5 + 5 + 5 + 5 = 50,　50 - 5 - 5 - 5 - 5 - 5 - 5 - 5 - 5 - 5 - 5 = 0

(2)6 + 6 + 6 + 6 + 6 + 6 + 6 + 6 + 6 + 6 = 60,　60 - 6 - 6 - 6 - 6 - 6 - 6 - 6 - 6 - 6 - 6 = 0

(3)7 + 7 + 7 + 7 + 7 + 7 + 7 + 7 + 7 + 7 = 70,　70 - 7 - 7 - 7 - 7 - 7 - 7 - 7 - 7 - 7 - 7 = 0

(4)8 + 8 + 8 + 8 + 8 + 8 + 8 + 8 + 8 + 8 = 80,　80 - 8 - 8 - 8 - 8 - 8 - 8 - 8 - 8 - 8 - 8 = 0

(5)9 + 9 + 9 + 9 + 9 + 9 + 9 + 9 + 9 + 9 = 90,　90 - 9 - 9 - 9 - 9 - 9 - 9 - 9 - 9 - 9 - 9 = 0

**3. 珠算下面各题**

(1)999 + 746 - 875 + 698 - 769 =　　(2)576 + 867 - 785 + 869 - 924 =

(3)看竖式珠算

| | | | | | | |
|---|---|---|---|---|---|---|
| 769 | 576 | 6.57 | 12.13 | 6 578 | 101 213 | 59 678 |
| 675 | 768 | 9.76 | - 8.76 | 7 856 | - 68 796 | 95 776 |
| - 876 | - 685 | - 8.67 | 7.86 | - 8 769 | 79 687 | - 87 695 |

## 四、任意多位数加减

我们已经学习了26个动珠码符号。一切运算都可以由它们直接拼排出结果来。因此，可以称它们为“算母”。算母共26个，就像英文字母有26个一样。这样称呼，不仅简捷，其重大意义也就更加明确。“算母表”如表2－1所示。

表2－1 算母（动珠码）表

| 字 符 | +1 | +2 | +3 | +4 | +5 | +6 | +7 | +8 | +9 |
|---|---|---|---|---|---|---|---|---|---|
| 直 本 |  |  | 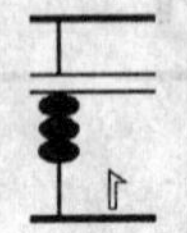 | 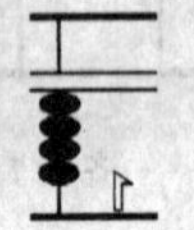 |  |  | 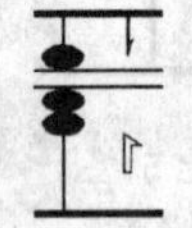 | 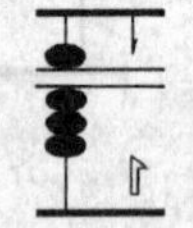 | 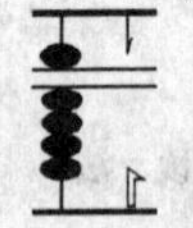 |
| 齐 补 |  |  |  | 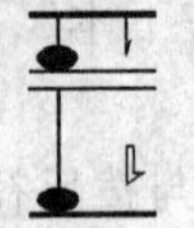 | | | | | |
| 反 补 | 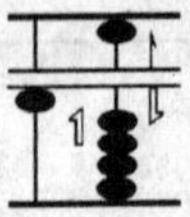 |  | 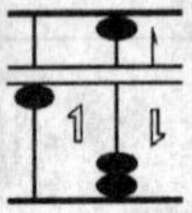 | 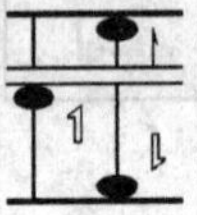 | |  |  |  |  |
| 齐 本 | | | | |  | 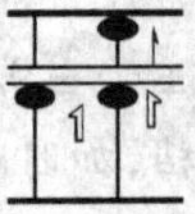 | 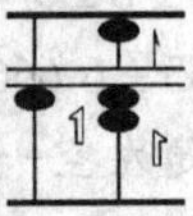 | 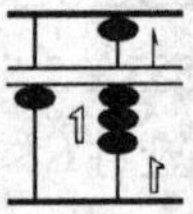 | 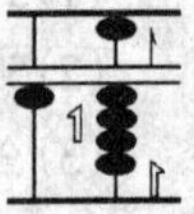 |

显然，算母比字母容易掌握。因为每个基数码，除5外（5只对应2个），都对应有3个“算母”符号，共26个算母，分为9组对应加的9个基数。加每个基数，选用哪个算母，就像一个人有3套衣服，在不同场合选用不同的衣服穿，所谓“冬穿棉，夏穿单，比赛要穿运动衫。”但在上一下四珠算盘上，运算具有“一意性”，即在任何一种情况下，加一码可以且只可以用一个动珠码（算母）。

本课程最低要求是，能在算盘上熟练拨用拼排算母完成运算。并且尽可能将其内化，能在脑中用算母拼排运算。

［课堂讨论］1. 每个基数码对应几个动珠码？

2. 为什么在任何情况下加减一码只能选用一个动珠码？

## 习　题

**1. 快速选取算母在算盘上拼排，反复做达到熟练**(每秒能拨 2 个动珠码为及格)

(1)9 ± 1 ± 2 ± 3 ± 4 ± 5 ± 6 ± 7 ± 8 ± 9　(2)4 ± 1 ± 2 ± 3 ± 4 + 1 ± 5 ± 6 ± 7 ± 8 ± 9

**2. 全盘练**((3)、(4)两题左空一档，加时从左到右，减时从右到左)

(1) 111……1 ± 222……2 ± 333……3 ± …… ± 999……9

(2) 444……4 ± 111……1 ± 222……2 ± …… ± 444……4

(3) 999……9 ± 111……1 ± …… ± 444……4 ± 666……6 ± …… ± 999……9

(4) 555……5 ± 555……5 ± 666……6 ± …… ± 999……9

**3. 同码连加连减，按照拨珠基本要求在算盘上反复做**(每秒能拨 2 个动珠码为及格)

(1)1 + 1 + 1 + 1 + 1 + 1 + 1 + 1 + 1 + 1 = 10, 10 − 1 − 1 − 1 − 1 − 1 − 1 − 1 − 1 − 1 − 1 = 0

(2)2 + 2 + 2 + 2 + 2 + 2 + 2 + 2 + 2 + 2 = 20, 20 − 2 − 2 − 2 − 2 − 2 − 2 − 2 − 2 − 2 − 2 = 0

(3)3 + 3 + 3 + 3 + 3 + 3 + 3 + 3 + 3 + 3 = 30, 30 − 3 − 3 − 3 − 3 − 3 − 3 − 3 − 3 − 3 − 3 = 0

(4)4 + 4 + 4 + 4 + 4 + 4 + 4 + 4 + 4 + 4 = 40, 40 − 4 − 4 − 4 − 4 − 4 − 4 − 4 − 4 − 4 − 4 = 0

(5)5 + 5 + 5 + 5 + 5 + 5 + 5 + 5 + 5 + 5 = 50, 50 − 5 − 5 − 5 − 5 − 5 − 5 − 5 − 5 − 5 − 5 = 0

(6)6 + 6 + 6 + 6 + 6 + 6 + 6 + 6 + 6 + 6 = 60, 60 − 6 − 6 − 6 − 6 − 6 − 6 − 6 − 6 − 6 − 6 = 0

(7)7 + 7 + 7 + 7 + 7 + 7 + 7 + 7 + 7 + 7 = 70, 70 − 7 − 7 − 7 − 7 − 7 − 7 − 7 − 7 − 7 − 7 = 0

(8)8 + 8 + 8 + 8 + 8 + 8 + 8 + 8 + 8 + 8 = 80, 80 − 8 − 8 − 8 − 8 − 8 − 8 − 8 − 8 − 8 − 8 = 0

(9)9 + 9 + 9 + 9 + 9 + 9 + 9 + 9 + 9 + 9 = 90, 90 − 9 − 9 − 9 − 9 − 9 − 9 − 9 − 9 − 9 − 9 = 0

**4. 风吹小旗反向飘**

先拨入 123 456 789，算珠形状像两面小旗。见子打：档上有几，再加几。三遍后末位再加 9，原来的两面小旗就反向飘。

**5. 举旗前进**

(1)先拨入 4 321，算珠排列像面小旗；再连加此数 9 遍，则小旗左移一位；再连减此数 9 遍，则小旗又右移原位。(2)先拨入 98 765，按(1)题做法。

**6. 加减九变九**

先拨入 123 456 789，连加此数 9 遍，得 1 234 567 890；再连减此数 9 遍，仍然得 123 456 789。(1 分 30 秒正确完成为及格)

**7. 加减百子**

1 + 2 + 3 + 4 + … + 96 + 97 + 98 + 99 + 100 = 5 050,

5 050 − 1 − 2 − 3 − 4 − … − 96 − 97 − 98 − 99 − 100 = 0 (3 分钟完成此题为及格)

**8. 用全国标准珠算技术等级鉴定 4 ~ 6 级加减题练习**(每秒加减 1 码为及格)

# 第二节　正负数珠算加减法

## 一、正负数的算盘表示法

算盘二元示数，而且梁珠数、框珠数巧妙体现了正负对立统一的关系。所以，珠算正负数自然天成。数学当中，是在数前附加“+”、“-”号区别正负数；中国数学在筹算法里也曾用黑筹表正、红筹表负，或在筹码里加一斜划表示负码。这些都达不到珠算正负数那样简捷巧妙的程度。

正负数表示相反意义的量，于是分别用梁珠数、框珠数表示正负数的绝对值，非常方便、自然。要达到简捷而左右逢源，需采取使梁珠数、框珠数互补的珠算盘设计。五升十进制珠算，采用上一下四珠算盘，不仅简单、省珠，而且正好有表示正负数的方便。

### （一）悬珠符号

正数绝对值读梁珠数，负数绝对值读框珠数。但何时读梁珠数或框珠数（或何时为正或为负）要有一个标志。这一标志用拨动灵活的算珠表示比在算盘上另设辅助设施简捷适宜。上一下四珠算盘每档算珠靠梁（或靠框）只能表示出10种不同状态，已被表示10个不同基数(0,1,2,…,9)用完，只得从靠梁、靠框之外的第三态上挖潜。最易行的是悬一颗下珠。

定义：悬一颗下珠，表示本档减1（或-1或$\bar{1}$）；或表示后档框珠数的负号（“-”）。

拨悬珠的方法：可以用拇、食二指捏住算珠，靠梁拨，由于食指挡隔而留下空隙。

在运算过程中，视下悬珠是该档上的-1；而在读（输出）盘上数时，视它是后档框珠数的负号（“-”）。

定义“悬一颗下珠”的意义，已足够用。切不可滥用“悬珠”：如悬两颗表示-2，悬三颗表示-3，…，悬九颗表示-9。那样既不简捷，而且也容易出错。

运用悬珠符号，可以使计算至为简捷。

[**例2-4**] 4 537-10 000 000 = -9 995 463（见图2-12）

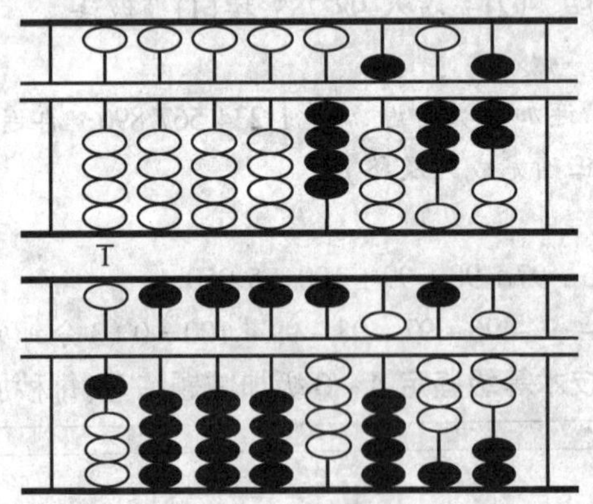


图2-12

例2-4中，要减去10兆（1千万），不必考虑不够减，只要在“十兆档”上悬一颗下珠（也就是-1）就完成了运算。看得数，有悬珠说明得的为负数，让悬珠作负号，绝对值看框珠数，于是，就自动呈现出得数-9 995 463。（末位框珠多看1个）

（二）不够减与够减统一算法

由于珠算二元示数，定义了悬珠的双重含义，使得不够减与够减的计算法则一致。不论减数大小，都能够依先后次序进行，而不必颠倒减数、被减数。

［例2-5］如图2-13所示。

（1）167 - 96 = 71　　（2）67 - 96 = -29

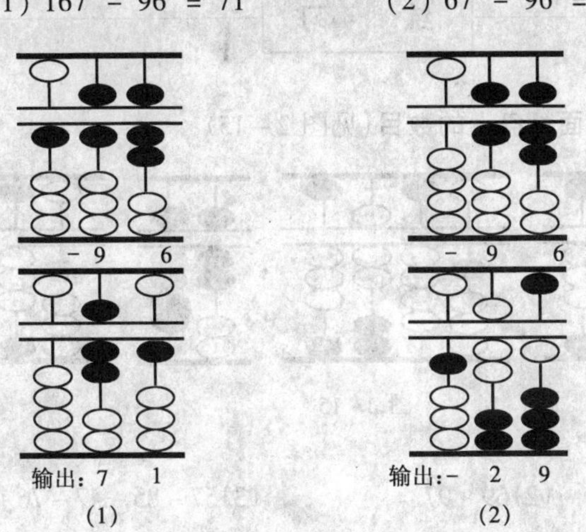


图2-13

例2-5中，（1）够减，（2）不够减。其算法：（1）的百位有1可退，就退1；（2）的百位无1可退，就悬1下珠（其意也是退1）。其他拨珠方法完全相同。即“不够减与够减的计算法则一致”。

［例2-6］如图2-14所示。

15 - 79 + 82 - 96 = -78

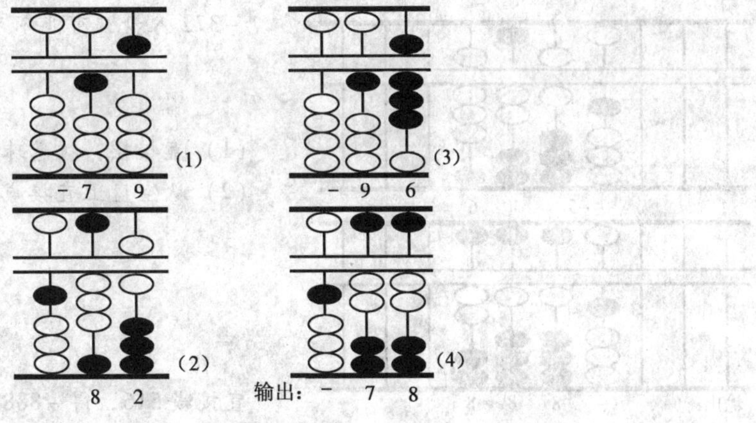


图2-14

例2-6中，用珠算可按算式从左至右依次计算到底，每步计算后得数在算盘上可以明确显示出来：15-79后得 -64，再加82后得18，再减96后得 -78。

例2-5、例2-6若列竖式笔算，可能要颠来倒去，就麻烦得多。尤其在有些情况下还难以操作。笔算要"倒减"；但珠算是依次进行的，不需"倒减"。说"珠算倒减法"，不仅不符合实际，而且抹杀了珠算的很基本的特点和优点。

1. 读、写出（输出）下面算盘上的数目（见图2-15）

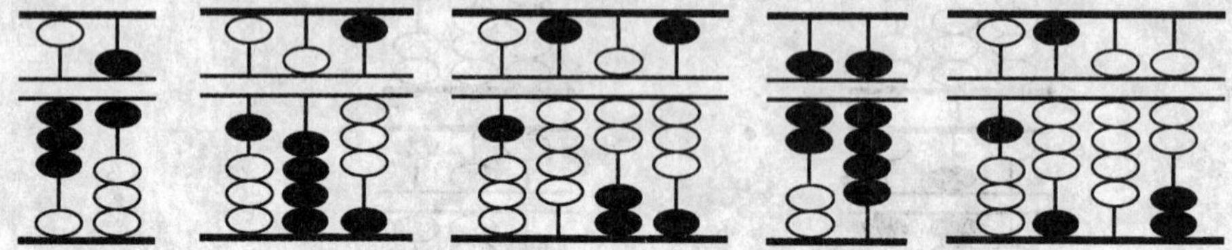

图2-15

2. 珠算下面各题

(1)417-1 000 000=　　(2)69-97 =　　(3)57-85+47-76+95 =

(4)528-10 000 000=　　(5)58-73+52=　　(6)28-97+86-35-28 =

## 二、代数和的珠算法

珠算代数和最易于学习、掌握，又十分简捷，不再需要什么新法则，只要理解和掌握了上述悬珠的定义和运用即可。所以，珠算代数和的重点在于练习，在于熟练。

[例2-7] -372-516=-888（见图2-16）

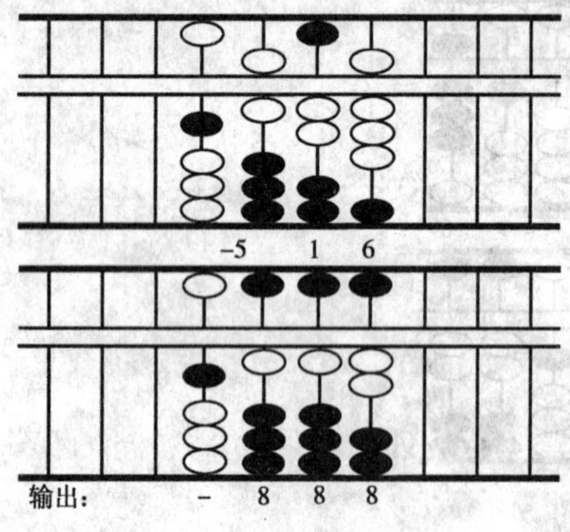


图2-16

-372入盘，可能不习惯。方法有二：

(1) 直接摆：拨悬珠，后框珠数拨371。

(2) 从空盘上直接减372。

直接减516，得-888。

[例 2-8] -264+852=588（见图 2-17）

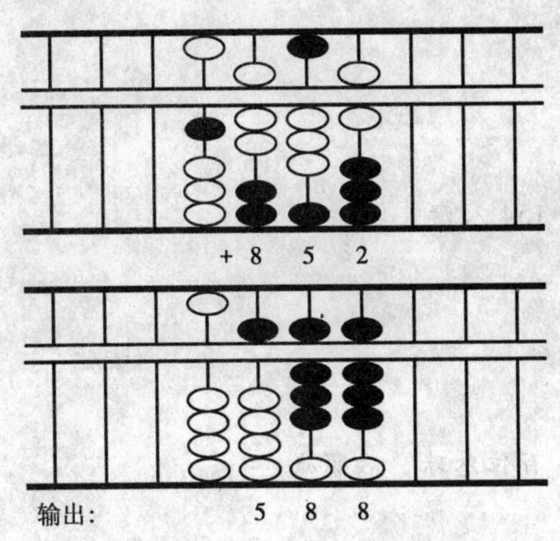


图 2-17

-264 入盘，可能不习惯。方法有二：

（1）直接摆：拨悬珠，后框珠数拨 263。

（2）从空盘上直接减 264。

百位加 8，进 1，与左档悬珠抵消；本档 +2。后档 +52。

[例 2-9] -472-917=-1 389（见图 2-18）

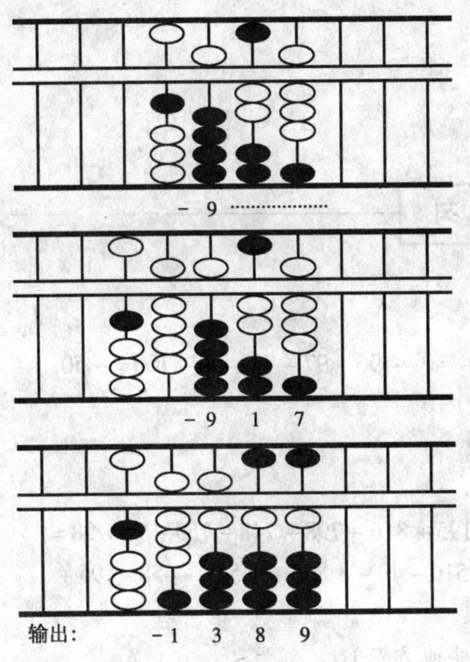


图 2-18

-472 入盘。

百位减 9，需退 1，但左档有悬珠；

办法是先作恒等变形：将悬珠左移 1 档，再减。

百位减 9，退梁 1；后位再减 17。

[例 2－10] 154－186＋3 728＝3 696（见图 2－19）

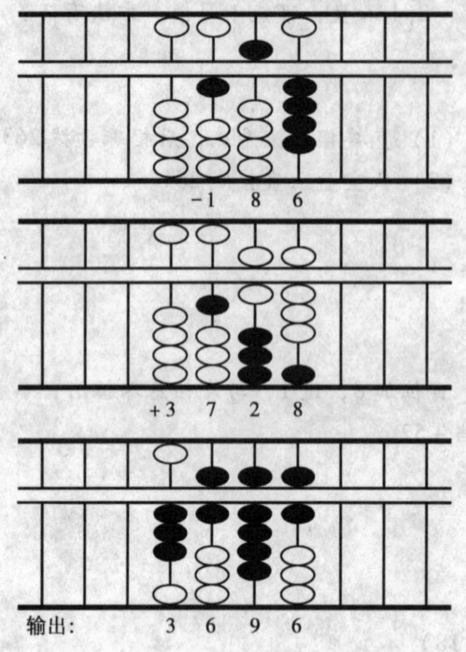


154 入盘。

百位悬珠，后照减。

千位加 3，百位加 7 抵消悬珠拨 6，后照加。

图 2－19

## 练　　习

**1**. **珠算正负百子**（加奇减偶）

1－2＋3－4＋5－6＋7－8＋9－10＋11－12＋ … －96＋97－98＋99－100＝－50

（此题应反复练习：1 分 30 秒完成为及格。）

**2**. **珠算下列各题**（可反复练习，达到熟练）

（1）－7 438＋9 276－8 679－9 578＝

（2）59－86＋55－97－58＋495－957＋765－195＋816－798＋748－759－96＋28＝

（3）－28－67＋76－78－58＋8 156－8 498－516－49－3 876＋4 517－658－ 95＋863－758＋385＋525＝

（想一想：若是笔算这些题目，麻烦在哪些地方？）

### 三、正负数加减法

正负数虽有绝对值大小及正、负含义两方面的区别，但又统一视为数，因此免不了要对这样的数进行运算。

由于阿拉伯数码表数，不能二元示数，用它们表示正负数，要在数前附加“+”、“-”号。因此，对正负数的运算，就是对带着“+”、“-”号的数运算。于是，就产生了如下形式的算式：(+3) + (+5)，(+9) - (+6)，(+8) + (-3)，(+5) - (-4)，(+7) - {-2 - [+5 + (+3)]}……造成在两个数间有多个“+”、“-”号。而对两个数要么加、要么减，不可能又加又减，或加了又加、减了又减。

对阿拉伯数码表示的正负数运算式，另有一套“计算及符号法则”。而珠算作正负数运算却不需再有一套计算符号法则，就能自然而然地进行。另外，笔算中正负数计算的符号法则，用珠算也容易解释。若不用珠算解释这些符号法则，反而很难理解，常见这样的情况，即人们能用符号法则进行运算，但道理何在，就说不上来了。

由于珠算二元示数，用珠算解决正负数加减计算问题也便有得天独厚的优越条件。可以说“加减正数就是加减梁珠数，加减负数就是加减框珠数。”例如：

(+6)+(+2)=6+2(6+ +2,加正2,即梁珠加2,所以需靠梁拨2;等号右,也是此意);

(+9)-(+2)=9-2(9- +2,减正2,即梁珠减少2,所以需向框拨2;等号右,也是此意);

(+7)+(-2)=7-2(7+ -2,加负2,即框珠加2,所以需向框拨2;等号右,也是此意);

(+7)-(-2)=7+2(7- -2,减负2,即框珠减少2,只得向梁拨2;等号右,也是此意)。

如此，不必专意教学正负数加减的法则，即能作正负数加减。进而，从符号上看，当两数间有多重+、-号时，可以概括出：“+”号可省，“-、-”换“+”。这样，就很容易掌握了。如果不用珠算，遇到7-(-2)，大都知道“减负等于加正”，所以要7+2；如果要问：“为什么减负等于加正？”很少有人能随口答出来。

[**例2-11**] 257+(-845)-(-729)=141（见图2-20）

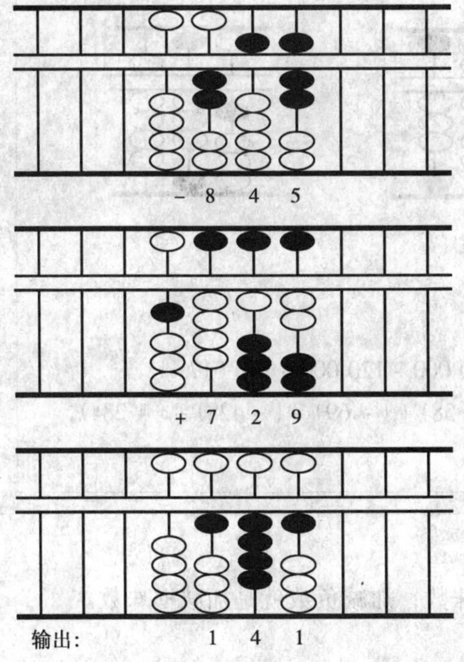


257入盘。

加负，即加框珠数，即减梁珠数。

得 -588；再减负，就是减框珠数。即加梁珠数。

图2-20

也可按法则："+"号可省；"-、-"换"+"，先将算式改为：257 - 845 + 729，再算。

## 练　习

1. 流利读、快速写出下面算盘输出之数（见图2-21）

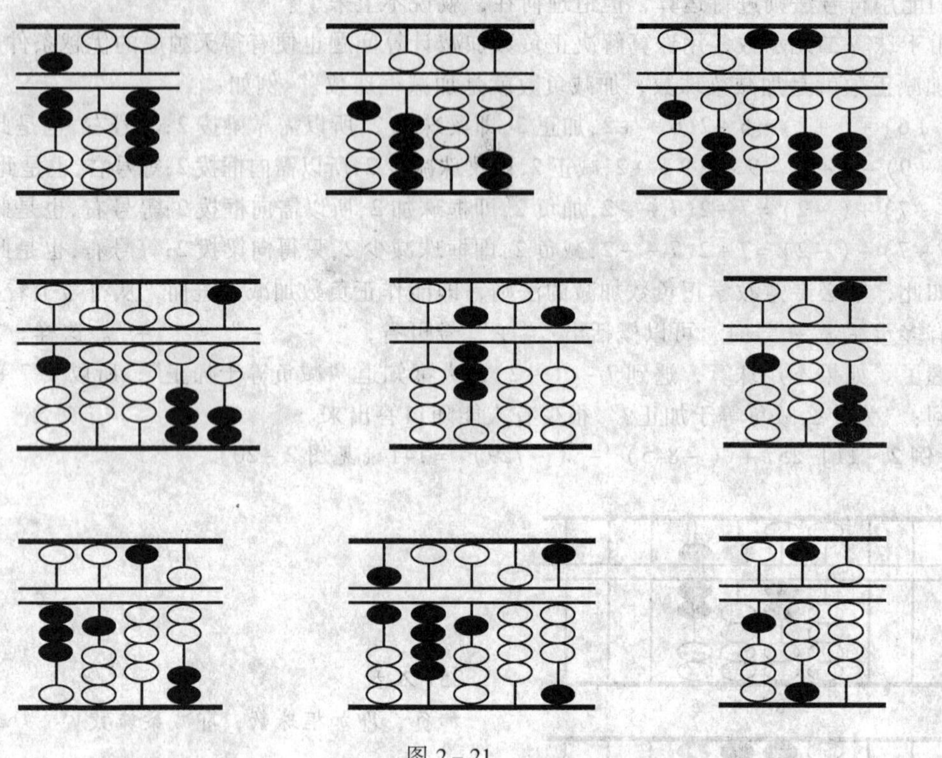

图2-21

2. 珠算下面各题

（1）-16+95-468-879+130 000-128 749+10 000-120 000+110 017=

（2）25+(-48)-(+65)+(+76)-(-47)-(+58)+(-69)-(-428)+(+284)+(-585)-(+38)+(+349)=

［课堂讨论］1. 如何拨"悬珠"？

2. 举例说明：加减正数就是加梁珠数，加减负数就是加减框珠数。

## 第三节 珠算加减基本技巧

### 一、熟练拨珠

珠算模型本身的机制优良，只要拼排加减数的各算母（动珠码），立即显示结果。所以，熟练拨算母是学习珠算的基本。拨动珠码技能的要领，前述内容已经明确：即一码一声；为此，大多要用两指或三指同时拨动，还要准、稳、快！这些都需要通过练习，达到熟练，形成条件反射。事实表明，拨动珠码达到条件反射的程度是不难练习的，只要下功夫，不分智力高低，人人可以实现。

除了各种算母（动珠码式）的基本练习题外，通过反复练习加减九变九、加减百子和正负百子三道题，也能促进解决拨动珠码熟练的问题。这几题都不用看题，可以把精力集中在拨动珠码上。练习时先要求正确，在正确基础上求快。每练习一次，都要记住完成的时间，并争取不断刷新记录。

**练　习**

**1. 加减九变九**

先拨入 123 456 789，连加此数 9 遍，得 1 234 567 890；再连减此数 9 遍，仍然得 123 456 789。

**2. 加减百子**

1 + 2 + 3 + 4 + … + 96 + 97 + 98 + 99 + 100 = 5 050

5 050 − 1 − 2 − 3 − 4 − … − 96 − 97 − 98 − 99 − 100 = 0

**3. 正负百子**（加奇减偶）

1 − 2 + 3 − 4 + 5 − 6 + 7 − 8 + 9 − 10 + 11 − 12 + … − 96 + 97 − 98 + 99 − 100 = −50

### 二、先十法

掌握珠算，熟练拨动珠码是基础。但是，只强调拨珠功夫仍然不够，还要想法减少拨珠次数。所谓“先十法”，就是运用简单的脑算，减少拨珠次数。具体做法就是：

加本位数码时，顾一下后位，后位若满十本位就多加 1；

减本位数码时，顾一下后位，后位若不够减本位就多减 1。

这样可减少后位的进位、退位时的拨珠次数，有时也可减少本位拨珠次数。

[**例 2－12**] 如图 2－22 所示。

（1）在往十位加 4 时，顾后位满十，这里多加 1 就是加 5，个位只减 3 即可；如果，不用先十法，本档要下 6，个位要进框 3，拨珠次数多 1 倍。

（2）在十位减 4 时，顾后位不够减，这里多减 1 就是减 5，个位只加 2 即可；如果不用先十法，本档要上 6，个位要退梁 2，拨珠次数也多 1 倍。

（1）28 + 47 = 75　　　　（2）76 − 48 = 28

图 2 − 22

当然，例 2 − 12 是就最特殊的情况而言。一般情况下，先十法的作用不是太大。

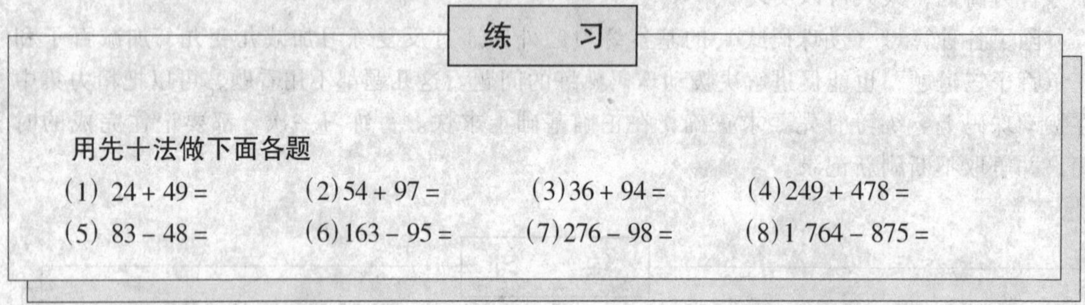

**练　　习**

**用先十法做下面各题**

(1) 24 + 49 =　　(2) 54 + 97 =　　(3) 36 + 94 =　　(4) 249 + 478 =

(5) 83 − 48 =　　(6) 163 − 95 =　　(7) 276 − 98 =　　(8) 1 764 − 875 =

### 三、运用补数、连进连退

基本拼排算母加减，进、退位时，要“进框补”、“退梁补”。这里，补数多理解为一位数的补数。其实，补数可以是多位的。因此，“进框补”、“退梁补”（也可说：“进一减补”、“退一加补”）可推广到多位数加减的连进连退的情况，不过做不到“一码一声”就是了。

进行加时，如果接连多位都满十，需要接连进位：往最高位的左位进 1，然后，向框拨动后位加数的补数（说框补或说减补）。

进行减时，如果接连多位都不够减，需要接连退位：在不够减位的左位退 1，然后，向梁拨动后位减数的补数（说梁补或说加补）。

[**例 2 − 13**] 如图 2 − 23 所示。

例 2 − 13（1），各位码之和都满十，需接连进位。如果一位一位计算，拨珠次数多得多。这里，用“进框补”，向第六位进 1，减去加数 74 865 的补数：25 135，只向框拨它们，简捷得多。其道理不难明白，这里是 + 100 000 − 25 135 = + 74 865。或写为/$\bar{2}\bar{5}\bar{1}\bar{3}\bar{5}$ = 74 865 。

例 2 − 13（2），除第六位外，各位都不够减，需接连退位。如果一位一位计算，拨珠次数多得多。这里，用“退梁补”，第六位多减 1，加减数 84 947 的补数：15 053，只向梁拨它们，简捷得多。其道理也不难明白，这里是 − 100 000 + 15 053 = − 84 947。或写为 $\bar{1}$15 053 = − 84 947。

如果加时，大多位满十，也可以“进框补”。可以分段进行，使每段各位都满十。

如果减时，大多位不够减，也可以“退梁补”。也可分段进行，使每段各位都不够减。

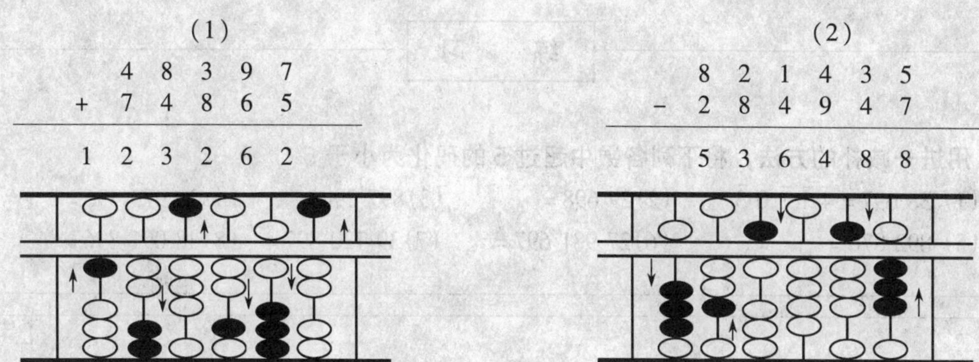


图 2－23

## 练 习

**用进框补、退梁补做下面各题**

(1) 76 + 49 = (2) 846 + 365 = (3) 7 483 + 5 698 = (4) 7 932 + 4 278 =

(5) 156 − 68 = (6) 8 143 − 685 = (7) 6 276 − 897 = (8) 4 125 − 847 =

(9) 4 326 785 − 1 845 896 = (10) 6 372 485 + 8 943 627 =

(11) 7 135 482 − 5 768 925 = (12) 4 742 389 + 4 389 248 =

## 四、运用负数

多个多位数加减时，可以运用正负数（补数）将其中一些码化为 0 或较小的码。这样不仅可使珠算减少拨珠次数，还可以脑算出来。

[**例 2－14**] 128 + 989 + 749 + 697 + 1 897

$= 13\bar{2} + 1\ 0\bar{1}\bar{1} + 749 + 1\ \bar{3}0\bar{3} + 2\ \bar{1}0\bar{3}$

= 4 460（千位：1 + 1 + 2 = 4，百位：1 + 7 − 3 − 1 = 4，十位：3 − 1 + 4 = 6，个位：− 2 − 1 + 9 − 3 − 3 = 0）

显然，例 2－14 中的数，如果不进行这样的变形，是难以脑算的。如果按变形后的数拨珠，可以使拨珠次数大大减少。

至于在多位数的乘除计算中，正负数的使用将更显出巨大威力。

进行这样的变形不难：进一减补即可。即向前位进 1，在后位补数字码头上画“－”号，然后，下写后位数的补数即可。如 697，向千位进 1，其后位码上画“－”号，下写补数 303 就得 $1\ \bar{3}0\bar{3}$。

## 练　习

**用进一减补的方法，将下列各数中超过 5 的码化为小于 5**

(1) 38 697 = $4\bar{1}\bar{3}0\bar{3}$　　(2)29 698 =　　(3)897 298 =　　(4)28 973 496 =

(5) 892 876 =　　(6)27 981 697 =　　(7)39 720 897 =　　(8)48 091 896 =

### 五、珠算结合脑算加减法

手拨动珠码，是机械性的，受到手指活动频率的限制。因此，把脑算结合到珠算中，可以有效地减少拨珠次数。

20 世纪后半叶，珠算工作者们在珠算活动过程中，创造了多种笔算式心算方法，以适应原来只有笔算式心算基础的青年人（例如，大、中专财经院校的学生）的情况，结合珠算学习提高心算能力。

（一）一目三行弃九加减心算法

1. 纯加的算法

在使用珠算多行数连加法时，可以设法把相加的多行数，通过心算并为一行再加在算盘上。

三行并一行心算的法则是："提前进一，前位弃九，末位弃十（或末位弃 9 再弃 1）。"

这等于在原要相加的三行数上再加上 $1\bar{9}\bar{9}\cdots\cdots\bar{9}\underset{\cdot}{\bar{9}}$（$\underset{\cdot}{\bar{9}}$ 表示 $-10$），而此数为 0，加它不影响原数相加的结果；但却把计算改成了最高位之前进一，以后各位减 9（弃九），末位减拾（弃十）。因每位都减去九或十，从而减少了大脑记忆负担，便于心算。

**[例 2－15]**

|  |  |  |  |  |  |
|---|---|---|---|---|---|
|  | 4 | 8 | 5 | 3 | 6 |
|  | 3 | 7 | 4 | 2 | 1 |
| + | 5 | 1 | 2 | 6 | 9 |
| 提 | 弃 | 弃 | 弃 | 弃 | 弃 |
| 前 | 九 | 九 | 九 | 九 | 十 |
| 进 | 为 | 为 | 为 | 为 | 为 |
| 1 | 3 | 7 | 2 | 2 | 6 |

这样，把 3 行 15 个码，脑算并成 6 个码，只拨 6 个码，比原来拨珠次数减少 60%。

提前进 1 后，该位之右的各位弃九、弃十，大多数位上的三数码之和弃九后都余一个小于十的数。理由如下：

每个数码的平均值是（$0+1+2+\cdots+9$）$\div 10 = 45 \div 10 = 4.5$

3 个数码之和平均值为 13.5，弃九之后余 4.5，乃是数码的平均值。这说明弃九后通常余一个数码之值（0－9）而不会超十或为负数。或者说具体些，弃九后余数小于十、余数超过十、余数为负这三种情况出现的机率是不相等的：余数小于十的机率最大；余数超过十和余数为负的机率都很小。

当个别情况下，某位三个数码之和小于 9，弃九得负值，如 3、2、1 三码之和弃九得 −3，记为 $\bar{3}$。

而当个别情况，某位三个数码之和弃九后超过 10，如 7、6、8 三码之和弃九得 12，可在 2 上画个圆点。

［例 **2 − 16**］

```
      6  5  4  2  7  3
      2  8  3  1  6  7
   +  4  9  3  4  3  4
―――――――――――――――――――――
提    弃 弃 弃 弃 弃 弃
前    九 九 九 九 九 十
进    余 余 为 余 余 为
1     3  3̇  1  2̄  7  4
```

在把此数输入算盘时，遇 $\dot{3}$ 加 13，遇 $\bar{2}$ 减 2 即可。

如果习惯了弃九，而末位弃十不习惯，可能出现错误。那么，末位也可“弃九，再弃 1”；对全题有 5 个 3 行（15 行），先在末位总的弃五，然后，就可一律弃九了。每三行提前进一，15 行可以在算头三行时一次进五，以后不再提前进一，只弃九即可。

15 行题加总法则：前总进 5，后总弃 5，各位都弃九。

如果数的位数不等，高位可直接相加，直到哪位的数码之和满 9 时，就往它的左位上进一（左位多加 1），然后将各位弃九（末位再弃一）。

为了“弃九”做得快，要熟记两个码或三个码成九的组合。计有下列这些：

两个数码成 9 的组合：

```
      ┌1  2  3  4
成 9 ─┤
      └8  7  6  5
```

三个数码成 9 的组合：

```
      ┌1  1  1  1  2  2  3
成 9 ─┼1  2  3  4  2  3  3
      └7  6  5  4  5  4  3
```

这一共 13 个组合，每个组合内，不论各数码的顺序如何都成 9，计算时弃掉。这要形成条件反射，习惯成自然。

如果不是这样的组合，对照这些组合折拼，可立刻求得弃九的余数（正余或负余）。如，对 4、8、3 三码，对照组合（4，2，3），很快知弃九后余 6（8 比 2 多 6）。

练习时，可先集中练“一目三行”心算，达到能像读一行数那样流畅迅速；然后再一边心算三行合一，一边拨入算盘（注意要将三行合成一个数后，再一次拨入算盘；不可将某一位的三个码之和弃九得一余码，就马上将其拨入算盘）。算盘放在题卷上面，三行三行地向下移动，以便注视计算的三行数。

三行合一脑算法还有多种，但以“进一弃九法”较好，优点较多，因为可以减少记忆量和拨珠次数。

2. 加减混合的算法

若在竖式的三行数中有一个是减数，那就将此数用“退一加补”的方法加以变形，再按“纯加的算法”心算，这样可以省去提前“进一”，因为它与“退一加补”时的“退一”相抵消了。

[例2-17]

```
   34 567                                                        34 576
 -76 589→变为 1̄ 23 411 ——→1̄ 与将提前进的 1 抵消——→23 411
   74 298        (退一加补)                                      74 298
 ————————                                                       ————————
                                         各位弃九得——→      32 285（末位弃十）
```

其他情况（如两负数一正数等），按此思路不难明白。当然，也可以每位按加减抵消的方法来算。

如果教学和练习的时间不多，可以只将纯加按“一目三行弃九”的算法算，加减混合用珠算。以免造成干扰，弄巧成拙。

（二）一目五行弃双九加减心算法

一目五行心算的法则是：“提前进二，前位弃双九，末位弃双十。”

这等于在原五行加法题上加

$$
\begin{array}{l}
1\ \bar{9}\ \bar{9}\ \bar{9}\ \cdots \bar{9}\ \dot{\bar{9}} \\
1\ \bar{9}\ \bar{9}\ \bar{9}\ \cdots \bar{9}\ \dot{\bar{9}}
\end{array}
$$

即加上了0，不改变原题，却改变了算法，减少了用脑记数的记忆量。

[例2-18]

```
     5  4  3  7  8  6
     4  8  5  3  2  7
     6  9  1  4  7  2
     3  1  6  5  8  4
 +   3  2  4  2  1  8
 ————————————————————
 提  弃 弃 弃 弃 弃 弃
 前  双 双 双 双 双 双
 进  九 九 九 九 九 十
     余 余 余 余 余 余
 2   3  6  1  3  8  7
```

至于“一目五行弃双九”加减混合脑算法，也可以由“一目三行弃九”加减混合脑算法类推。

这里，把原来要拨的30个码，变成拨7个码，拨珠次数减少更多。当然，这需要脑算五行并一行非常熟练。

## 练　习

用“一目三行”、“一目五行”脑算法计算下列各题

|  |  |  |
|---:|---:|---:|
| 8 5 3 1 9 4 | 4 7 8 6 2 4 | 2 4 6 2 7 5 |
| 1 6 4 2 8 9 | − 8 2 3 4 7 9 | 8 2 8 3 7 |
| + 3 7 4 3 4 3 | + 7 6 4 2 6 1 | + 5 2 5 4 6 2 |

|  |  |
|---:|---:|
| 5 3 4 9 6 8 | 4 1 2 7 8 3 |
| 3 6 5 4 1 9 | 5 3 6 4 7 |
| 8 7 2 3 9 1 | 1 4 6 2 1 9 |
| 6 2 8 5 6 3 | 8 5 4 2 5 |
| + 4 1 3 1 2 6 | + 2 7 6 2 9 4 |

### 六、珠算式脑算

珠算加减技巧达到的最高境界是珠算式脑算，简称“珠心算”。其原理就是把 26 个算母内化脑中，在脑中拼排它们直接得到结果。

教学珠算式脑算，没有多少新概念、新法则。无非是通过怎样的练习途径，可以使算母迅速地内化。一般来说，珠算与珠算式脑算同步学习、练习，比较有效。另外，学习、练习珠心算，与年龄有关。4 ~ 13 岁的少儿最为容易练习；20 岁以前的青年，又比 20 岁以后的成年人练习掌握起来更为有效。

由于本课程不要求学生掌握珠算式脑算，具体练习的方法步骤，这里不作介绍。有兴趣的读者，可以阅读有关珠算式脑算（珠心算）的教材、著作（本教材第五章有提要）。

［课堂讨论］1. 提高珠算加减运算水平的途径有哪些？

2. 为什么运用补数、负数和脑算都直接提高了珠算加减的水平？

## 第四节　传票算与账表算

### 一、传票算法

传票算是典型的珠算加减应用练习题。在财经实务中，对凭证的计算处理是第一道工序，“传票算”就是由此总结概括出来的。传票有各种式样，但作为练习题，中国珠算协会规定了

统一的"传票算"规格式样和题型,并纳入比赛项目:(1)规格长19厘米,宽6厘米;用4号手写体印制;每页各行数字下加横线;用60克书写纸印成。(2)传票在左上角装订成册,每本共100页。(3)每页5行;各行数字从1页至100页,合计550个码;每笔最高为7位,最低为4位;全为(有两位小数的)金额单位。(4)每连续20页为一题,计110字,数码均衡出现。

做"传票算"的方法步骤大体如下:

1. 整理传票

为了便于正确翻页，需将"传票本"先整理成"扇面"。方法是左手拇指摸"传票本"的封面左上角，其余四指摸封底左下角；右手拇指摸封面右下角，其余四指摸封底右上角；两手同时按反时针方向捻动，使页页均散开；将"传票本"左上角（订钉处）向封面翻折，最后用纸夹夹住。

2. 找页

传票题指出从某页始到某页止，如第1题：7～26。要能做得快，必须迅速找到第7页。这就要在练习中，细心掌握手感：如10页、20页、……有多厚，以便翻动最少次数找到题目的起始页。

3. 算盘与翻页

若用大、中型算盘，传票本可放在算盘左边；若用小型算盘，传票本可放在算盘上面。翻页用左手：小指、无名指压住传票本左下角以稳定传票本，拇指、食指、中指（中指有时也用来稳定传票本）用以翻页。

4. 一次翻一页算法

小、无名、中三指用以稳定传票本，当起始页之某行数目拨入算盘后，拇指掀起一页食指随即将其堵住，夹于食指、中指之间；把第二页某行数目加到算盘上后，拇指掀起该页食指随即将其堵住，夹于食指、中指之间；……；直到该题最后一页，看清数目拨加到算盘上的同时，左手即翻到新题的起始页。总之，尽量配合默契，充分利用时间。此外，算盘也可来回打，如果能用珠算式心算更好，那将更快。

5. 一次翻双页算法

小指、无名两指用以稳定传票本，中指和无名指夹住已计算过的页；食指、中指夹双页的首页，拇指、食指掀夹双页的次页，脑中将该双页指定的行之数目加在一起，并拨加入算盘后，即将此双页掀到中指和无名指之间；……；直到该题最后两页，看清数目拨加到算盘上的同时，左手即翻到新题的起始页。这里，结合了心算，减少了拨珠次数，从而可以加快速度。当然，算盘也可来回打，如果能用珠算式心算将更加方便和快捷。

在传票算中可以充分显示珠算、珠心算熟练的威力和作用。当然，翻页技巧也非常起作用。可以练习一次翻3页，用一目三行脑算法并成一数，再拨加到算盘上，这将快得多。最有效的办法是用珠算式脑算，边翻页边在脑中加，非常迅速。

## 练　习

用"传票算"题本,按照正确方法步骤反复练习,不断提高。

## 二、账表算

账表算也是典型的珠算加减应用练习题。在财经实务中，经常要做账表计算。当然，大多数情况下可以用计算机处理。但有些场合还是需要直接由会计人员用手操算或脑算的。

账表、统计图表的样式更多。但作为练习题，中国珠算协会规定了统一的“账表算”规格式样和题型，并纳入了比赛项目：

(1)全卷二张。格式：每张表由横5栏纵20行数目组成，纵向5个算题，横向20个算题，要求纵、横轧平，算出总计数。(2)账表中各行数字最低4位，最高8位；纵向每题120字，4~8位各4行；横向每题30个字码，4~8位各一个数。均为整数，不带小数。(3)每张表有4个减号，纵向第四、五题中各有2个，横向分别在4个题中各有1个。(4)不设倒减法。

账表算纵向算题，20行120个数码字，如同竞赛加减题目一样，算法也可共用。例如，可以用一目三行、一目五行脑算结合珠算，也可以用珠算式脑算。横向每题5个数目，却是一字排列的，不同于鉴定题、竞赛题，需要特别练习一目多行脑算结合珠算方法，最好能用珠算式脑算，那就灵活了。

账表算要求轧平，能轧平者另外加高分（纵向每题14分，横向每题4分，全卷合计150分，而能轧平，再加90分）。因此，计算精确度要求很高，一处出错，影响全局。

账表算需要进行反复练习，练习中根据自己的情况，确定适合的做法，如怎样脑算，或脑算结合珠算，算盘放置题卷上何处，怎样折叠、移动题卷，写答数，等等。

[课堂讨论] 1. 如何提高传票算的运算水平？

2. 如何提高账表算的运算水平？

[本章小结]本章从基因学的新角度，以⬬和⬬两个符号为珠母，繁衍出0至9十个基数码。进而概括出26个动珠码符号，科学地介绍了基本加减法；从算盘二元示数的特点引入正负数珠算加减法，算法简捷、统一；珠算加减基本技巧和传票算、账表算显示出珠算加减模型的优越性。

## 练　习

全国统一标准珠算技术竞赛题　单位　姓名　号码　竞赛题 账表( )( )

| 序数 | 一 | 二 | 三 | 四 | 五 | 答数 |
|---|---|---|---|---|---|---|
| 1 | 42 139 065 | 5 863 | 70 491 | 435 628 | 9 807 142 | |
| 2 | 9 807 142 | 10 974 | 483 562 | 42 196 053 | 3 586 | |
| 3 | 5 638 | 428 356 | 14 265 039 | 8 904 217 | 40 719 | |
| 4 | 40 719 | 21 453 096 | 9 801 724 | 5 368 | 456 283 | |
| 5 | 462 835 | 8 902 471 | 8 635 | −90 147 | 21 439 065 | |
| 6 | 8 965 | 158 649 | 27 483 650 | 37 102 | 9 307 124 | |
| 7 | 71 203 | 42 736 580 | 9 301 742 | 195 864 | −9 658 | |
| 8 | 149 586 | 3 902 417 | 9 856 | 74 258 360 | 71 203 | |
| 9 | 74 265 830 | 5 869 | 23 701 | 3 904 271 | 186 495 | |
| 10 | 9 307 124 | 12 307 | 164 958 | 5 986 | 42 765 830 | |
| 11 | 50 891 | 5 638 109 | 4 672 | 13 950 274 | 842 736 | |

续表

| 序数 | 一 | 二 | 三 | 四 | 五 | 答数 |
|---|---|---|---|---|---|---|
| 12 | 827 364 | 7 624 | 10 985 | 5 619 308 | 39 140 572 | |
| 13 | 13 950 274 | 90 518 | 836 427 | −7 642 | 6 581 903 | |
| 14 | 6 581 903 | 873 642 | 91 320 475 | 80 159 | 2 674 | |
| 15 | 4 267 | 39 140 572 | 6 593 801 | 864 273 | 50 891 | |
| 16 | 968 042 | 97 025 | 85 724 136 | 6 134 | 3 108 579 | |
| 17 | 78 546 321 | 982 064 | 3 109 758 | 52 079 | 3 641 | |
| 18 | 3 108 579 | 57 813 462 | 6 341 | 946 028 | −29 057 | |
| 19 | 6 413 | 1 305 987 | 75 092 | 78 561 243 | 968 042 | |
| 20 | 29 057 | 4 163 | 924 086 | 1 307 895 | 57 832 614 | |
| 答　数 | | | | | | |

全国统一标准珠算技术竞赛题　单位　　姓名　　号码　　竞赛题 账表（68），（2）

| 序数 | 一 | 二 | 三 | 四 | 五 | 答数 |
|---|---|---|---|---|---|---|
| 1 | 31 486 079 | 9 278 | 50 364 | 389 712 | 6 205 431 | |
| 2 | 6 205 431 | 40 653 | 328 971 | 31 467 098 | 8 927 | |
| 3 | 9 782 | 312 897 | 43 179 086 | 2 603 145 | 30 546 | |
| 4 | 30 546 | 14 398 067 | 6 204 513 | 9 872 | 397 128 | |
| 5 | 371 289 | 2 601 354 | 2 789 | −60 435 | 14 386 079 | |
| 6 | 2 679 | 492 736 | 15 328 790 | 85 401 | 6 805 413 | |
| 7 | 54 108 | 31 587 920 | 6 804 531 | 469 273 | −6 792 | |
| 8 | 436 927 | 8 601 345 | 6 297 | 53 192 870 | 54 108 | |
| 9 | 53 179 280 | 9 276 | 18 504 | 8 603 154 | 427 369 | |
| 10 | 6 805 413 | 41 805 | 473 692 | 9 627 | 31 579 280 | |
| 11 | 90 264 | 9 782 406 | 3 751 | 48 690 153 | 231 587 | |
| 12 | 215 873 | 5 713 | 40 629 | 9 746 802 | 86 430 951 | |
| 13 | 48 690 153 | 60 942 | 287 315 | −5 731 | 7 924 608 | |
| 14 | 7 924 608 | 258 731 | 64 810 359 | 20 496 | 1 753 | |
| 15 | 3 175 | 86 430 951 | 7 968 204 | 273 158 | 90 264 | |
| 16 | 672 031 | 65 019 | 29 513 487 | 7 483 | 8 402 956 | |
| 17 | 52 937 814 | 621 073 | 8 406 592 | 91 056 | 8 734 | |
| 18 | 8 402 956 | 95 248 371 | 7 834 | 637 012 | −16 095 | |
| 19 | 7 348 | 4 809 625 | 59 061 | 52 974 138 | 672 031 | |
| 20 | 16 095 | 3 478 | 613 027 | 4 805 269 | 95 281 743 | |
| 答数 | | | | | | |

# 第三章

# 珠算乘法

学习目标

通过本章学习，要求了解乘法的基本原理、算法程序、用破头乘法做连乘。理解珠算乘法是以加法为基础而形成的一种算法，如果将算盘比作“硬件”，则乘法大九九表和脑算单积等就是珠算乘法的“软件”。明确学好珠算乘法能提高眼、脑、手三者之间相互协调的能力，做到“心灵手巧”。掌握空盘前乘法、滚乘法、乘积的定位法和脑算2倍、5倍单积。

本章重点是空盘前乘法和乘积的固定个位档定位法。

## 第一节　概　述

### 一、珠算乘法的概念

乘法是求同一个数连续相加的简捷算法。例如：求5个6是多少，用加法是6+6+6+6+6=30；用乘法则是6×5=30，其中6是被乘数，5是乘数，30是乘积。即被乘数×乘数=乘积。

乘法具有交换律、结合律和分配律等性质。利用乘法的这些性质能够简化运算过程，提高计算效率。

珠算乘法要运用大九九表。口念口诀得码积或脑算单积、手拨珠打加减法，可以说只是加减码积或单积的程序。

### 二、乘法大九九表

珠算乘法必须以大九九口诀作为软件，方可保证准确、高速。初学者应熟练地掌握大九九口诀。

乘法口诀是根据1至9九个数字分别乘以从1至9九个数字编制的，又叫“九九歌诀”。根据史料记载，“九九歌诀”源于春秋时期。全部有81句，称为“大九九”。在81句中有36

句属于交换码的位置而得的码积重复的口诀。由于笔算不强调速度，人们为了便于记忆删去“逆九九”（大数字在前小数字在后的36句）不用，将剩下的45句称为“小九九”。“小九九”由“顺九九”36句（小数字在前大数字在后）和“平九九”9句（前后两个数字相同）组成。珠算强调高速度，用“小九九”易出错，所以珠算必须用“大九九”（见表3-1）。

表3-1　　　　大九九口诀表

| 被乘数<br>口诀<br>乘数 | 一 | 二 | 三 | 四 | 五 | 六 | 七 | 八 | 九 |
|---|---|---|---|---|---|---|---|---|---|
| 一 | 一一01 | 二一02 | 三一03 | 四一04 | 五一05 | 六一06 | 七一07 | 八一08 | 九一09 |
| 二 | 一二02 | 二二04 | 三二06 | 四二08 | 五二10 | 六二12 | 七二14 | 八二16 | 九二18 |
| 三 | 一三03 | 二三06 | 三三09 | 四三12 | 五三15 | 六三18 | 七三21 | 八三24 | 九三27 |
| 四 | 一四04 | 二四08 | 三四12 | 四四16 | 五四20 | 六四24 | 七四28 | 八四32 | 九四36 |
| 五 | 一五05 | 二五10 | 三五15 | 四五20 | 五五25 | 六五30 | 七五35 | 八五40 | 九五45 |
| 六 | 一六06 | 二六12 | 三六18 | 四六24 | 五六30 | 六六36 | 七六42 | 八六48 | 九六54 |
| 七 | 一七07 | 二七14 | 三七21 | 四七28 | 五七35 | 六七42 | 七七49 | 八七56 | 九七63 |
| 八 | 一八08 | 二八16 | 三八24 | 四八32 | 五八40 | 六八48 | 七八56 | 八八64 | 九八72 |
| 九 | 一九09 | 二九18 | 三九27 | 四九36 | 五九45 | 六九54 | 七九63 | 八九72 | 九九81 |

逆九九（36句）

小九九（45句）

表3-1中，口诀每句由四个字组成，其中第一个中文数字表示乘数，第二个中文数字表示被乘数，后两个阿拉伯数字表示码积。在读口诀时只读数字不读数位，以避免运算中错位，提高效率。例如“二二04”读作“二二零四”，“四五20”读作“四五二零”。

两个一位数相乘，其积有一位的（属不进位乘法），也有两位的（属进位乘法），为了防止加积时错档，统一将积看作两位，即十位和个位，十位上没有数的，以“0”代替。例如，“二三06”读作“二三零6”。在运算过程中，要特别注意乘积中的十位和个位的“0”的处理，以免出错。

在学习中我们应该改掉用小九九的习惯，以避免被乘数与乘数频繁换位造成差错。熟记口诀，形成条件反射可通过以下四种方式训练：第一，纵横结合记忆法。被乘数是1时，读出其分别与乘数1至9相乘的口诀；被乘数是2时，读出其分别与乘数1至9相乘的口诀，以此类推。第二，正反对照记忆法。将顺九九与逆九九一一对应记忆，从而能突破难点，迅速熟记逆九九。如三九27与九三27。第三，问答法。重点抽查其逆九九的反应能力。适合一人提问一人回答或一人提问多人回答。第四，“2 025法”。它是一种边念口诀边累加其乘积的训练方法。由于81句口诀码积累加的结果等于2 025，所以又称“2 025法”。以上方式中第一、二、四种适合个人自我训练提高。

### 三、脑算单积

脑算单积是以笔算式心算或珠码拼排等方式在大脑中或算盘上一次直接读出或拼成一位数乘以多位数的乘积。如果用笔写出脑算的结果，可称为“一笔成”、“一笔清”。如果用口说出脑算的结果，俗称“一口清”。

相对于大九九表而言，脑算单积强调心算，它是一种更为难练而高效的应用软件。大九九表是面向普及的方法，而脑算单积是面向提高的方法。有关脑算单积的方法详见本书第五章脑算部分。

## 四、位数

在算盘上进行计算，必须定位，"位数"概念对定位很重要。位数概念参见第一章第一节。

## 五、定位

定位是按照某种方法，根据被乘数和乘数的位数来确定乘积的位数。算盘的位是可以任意指定的，如果不定位就无法得到正确结果。例如，25×4，0.25×4，0.0025×40，三道题在算盘上的结果都是"1"，但被乘数和乘数位数的不同决定了它们的乘积分别是100，1，0.1。

（一）公式定位法

从"乘法大九九表"中可以看出：两个一位因数相乘，凡是积头小的积有两位，积的位数等于两因数位数之和；两个一位因数相乘凡是积头不小的，积只有一位，积的位数比两因数位数之和少一位。进一步推广到多位数乘法，设被乘数为M位，乘数为N位，则乘积的位数可由以下两个公式决定：

1. 两因数相乘，积头小的，乘积的位数 = M + N。

[**例3-1**] 6×9=54

∵5<6　∴积小1+1=2（位）

[**例3-2**] 256×823=210 688

∵2<8　∴积小3+3=6（位）

[**例3-3**] 63.7×4.2=267.54

∵2<6　∴积小2+1=3（位）

[**例3-4**] 8.6×0.0075=0.0645

∵6<7　∴积小1+（-2）=-1（位）

2. 两因数相乘，积头不小的，乘积的位数 = M + N - 1。

[**例3-5**] 2×4=8

∵8>4　∴积大1+1-1=1（位）

[**例3-6**] 10×100=1 000

本例积头与两因数的头一样大，所以不属于积头小，积定位2+3-1=4（位）。

[**例3-7**] 12×125=1 500

∵15>12　∴积大2+3-1=4（位）

[**例3-8**] 10.6×0.081=0.8586

∵8>1　∴积大2+（-1）-1=0（位）

在实际运用中，本法的关键是正确判断积头小或不小。应抓住积头与两因数中任一个因数头比较。这种方法由于不受计算方式、方法和计算工具的限制，所以又称为"通用定位法"。

（二）固定个位定位法

固定个位定位法是一种算前盘上定位法，它是指在计算前先定好小数点，然后根据被乘数位数与乘数位数相加所得的位数，作为乘积首位或被乘数首位的起拨档，按算法程序运算，最后运算完毕直接看盘写数的定位法。

固定个位定位法特别适合应用于乘法，尤其在连乘法、滚乘法和省乘法中使用更觉方便。

[**例3-9**] 463×69=31 947（见图3-1）

起拨档=3+2=5（位）

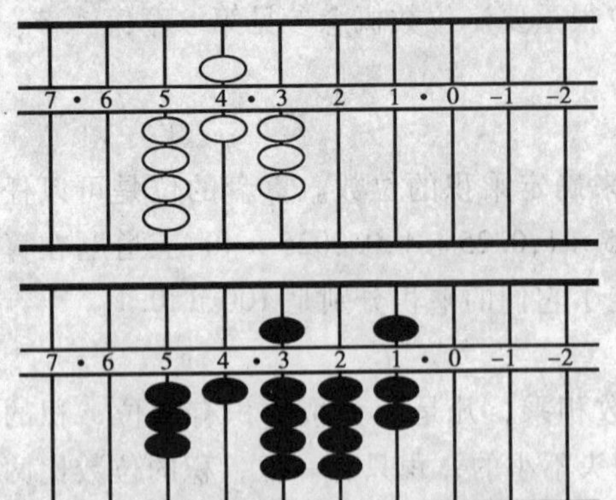


(1) 从正五位档拨入被乘数463。

(2) 按照破头乘法的程序进行运算，结果是31 947。积的个位正好落在算前选定的个位档上。

图3-1

[**例3-10**] 16.5×0.042=0.693（见图3-2）

起拨档=2+（-1）=1（位）

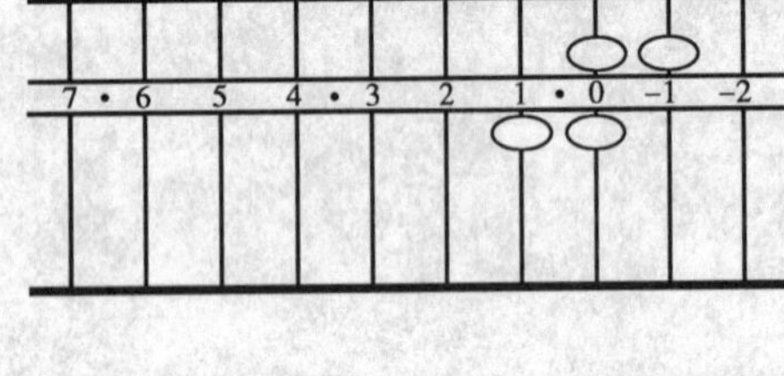


(1) 从正一位档拨入被乘数165。

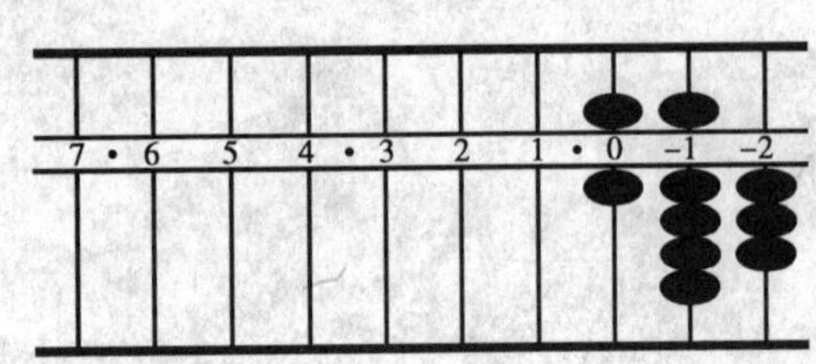


(2) 按照破头乘法的程序进行运算，结果是0.693。

图3-2

[课堂讨论] 1. 怎样熟练掌握大九九口诀表？

2. 公式定位法的要领是什么？

3. 固定个位定位法的要领是什么？

## 练　习

**1. 填空**

小九九45句口诀的乘积累加的结果是____________；

大九九81句口诀的乘积累加的结果是____________。

**2. 指出下列各数的最高位数字**

(1) 7 394　　　　(2) 0.08

（3）87 301　　（4）937

（5）20 000　　（6）0.74

（7）9.04　　（8）0.00625

（9）4.73　　（10）0.0004

**3. 指出下列各数的位数**

（1）384（　）　　（2）4.63（　）

（3）0.57（　）　　（4）2 040（　）

（5）87.12（　）　　（6）0.0471（　）

（7）86 003（　）　　（8）0.0007（　）

（9）260.01（　）　　（10）40 000（　）

**4. 根据括号内指定的位数，在横线上写出下列各数的数值**

（1）826（正一位）______　　（2）96 714（正三位）______

（3）63（零　位）______　　（4）428（负一位）______

（5）580（正五位）______　　（6）93（负二位）______

（7）172（正四位）______　　（8）7 691（零　位）______

（9）12（正六位）______　　（10）18（正四位）______

**5. 下列各数相乘盘面结果都是 96，用公式定位法确定它们的积**

（1）3 200×0.03＝　　（2）4 000×0.24＝

（2）0.48×2 000＝　　（4）19.2×0.005＝

（5）1 200×0.08＝　　（6）320×300＝

（7）480×200＝　　（8）192×5 000＝

（9）150×640＝　　（10）6 400×15＝

**6. 下列各数相乘盘结果都是 4 032，用公式位法确定它们的积**

（1）6 720×0.006＝　　（2）0.004×1 008＝

（3）13.44×300＝　　（4）8 000×504＝

（5）0.0576×0.07＝　　（6）0.36×0.112＝

（7）960×42＝　　（8）64×630＝

（9）0.252×160＝　　（10）0.0896×0.45＝

## 第二节　空盘前乘法

### 一、空盘前乘法的概念及特点

空盘前乘法是具有“空盘”和“前乘”两个特点的算法。“空盘”是指在运算前被乘数与乘数都不拨在算盘上，盘上是空的；“前乘”是指被乘数与乘数都按从高位到低位的顺序运算。

空盘前乘法的两大特点使它区别于传统的乘法，在实际工作中具有如下优点：

1. 由于算前不布被乘数和乘数，因而减少了拨珠量。传统乘法至少要布被乘数，有的还要求布乘数。

2. 运算时从左到右，不需要左顾右看，符合手指拨珠习惯，能避免加错档位，节约看数拨珠的时间。采用本法计算时，试题放在算盘的下方，左手指着被乘数或乘数，向上看算盘、向下看数字，做到了眼、脑、手的高度统一。

3. 运算方法灵活多变，能减少拨珠量，提高运算速度。

4. 在复核会计凭证上几笔乘积的累计金额时，可以直接在算盘上滚乘累加，运算一步到位。省去传统乘法每求一个积数后需要记数、清盘，最后再逐笔相加的麻烦。

5. 便于进一步与脑算单积结合形成珠算式心算乘法。多位数心算乘法是以脑算单积为基础，采用空盘前乘法的程序，便于将每个脑算单积在大脑中累加起来。

综上所述，空盘前乘法向下易普及，向上能提高，是近年来广泛应用的主流算法。

## 二、一位数乘法程序

被乘数或乘数只有一个非零数字的乘法叫一位数乘法。一位数乘法是多位数乘法的基础，熟练地掌握一位数乘法对提高乘算的水平有着重要作用。

一位数乘法的运算程序是：

1. 选择一位数作为乘数去乘被乘数。两因数均不拨入算盘，要求脑记一位数，眼看被乘数。

2. 运算顺序是用乘数依次去乘被乘数的第一位、第二位……，直到最末位。为表述方便也有将被乘数从首位到末位依次叫第一位、第二位……直到末位数。

3. 加积的规则：

（1）用大九九口诀时，刚入门可念出口诀，以后默念，熟练后逐步形成条件反射，摆脱口诀的束缚。使用大九九口诀或脑算单积对应位加积。

（2）定好位标，计算起拨档，从起拨档开始拨入乘积。为了表述方便从起拨档开始依次称为运算的第一档、第二档、第三档……起拨档 = 被乘数位数 + 乘数位数。

（3）加积的档位规律是：乘数与被乘数第几位相乘，乘积的十位就加在算盘的第几档上，积的个位加在下一档（如图3-3所示）。（注意：为了简化，只记梁上标的档位数即够，不必再记第一档，第二档……）

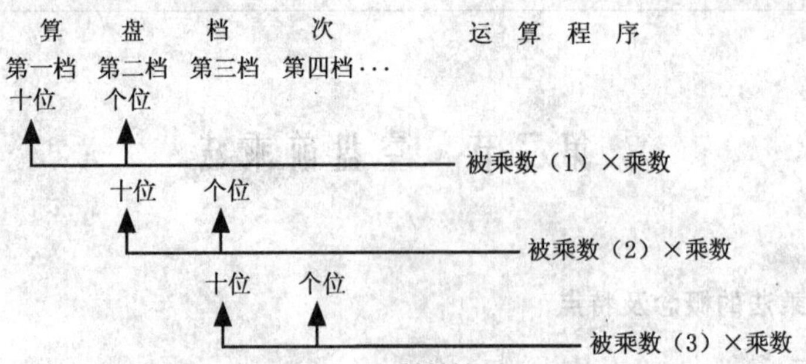


图3-3 一位数乘法加积示意图

（4）为了避免加错档次，右手应始终在算盘横梁上水平移动，做到“手不离起档，依次错位相加”。

4. 看盘写数。运算完毕，根据精确度的要求直接看盘写出答案。

**[例 3－11]** 684×7＝4 788（见图 3－4）

盘式图

运算程序

（1）选择 7 乘以$\overrightarrow{684}$，要求脑记 7，眼看 684，从高位开始乘。起拨档＝3＋1＝4（档）。

（2）用乘数 7 乘被乘数首位 6，将积的十位数 4 加在＋4 档（第一档）上，个位数 2 加在＋3 档（第二档）上。

（3）用乘数 7 乘被乘数第二位 8，将积的十位数 5 加在第二档上，个位数 6 加在第三档上。

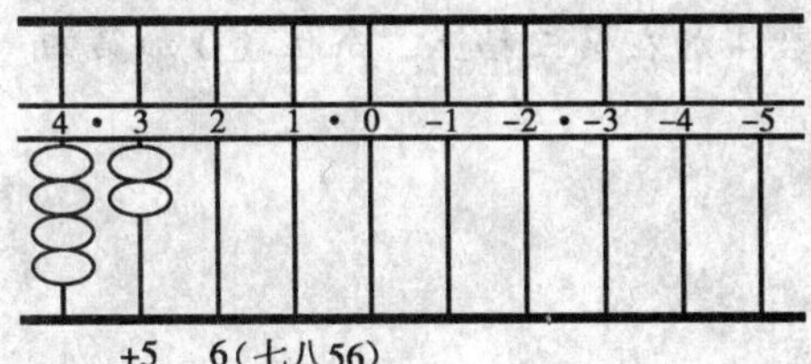


（4）用乘数 7 乘被乘数第三位 4，将积的十位数 2 加在第三档上，个位数 8 加在第四档上。

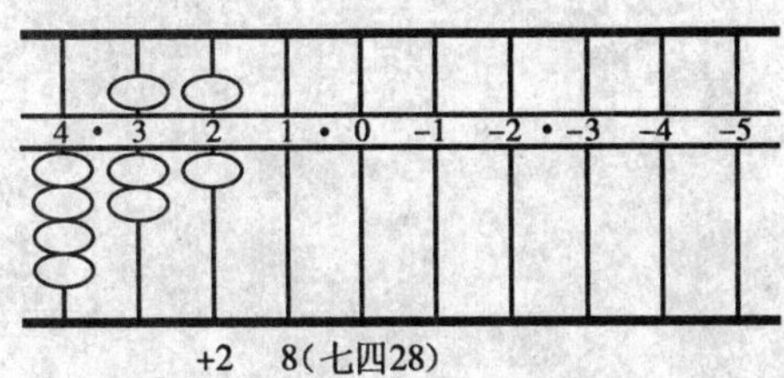


（5）看盘写数：本题答数 4 788。

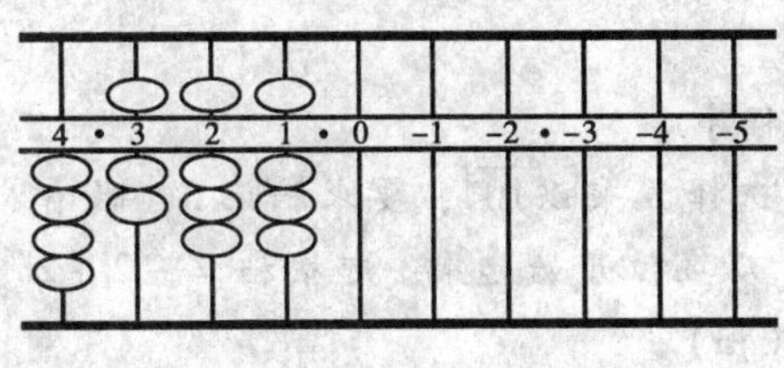


图 3－4

**[例 3－12]** 125×8＝1 000（见图 3－5）

盘式图

运算程序

（1）选择 8 乘以$\overrightarrow{125}$，要求脑记 8，眼看 125，从高位开始起乘。起拨档＝3＋1＝4（档）。

（2）用乘数8乘被乘数首位1，将积的十位数0加在第一档上，个位数8加在第二档上。

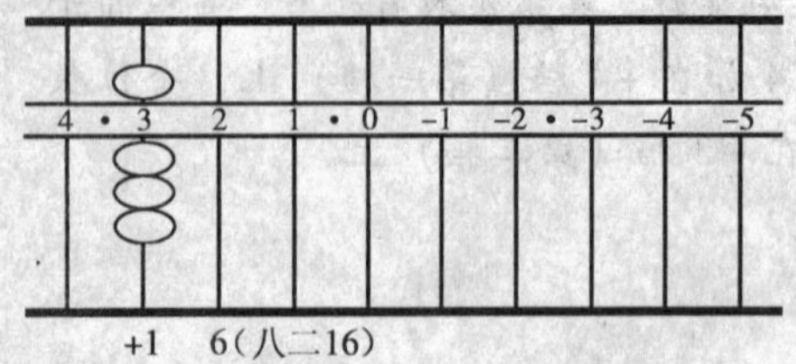


（3）用乘数8乘被乘数第二位2，将积的十位数1加在第二档上，个位数6加在第三档上。

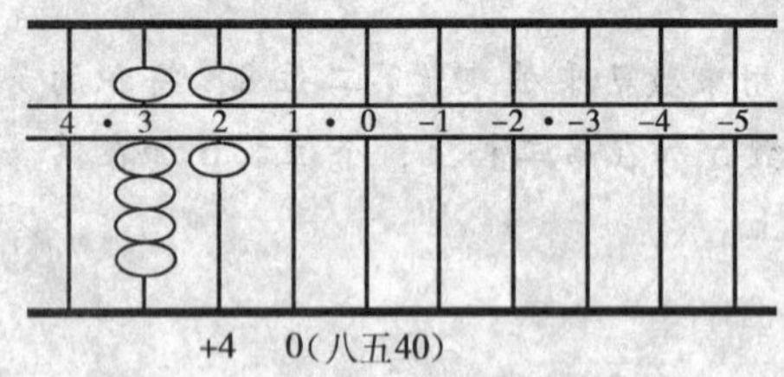


（4）用乘数8乘被乘数第三位5，将积的十位数4加在第三档上，个位数0加第四档上。

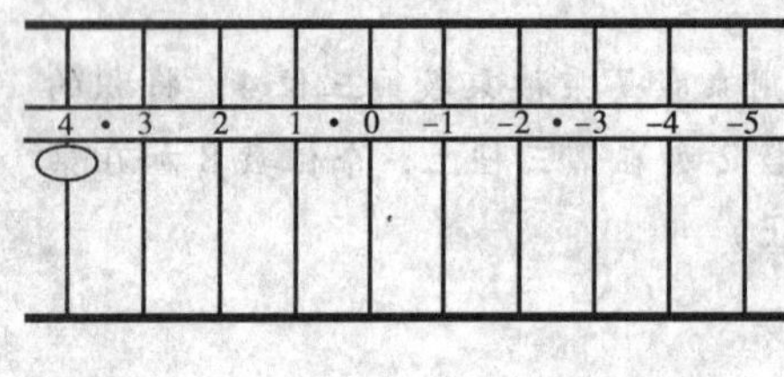


（5）看盘写数：本题答数1 000。

图3-5

［**例3-13**］0.00104×30=0.0312（见图3-6）

盘式图

运算程序

（1）选择3乘以$\overrightarrow{104}$，要求脑记3，眼看104，从高位开始起乘。起拨档=-2+2=0（档）。

（2）用乘数3乘被乘数第一位数1，将积的十位0加在第一档，积的个位数3加在第二档上。

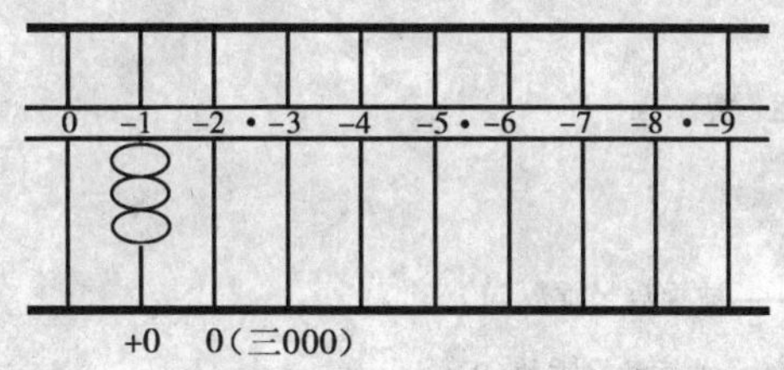


（3）用乘数3乘被乘数第二位数0，将积的十位数0加在第二档上，积的个位数0加在第三档上。

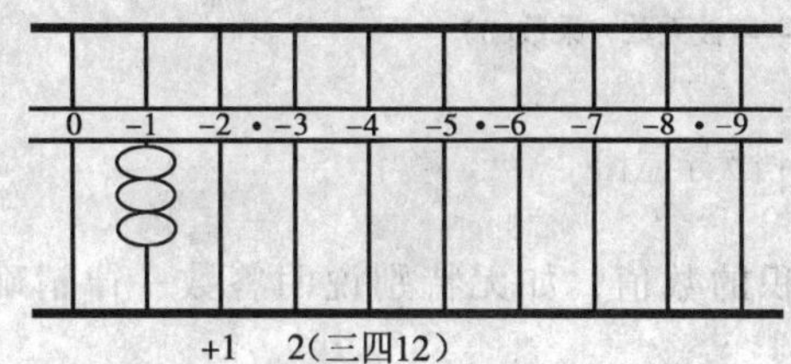


（4）用乘数3乘被数第三位数4，将积的十位数加在第三档上，积的个位数加在第四档上。

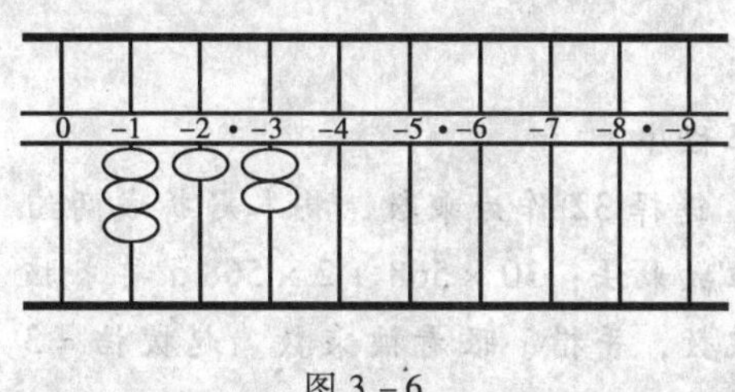


图3－6

（5）看盘写数：本题答数0.0312。

## 三、多位数乘法程序

（一）含义

被乘数和乘数的非0有效数字是两个或两个以上的乘法叫做多位数乘法。多位数乘法算法以一位数乘法为基础，根据乘法的分配律将多位数乘法拆成若干组一位数乘法。

例如：$32 \times 567 = (30+2) \times 567$

$= 30 \times 567 + 2 \times 567$

$= 17\ 010 + 1\ 134$

$= 18\ 144$

简单地说：两个多位数的码两两相乘，所得码积按位数入盘。（码积位数等于两码位数之和）

（二）运算的程序

1. 选择好乘数。乘数选得好、拆得好能减少口诀运算的时间、简化运算方式、避免加错档次，达到事半功倍效果。选择乘数的标准是：第一，选有效数字较少的因数；第二，选中间含“0”较多的因数；第三，选含相同数字的因数；第四，选接近整数（$A \times 10^N$）因数。

2. 运算顺序是被乘数和乘数都按从高位到低位的方向相乘。先用乘数的第一位去乘被乘数的各位数，然后再用乘数的第二位、第三位……依次去乘被乘数的各位数。

3. 计算起拨档，从起拨档开始拨入乘积。为了表述方便从起拨档开始依次称为运算的第一档、第二档、第三档……。起拨档＝被乘数位数＋乘数位数。

4. 加积的规则：所拆的数字是乘数的第几位，那么它与被乘数之积就从算盘第几档开始拨入（如图 3－7 所示）。

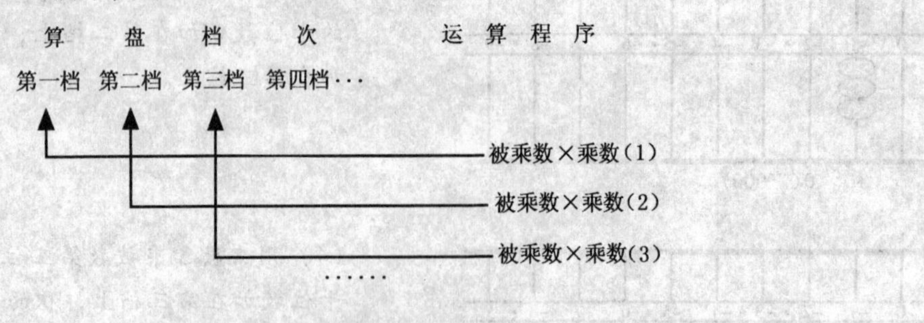


图 3－7 多位数乘法加积档次示意图

5. 看盘写数。运算完毕，根据精确度要求确定积的数值，如无特别说明答数一律精确到 0.01 位，以下四舍五入。

（三）举例说明

**[例 3－14]** 568 ×32 = 18 176（见图 3－8）

盘式图

运算程序

（1）选择 32 作为乘数，将本题拆成两组一位数乘法：30 ×568 +2 ×568。要求脑记乘数，手指、眼看被乘数。起拨档 =3 +2 =5（档）。

+1 5(三五15)
+1 8(三六18)
+2 4(三八24)

（2）用乘数第一位数 3 与被乘数 568 从高位到低位逐位相乘，并将乘积从第一档开始拨入。

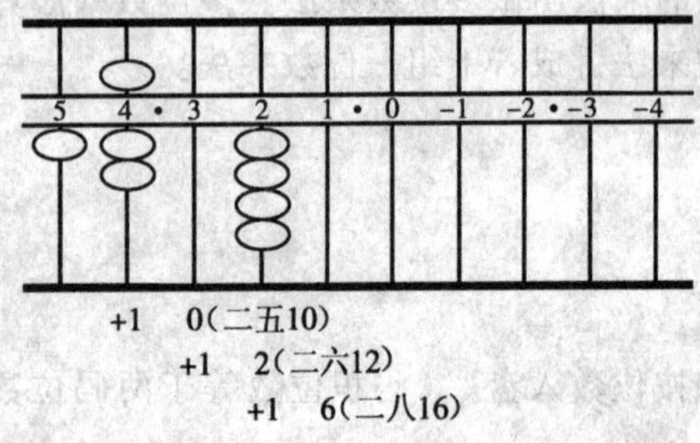


（3）用乘数第二位数 2 与被乘数 568 从高位到低位逐位相乘，并将乘积从第二档开始拨入。

（4）看盘写数：本题答数 18 176。

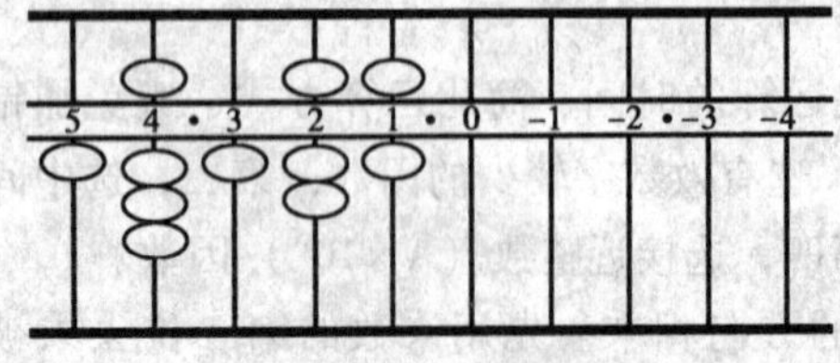


图 3－8

**[例 3－15]** 207 ×319 = 66 033（见图 3－9）

盘式图

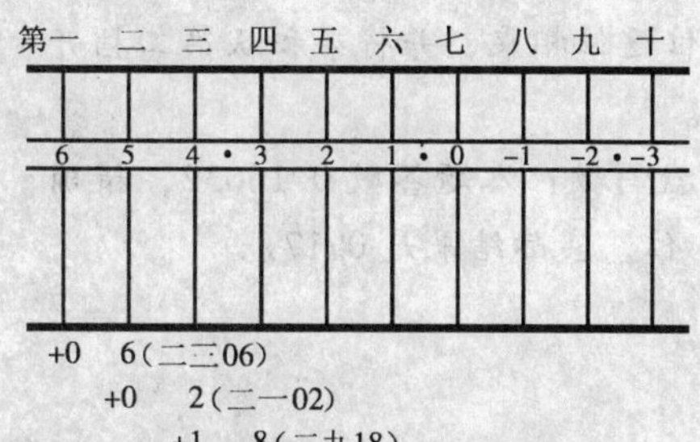


运算程序

(1) 选择207作为乘数，将本题拆成两组一位数乘法：200×319+7×319。要求脑记乘数，手指、眼看被乘数。起拨档=3+3=6（档）。

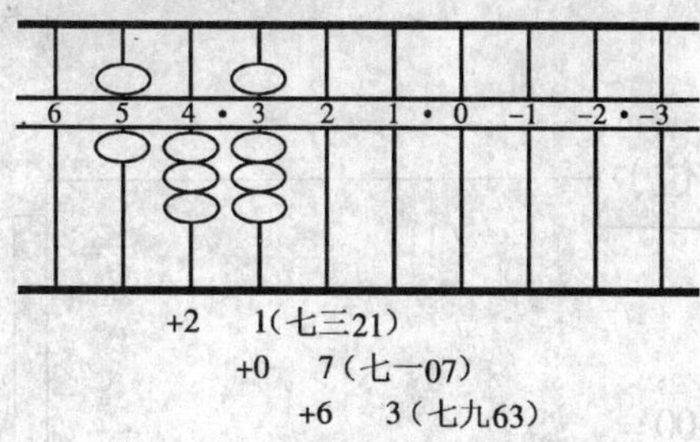


(2) 用乘数第一位数2与被乘数319从高位到低位逐位相乘并将乘积从第一档开始拨入。

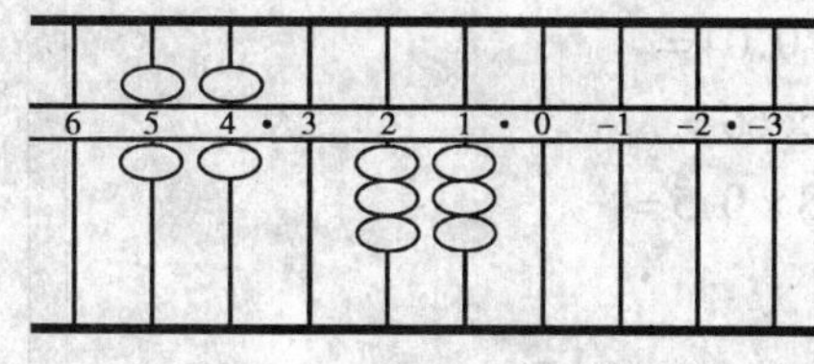


图3-9

(3) 用乘数第三位数7与被乘数319从高位到低位逐位相乘，并将乘积从第三档开始拨入。

(4) 看盘写数：本题答数66 033。

[**例3-16**] 0.0056×29.7=0.17（精确到0.01位，见图3-10）

盘式图

运算程序

(1) 选择56作为乘数，将本题拆成两组一位数乘法：5×297与6×297。起拨档=-2+2=0（档）。

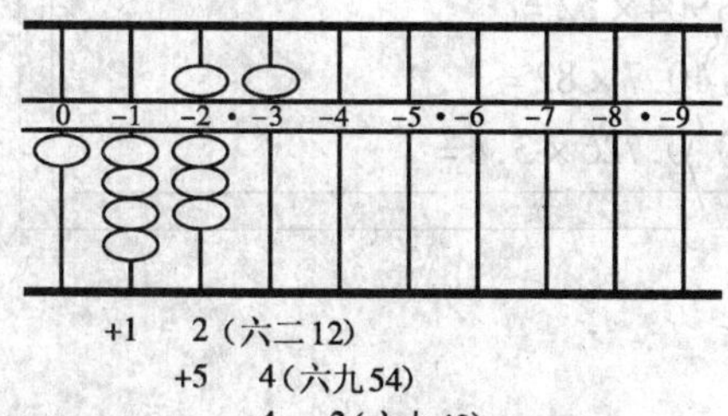


(2) 用乘数第一位数5与被乘数297从高位到低位逐位相乘，并将乘积从第一档开始拨入。

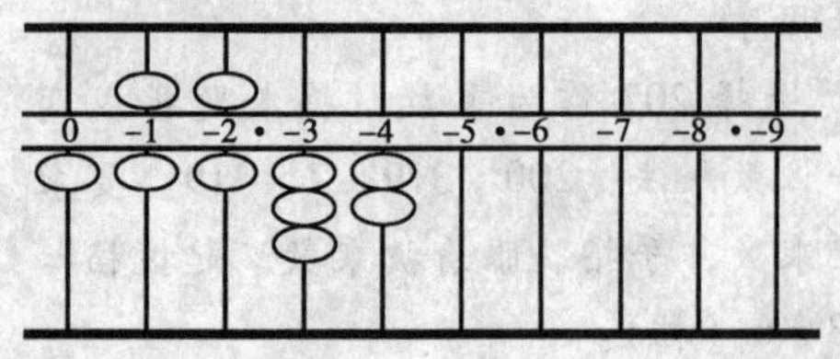


图 3－10

（3）用乘数第二位数6与被乘数297从高位到低位逐位相乘，并将乘积从第二档开始拨入。

（4）看盘写数：本题答数0.16632，精确到0.01位，实际结果是0.17。

［课堂讨论］一位数与多位数乘法的运算程序是什么？

## 练习（得数精确到0.01位）

**1. 计算下列一位数乘法的积**

（1）92×20＝　　（2）430×300＝

（3）300×17＝　　（4）125×80＝

（5）1 024×40＝　　（6）4 053×0.04＝

（7）2.48×0.09＝　　（8）0.7108×60＝

（9）2 758×0.06＝　　（10）293.48×0.5＝

（11）　　（12）

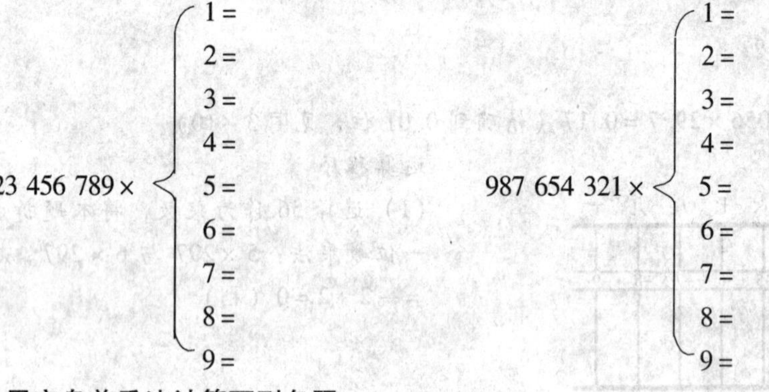
123 456 789×｛1＝ 2＝ 3＝ 4＝ 5＝ 6＝ 7＝ 8＝ 9＝

987 654 321×｛1＝ 2＝ 3＝ 4＝ 5＝ 6＝ 7＝ 8＝ 9＝

**2. 用空盘前乘法计算下列各题**

（1）59×24＝　　（2）47×21＝

（3）24×130＝　　（4）78×16＝

（5）312×48＝　　（6）904×52＝

（7）8.35×0.043＝　　（8）10.7×82＝

（9）2.45×3.7＝　　（10）0.726×3.8＝

# 第三节　破头乘法与连乘法

## 一、破头乘法

（一）破头乘法的含义

多位数乘法中被乘数从低位到高位分别与乘数从高位到低位逐位相乘的方法叫“破头乘法”。由于一开始计算即破被乘数本位改积，破头乘法由此得名。

破头乘法的优点是：被乘数与乘数从左到右相乘，符合读数和拨珠顺序，将被乘数置入算盘使初学者容易掌握起拨档，被乘数本档改积运算方便、快捷。破头乘法虽不如空盘乘法简捷，但遇到连乘法，就用得着破头乘法。

（二）破头乘法的程序

1. 置数定位：(1) 采用公式定位法时，从算盘左一档置入被乘数，运算完毕再根据首档（左一档）是否有数确定积的位数和结果，简称“有数相加，无数加后减1”。(2) 采用固定个位定位法时，先计算起拨档（被乘数位数加乘数位数），再从起拨档置入被乘数，运算完毕直接看盘写数。另外，如无特别要求，乘数不上盘，用左手指着或尽量用脑默记。

2. 运算顺序：被乘数从低位到高位分别与乘数从高位到低位相乘，如图 3-11 所示。

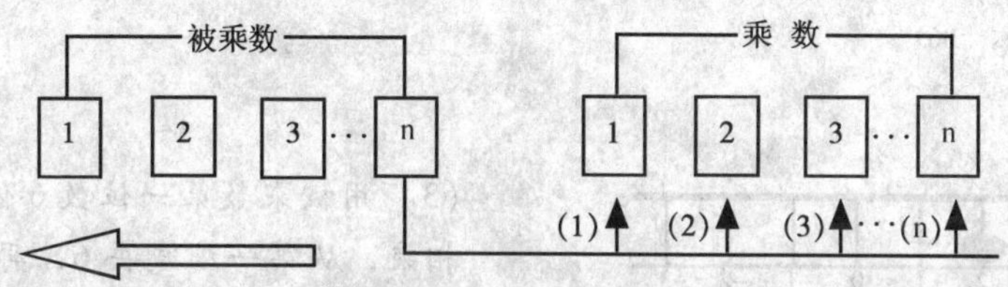


图 3-11　运算顺序示意图

3. 加积的规则：被乘数本位与乘数首位相乘时，积的十位数由被乘数的本位改成，积的个位加在右一档；被乘数本位与乘数其他各位相乘的乘积按“十个、十个、十个……”的档次叠加相加。或理解为每次加积的个位档是下次加积的十位档，呈阶梯状叠位相加。如图 3-12 所示。

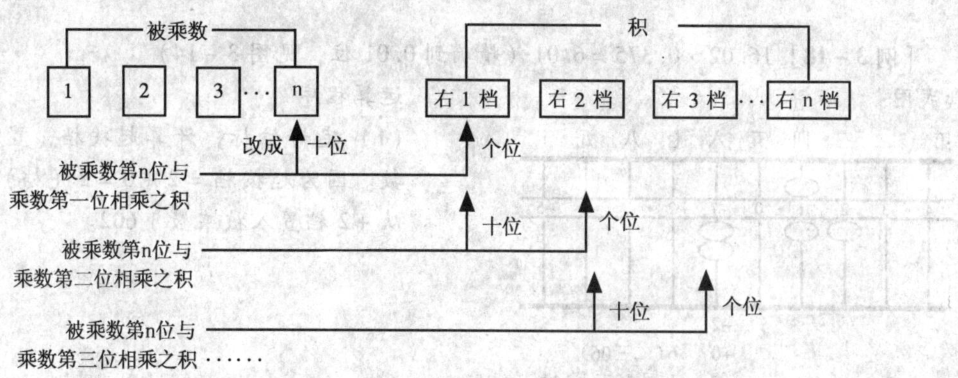


图 3-12　加积档次示意图

（三）举例说明

［例3－17］604×371＝224 084（见图3－13）

盘式图

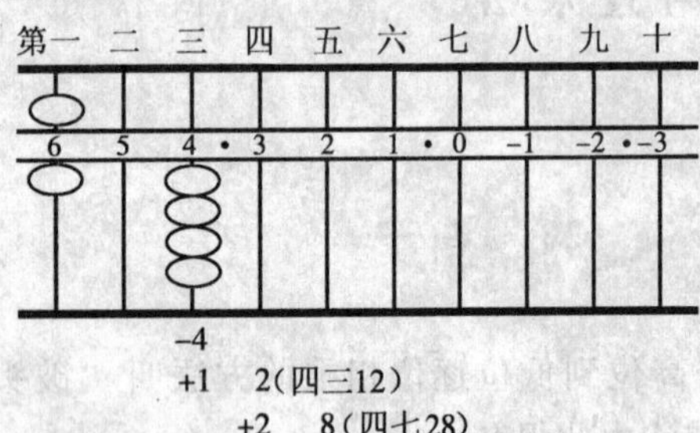


运算程序

（1）定好位标，计算起拨档，置入被乘数。起拨档＝3＋3＝6（档），从算盘第一档起拨入被乘数604。

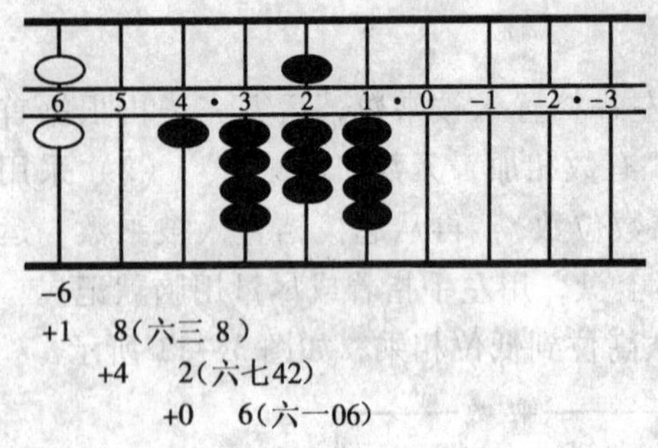


（2）用被乘数第三位数4依次与乘数371相乘，从第三档减去4，再将乘积按顺序叠位相加。

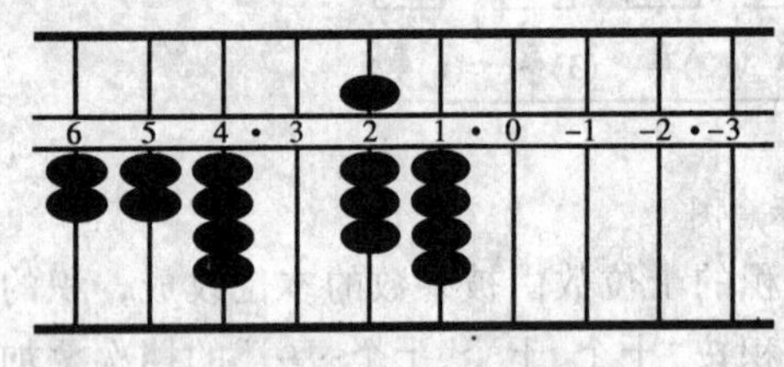


（3）用被乘数第一位数6依次与乘数371相乘，从第一档减去6，再将乘积按顺序叠位相加。

（4）看盘写数：本题答数224 084。

图3－13

［例3－18］16.02×0.375＝6.01（精确到0.01位，见图3－14）

盘式图

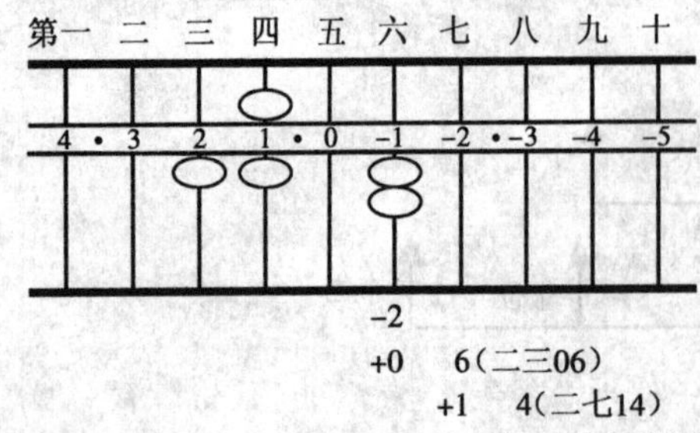


运算程序

（1）定好位标，计算起拨档，置入被乘数。因为起拨档＝2＋0＝2（档），所以从＋2档置入被乘数1 602。

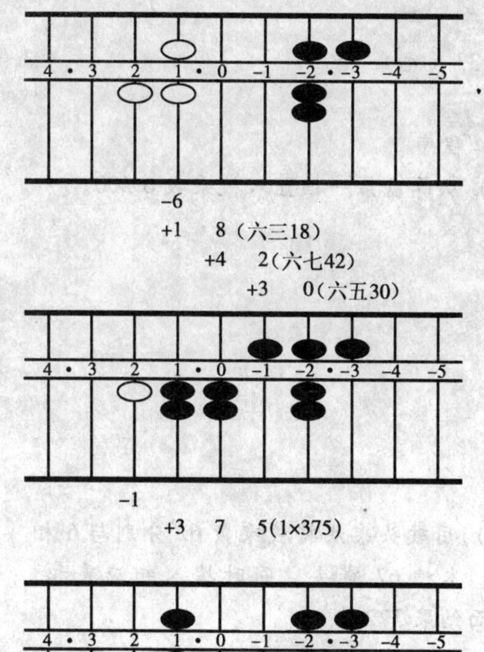

图 3－14

（2）用被乘数 2 依次与乘数 375 相乘，从 −1 档减去 2，再将乘积按顺序叠位相加。

（3）用被乘数 6 依次与乘数 375 相乘，从 +1 档减去 6，再将乘积按顺序叠位相加。

（4）用被乘数 1 依次与乘数 375 相乘，从 +2 档减去 1，再从 +1 档加上乘积 375。盘面结果 6.0075，精确到 0.01 位后得答数 6.01。

## 二、连乘法

有三个及三个以上的因数相乘的乘法叫连乘法。可以接连用空盘乘法及破头乘法，实际工作中，一些财务指标的计算、银行利息的计算等都广泛地运用了连乘法。

连乘法的算法可以空盘前乘法结合破头乘法。即先用空盘前乘法进行前两因数相乘的计算，然后用破头乘法将乘积与第三因数相乘，以下如有连乘均用破头乘法。

正确进行连乘法计算，定位非常重要。连乘法可用公式定位法和固定个位定位法两种方法定位，以下分别加以介绍。

### （一）公式定位法

设 J 表示乘积的位数，$m_1$、$m_2$、$m_3$、……、$m_n$ 分别表示第一、二、三……n 个因数的位数，k 表示算盘左边空档的个数。则 $J = m_1 + m_2 + m_3 + \cdots + m_n - k$。用文字描述为：积的位数等于各因数位数之和，再减去左边空档个数。

例如：三因数连乘运算完毕算盘左边空一档，则 k = 1，$J = m_1 + m_2 + m_3 - 1$；如果左边空两档，则 k = 2，$J = m_1 + m_2 + m_3 - 2$；如果首档有数，则 k = 0，$J = m_1 + m_2 + m_3$。

**[例 3－19]** 某储户于 2011 年 1 月 1 日存入活期存款 6 200 元，同年 7 月 1 日该储户要求取走存款和利息，假设该时间内国家规定利率为月息 1.96‰，同时银行按利息总额的 20% 代征利息税，请问该储户实际可取走多少本利和（精确到 0.01 位，盘式图见图 3－15）？

算式：该储户实际应得利息 = 6 200 × 6 × 1.96‰ ×（1 − 20%）

= 6 200 × 6 × 0.00196 × 0.8（连乘法计算）

=58.33（元）

该储户实际应得本利和 =6 200 +58.33 =6 258.33（元）

盘式图

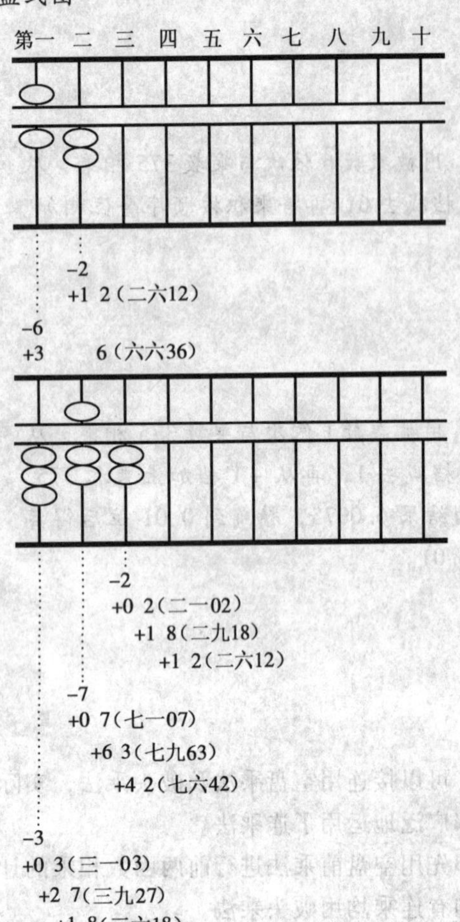


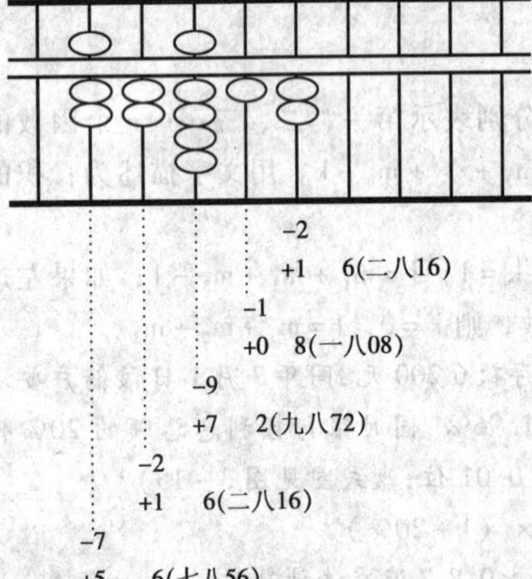


运算程序

（1）从算盘第一档置入被乘数 6 200。

（2）用破头乘法将被乘数 62 分别与 6 相乘，本档 62 减去，同时拨入相应乘积，盘面结果 372。

（3）以 372 作被乘数与 196 相乘，本档减去 372，同时拨入相应乘积，盘面结果 072 912。

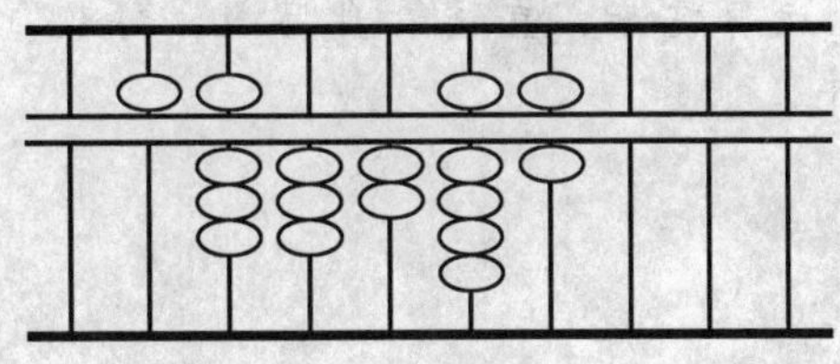

图 3－15

(4) 以 72 912 作为被乘数与 8 相乘，本档减去 72 912，同时拨入相应乘积，盘面结果 0 583 296。

(5) 定位写数。积的位数＝4＋1＋(－2)＋0－1＝2（位），得答数 58.33。

答：因此该储户实得利息 58.33 元，实际可取走本利和 6 258.33 元。

（二）固定个位定位法

计算前在算盘上定好位标，然后计算起拨档，按前述两种方法连乘，最后根据盘面结果确定乘积。

设起拨档为 Q，各因数位数同（一）中假定，则 $Q = m_1 + m_2 + m_3 + \cdots + m_n$

**[例 3－20]** 李某于 2008 年 10 月购入国家发行的三年期国库券 15 000 元，年票面利率 5.3%，问 2011 年 10 月期满时，李某投资国库券的收益是多少（盘式图见图 3－16）？

算式：投资国库券收益＝15 000×3×5.3%

＝15 000×3×0.053

＝2 385（元）

盘式图

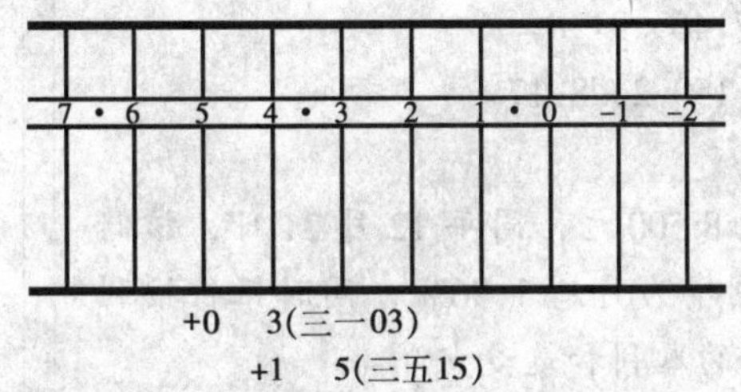


运算程序

(1) 起拨档＝5＋1＋（－1）＝5（位），选择 3 作为乘数，用空盘前乘法去乘 15 000乘积从＋5 档开始拨入。

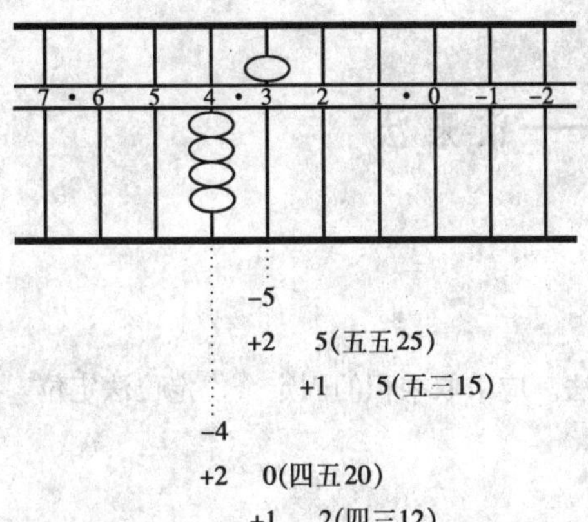


(2) 以 45 作为被乘数，用破头乘法与 53 相乘，本档分别减去 45，同时拨入相应乘积。

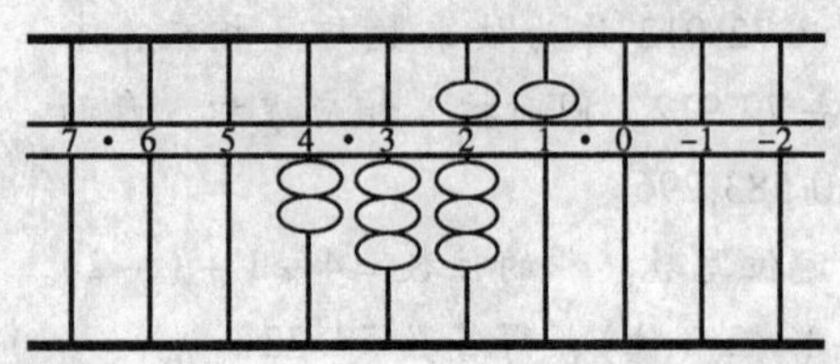


图 3 - 16

（3）运算完毕，直接看盘写数，得数 2 385。

答：李某投资国库券的到期收益是 2 385 元。

[课堂讨论] 1. 破头乘法的运算程序是什么？

2. 连乘法的运算程序是什么？

## 练习（得数精确到 0.01 位）

**1. 运用破头乘法计算下列各题**

（1）432 × 156 =　　（2）307 × 256 =

（3）876 × 425 =　　（4）106 × 429 =

（5）734 × 618 =　　（6）1 402 × 350 =

（7）18.05 × 3.04 =　　（8）7.46 × 31.8 =

（9）237.5 × 0.0802 =　　（10）150.2 × 8.17 =

**2. 运用连乘法计算下列各题**

（1）某储户于 2010 年 6 月 30 日存入活期存款 8 500 元，同年 12 月 31 日，该储户要求取走存款和利息，假设该时间内国家规定利率为月息 1.96‰，同时银行按利息总额的 20% 代征利息税，请问该储户实际可得到的本利和是多少？

（2）王某于 2006 年 10 月购买国家发行的五年期国库券 23 000 元，年票面利率 7.4%，问 2011 年 10 月期满时，王某投资国库券收益是多少？

# 第四节　混合运算——滚乘法

## 一、滚乘法的程序

滚乘法是将多笔乘算的乘积在算盘上累加起来的方法。应采取乘积的固定个位定位法定位。

滚乘法的运算程序是：

1. 确定好位标，定好小数点。
2. 计算起拨档。每项乘算都要重新计算起拨档，起拨档 = 被乘数位数 + 乘数位数。
3. 运用空盘前乘法进行计算。

4. 运算完毕看盘写数。

## 二、滚乘法的应用

在企业的经济核算中，滚乘法有着广泛的应用，如商业企业营业员的收银计算，营业额的复核以及仓库领料单、入库单、发货票等。凡涉及到多种商品的数量、单价求总金额的问题都可运用滚乘法。滚乘法能省去常规算法每项乘算需要置数、定位、记录乘积、清盘和最后累加汇总等手续，它极大地提高基层核算人员计算速度和复核工作的效率。

［例 3－21］ 某顾客到粮油副食店购食盐 2 斤（单价 0.75 元），购色拉油 8 斤（单价 2.65 元），购大米 25 斤（单价 1.2 元），求该顾客购物的总金额（盘式图见图 3－17）？

算式：该顾客购物总金额 $=2\times0.75+8\times2.65+25\times1.2=52.70$（元）

盘式图

运算程序

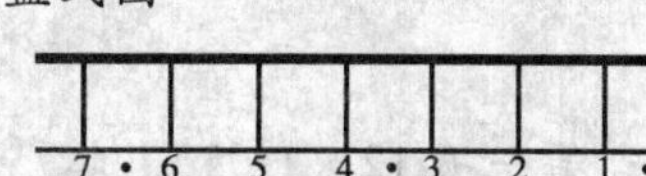

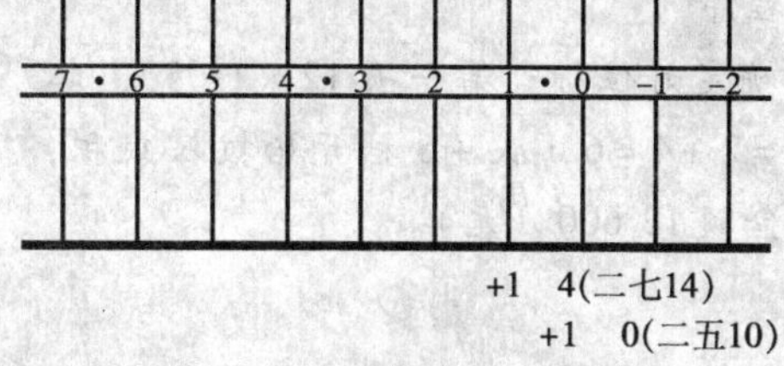


（1）确定好位标。第一项 $2\times0.75$，起拨档 $=1+0=1$，从 +1 档开始拨入乘积，盘面金额 1.50（元）。

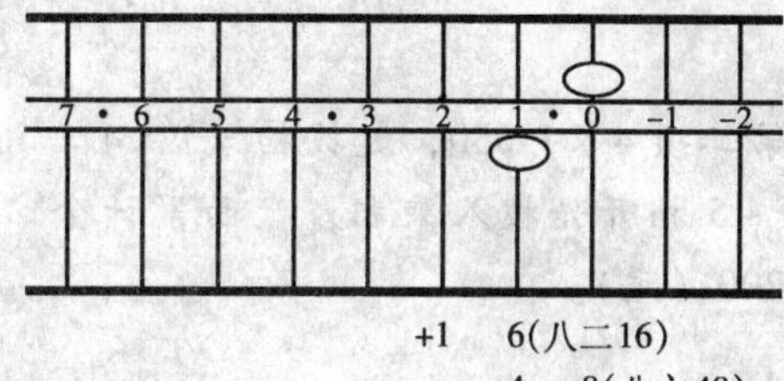


（2）第二项 $8\times2.65$，起拨档 $=1+1=2$，从 +2 档开始拨入乘积，盘面累计金额 22.70（元）。

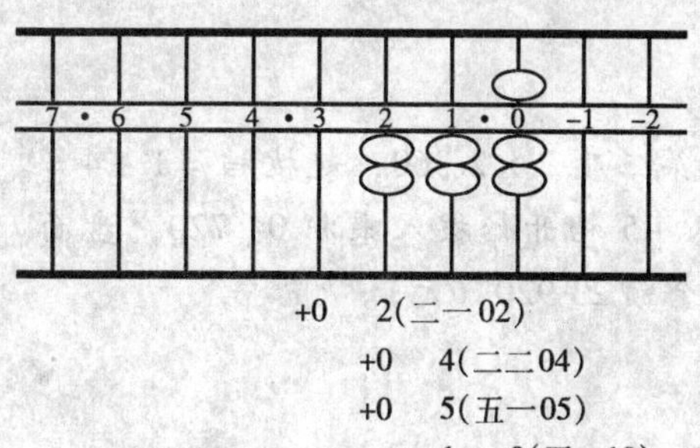


（3）第三项 $25\times1.2$，起拨档 $=2+1=3$，从 +3 档开始拨入乘积 $20\times1.2$，从 +2 档拨入乘积 $5\times1.2$。

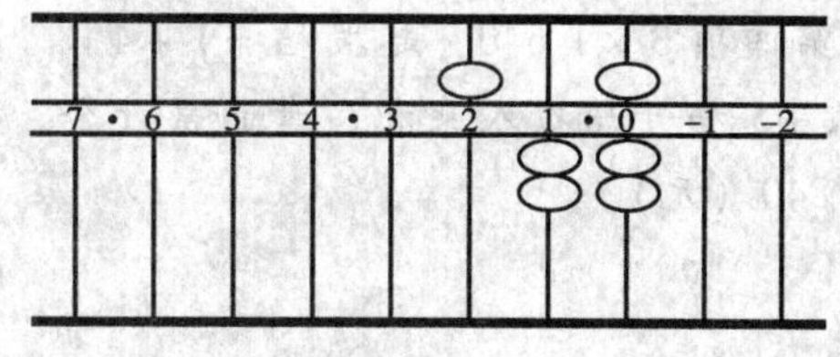


图 3－17

（4）盘面显示该顾客购物总金额是 52.70（元）。

[例3-22] 某商场核算人员用滚乘法复核如表3-2所示销货单的总金额（盘式图见图3-18）。

**电器经营部销货单**

**表3-2**　　2010年10月

| 品　名 | 数　量 | 单　位 | 单　价 | 小计金额 |
|---|---|---|---|---|
| 21寸长虹彩电 | 12 | 台 | 1 050 | 12 600 |
| 25寸长虹彩电 | 4 | 台 | 1 650 | 6 600 |
| 29寸长虹彩电 | 2 | 台 | 2 360 | 4 720 |
| 冰箱 | 3 | 台 | 1 640 | 4 920 |
| 洗衣机 | 5 | 台 | 1 800 | 9 000 |
| 合计大写人民币叁万柒仟捌佰肆拾元整 | | | | 37 840.00 |

盘式图

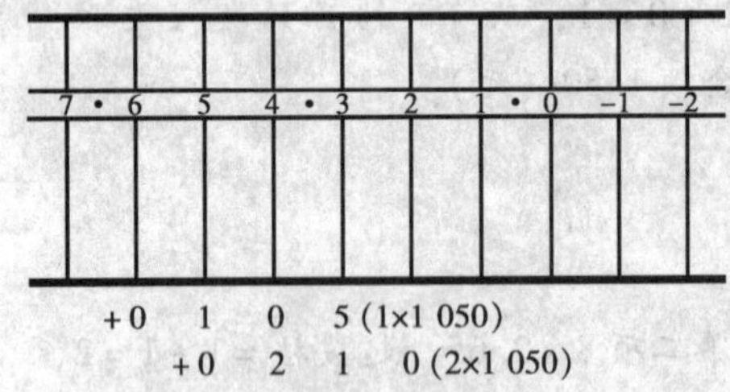


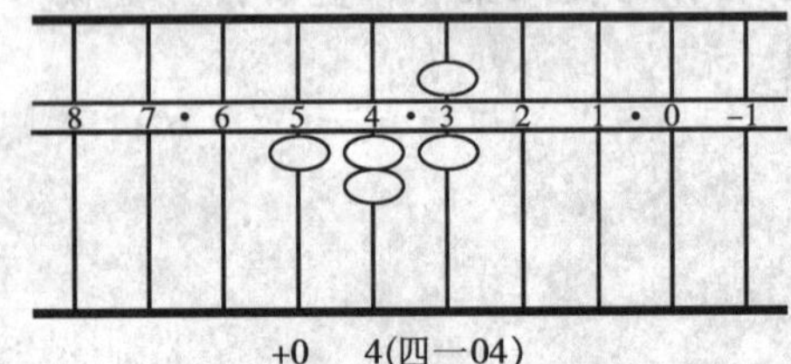


+0　4(四一04)
+2　4(四六24)
+2　0(四五20)

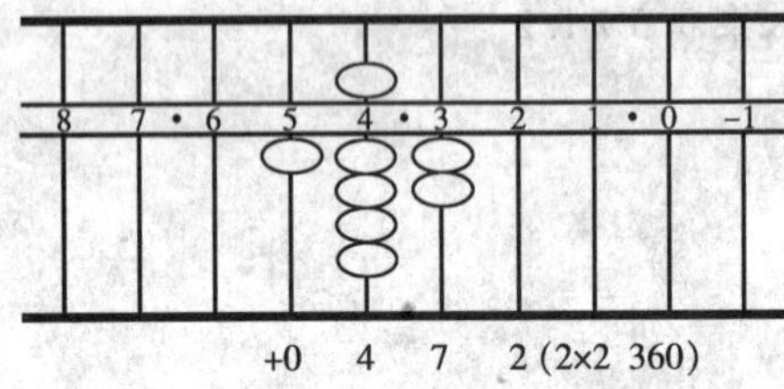


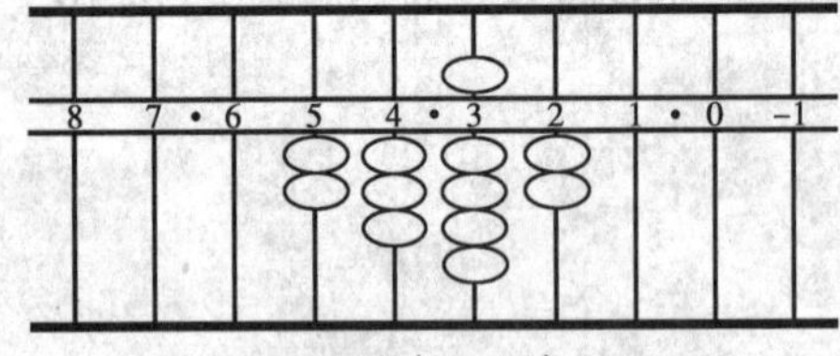


+0　3(三一03)
+1　8(三六18)
+1　2(三四12)

运算程序

（1）确定好位标。第一项12×1 050，起拨档=2+4=6，从+6档开始拨入乘积，盘面金额12 600（元）。

（2）第二项4×1 650，起拨档=1+4=5，从+5档开始拨入乘积，盘面累计金额19 200（元）。

（3）第三项2×2 360，起拨档=1+4=5，从+5档开始拨入乘积04 720，盘面累计金额23 920（元）。

（4）第四项3×1 640，起拨档=1+4=5，从+5档开始拨入乘积，盘面累计金额28 840（元）。

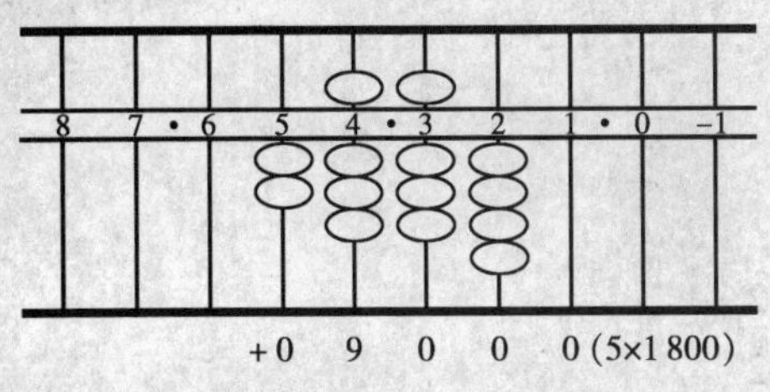


(5) 第五项 5 ×1 800，起拨档 =1 +4 = 5，从 +5 档开始拨入乘积 09 000，盘面累计金额 37 840（元）。

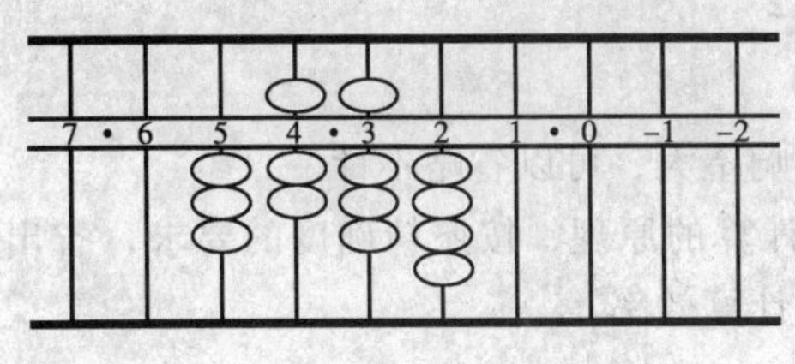


图 3 - 18

复核表明盘面累计金额与销货单合计金额相符，该凭证正确无误。

[课堂讨论] 滚乘法的程序是什么？它有哪些应用？

**练　习**

1. 李某在某文化用品商店购买办公用大红纸 200 张，单价每张 0.12 元；练习本 500 本，单价每本 1.25 元；圆珠笔 20 支，单价每支 0.18 元；墨水 5 瓶，单价每瓶 2.78 元。问李某采购的办公用品总金额是多少？

2. 某零售商从该市电池厂购进 1 号电池 280 支，单价每支 1.40 元；5 号电池 320 支，每支 2.60 元；7 号电池 150 支，单价每支 3.10 元。问该零售商采购电池的总金额是多少？

3. 某厂从该市劳保商店购买毛巾 250 条，单价每条 0.90 元；棉纱手套 600 双，单价每双 0.85 元；劳保服装 60 套，单价每套 75 元。问该厂采购劳保用品的总金额是多少？

## 第五节　省　乘　法

### 一、省乘法的含义

在实际工作中，经常会遇到多位数小数乘法，这时对乘积往往只要求精确到小数后两位数，如果按常规算法需要算出全部小数，然后再按照精确度删去不需要的部分小数，显然这样做很费周折，浪费了时间，影响了工作效率。

例如：4.3612×0.369=1.61（精确到0.01位）

笔算竖式：

```
          4.3 6 1 2
     ×      0.3 6 9
   ─────────────────
        3 9|2 5 0 8……………………0.009×4.3612
      2 6 1|6 7 2………………………0.06×4.3612
    1 3 0 8|3 6……………………………0.3×4.3612
  ─────────────────
    1 6 0 9 2 8 2 8
```

从上式可以看出，竖线右边的计算对实际结果影响不大，可以省略不计。

所谓省乘法，又叫“省略乘法”，它是根据近似计算的原理，按照精确度的要求，省出一些对乘积影响甚微的计算步骤，以简化运算，提高计算效率。

## 二、省乘法的程序

省乘法是基本乘法的应用算法，运用时必须结合乘积的固定个位档定位法定位。下面以空盘前乘法为例介绍省乘法算法程序：

1. 根据精确度的要求，确定好位标。

（1）如果乘积精确到0.01位，保险系数为1，则小数部分只留三档，位标见图3－19。

（2）如果乘积精确到0.0001位，保险系数为1，则小数部分只留五档，位标见图3－20。

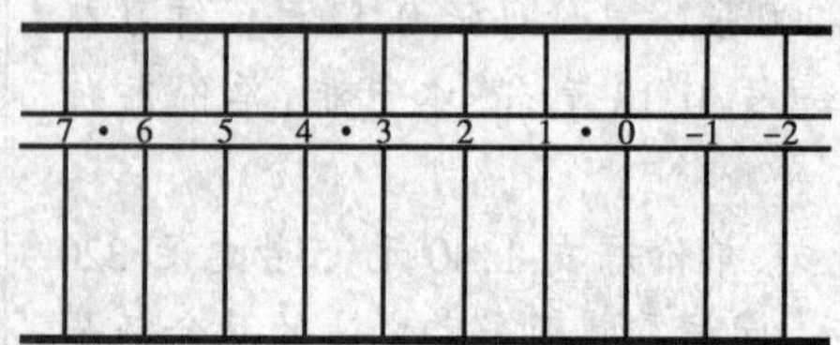


图3－19 （精确到0.01位时）

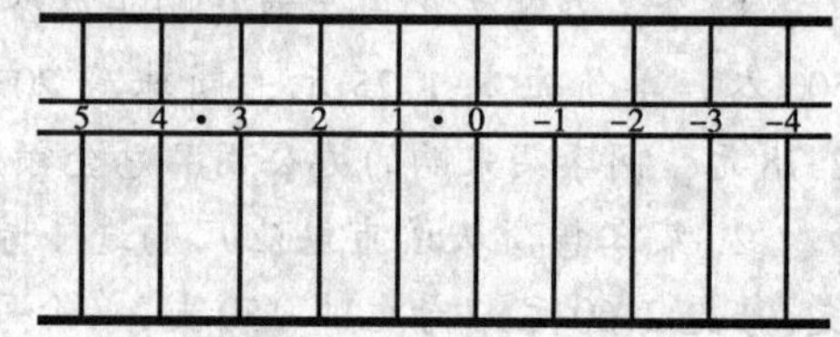


图3－20 （精确到0.0001位时）

2. 运用空盘前乘法进行计算。每当乘积加到右边框上时，均按四舍五入处理，右边框以后计算全部省去。

3. 运算完毕根据精确度要求看盘写数。

## 三、举例说明

［例3－23］4.3612×0.369=1.61（精确到0.01位，见图3－21）

盘式图

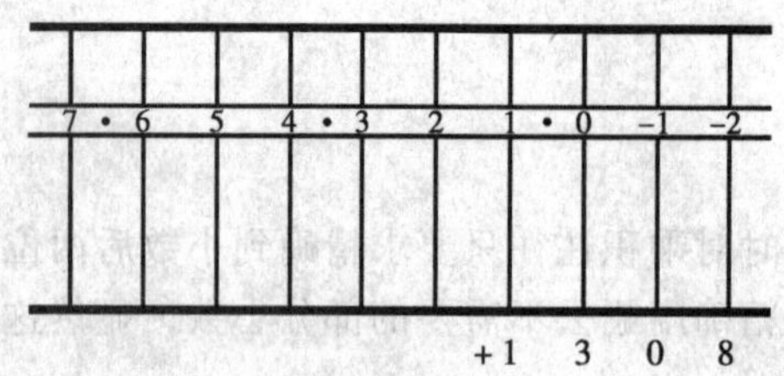


运算程序

（1）计算起拨档，选择369为乘数进行拆的变化。起拨档=1+0=1（位）。

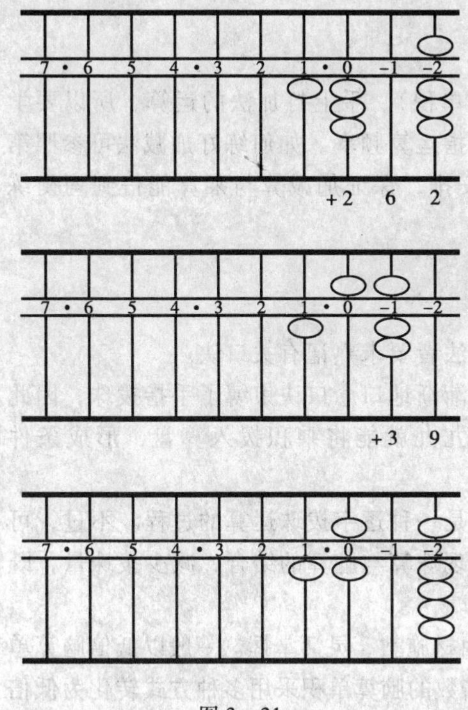

图 3-21

（2）用乘数 0.3×4.3612，从 +1 档拨入乘积 13 083，末位 3 落在右边框上属四舍，实际拨入 1 308。

（3）乘数第二位 0.06×4.3612，从 0 档拨入乘积 261 672，第四位数 6 落在右边框上属五入，后两位 72 省去，实际拨入 262。

（4）用乘数第三位 0.009×4.3612，从 -1档拨入乘积 392 508，第三位数 2 落在右边框上属四舍，后三位 508 也省去，实际拨入 39。

（5）盘式结果 1.609，精确到 0.01 位时乘积是 1.61。

［课堂讨论］省乘法的程序是什么？

## 练　　习

**用省乘法计算下列各题：其中（1）至（5）题精确到 0.01 位，（6）至（10）精确到 0.0001 位**

（1）4.62859×0.3514＝　　　　（2）0.48315×3.4907＝

（3）0.73685×2.4195＝　　　　（4）2.7368×0.05432＝

（5）0.24036×1.3642＝　　　　（6）0.03425×0.16857＝

（7）0.783541×0.02817＝　　　　（8）0.10425×2.68409＝

（9）0.0357104×0.36502＝　　　　（10）0.08236×0.01927＝

## 第六节　提高乘算水平的基本途径

提高乘算水平除掌握算法、刻苦练习外，还应从基本功入手，运用多种技巧，不断提高眼、脑、手的协调反应能力。

## 一、练好加减法，为学习乘法打好基础

无论哪种乘法算法都是一种口里念口诀（或脑算单积）、手上打加法的运算，所以要学好乘法，必须从练习加减法入手，尽最大可能提高手指运算频率。如何练好加减法可参照第二章珠算加减法的有关内容。在练习时间上要合理安排，保证加减算与乘算能得到均衡练习，共同提高。

## 二、熟记口诀，摆脱口诀，逐步运用脑算单积

任何乘法算法都离不开口诀或脑算单积。初学乘法者要求熟记有关口诀。

在熟记口诀的基础上，乘算水平有了一定提高，渐渐地口念口诀束缚了手指拨珠，因此必须摆脱口诀。做到眼看乘数，脑记被乘数，不念九九就能将乘积拨入算盘，形成条件反射。

显然，摆脱口诀减少了口诀运算时间，但它依然是一种逐字拨珠运算的过程。不过，可以通过对算法软件升级，逐步运用脑算单积，从而体现珠算与脑算的结合，减少拨珠量，既动脑又动手，眼、脑、手三者协调一致。

脑算单积教学要根据教学对象、教学时数的情况因材施教、灵活掌握。一般以低倍脑算单积为主，重点学习一、二、五倍的脑算单积，对其他倍数的脑算单积采用多种方式转化为低倍脑算的单积。要求学习一个、练习一个，练好一个、运用一个，并持之以恒，逐步掌握。

## 三、精选算法，重点练好空盘前乘法

珠算乘法算法繁多，不可能一一掌握。从普及和提高的角度看，空盘前乘法是学习的首选算法，应该重点掌握拆的变化，达到一定熟练程度后再学习跟踪乘法、运用补数的乘法，最后结合脑算单积进行乘法的运算。

（一）跟踪乘法

1. 跟踪乘法的含义

在被乘数或乘数中，如果含有相同的两个数字，那么它们与一因数相乘时所得乘积的有效数字是相同的。因此，一个数字和被乘数相乘得出乘积后，另一个与其相同的数字不必再重算，只要再将乘积照搬，拨在相应的档次上。这种简捷算法称为“跟踪乘法”。显然，它只在特殊情况下才可用。

2. 跟踪乘法的程序

（1）选择含相同数字的因数作为乘数。

（2）改变运算顺序，先拆相同数字进行搬的运算，后拆其他数字。

（3）照搬时，根据乘积的固定个位档定位法确定起拨档次。要注意相同的数字是乘数的第几位，就将乘积从算盘的第几档开始拨入。为了方便运用，照搬时可遵循等距离原则，即“相邻积相邻，相隔积相隔”。如果相同的数字是相邻的关系，那么它与被乘数之积就从相邻档搬入；如果相同的数字相隔几位，那么它的乘积也相隔几位搬入。

（4）运算完毕看盘写数。

3. 举例说明

［例 3－24］ 122×567＝69 174（见图 3－22）

盘式图

+1 0(二五10)

+1 2(二六12)

+1 4(二七14)

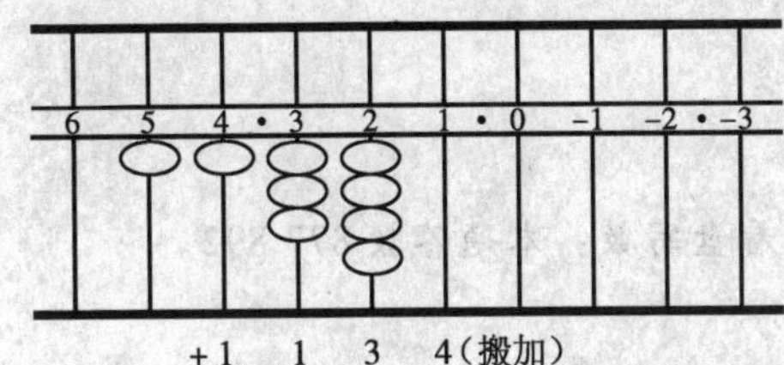

+1 1 3 4(搬加)

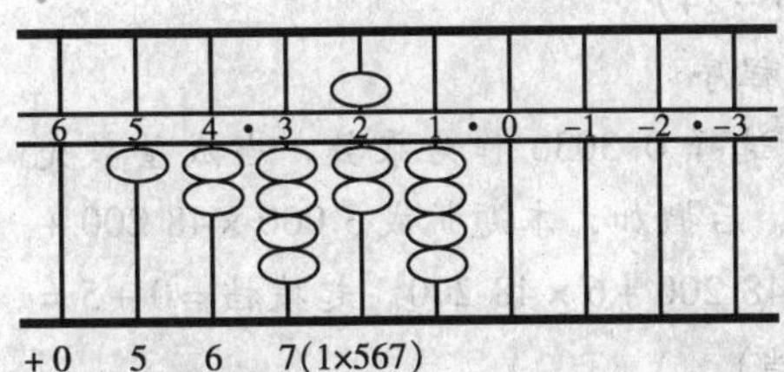

+0 5 6 7(1×567)

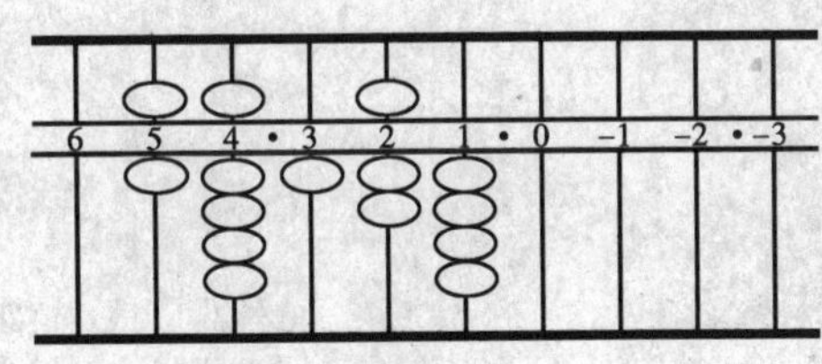

图 3－22

运算程序

(1) 选择 122 作为乘数，先折 2、再搬 2、后折 1，本题折成 20×567＋2×567＋100×567。起拨档＝3＋3＝6（档）。

(2) 乘数第二位数 2 与被乘数 567 从高位到低位逐位相乘，并将乘积从第二档开始拨入。盘面乘积为 1 134。

(3) 因为相同的 2 是相邻关系，所以从第三档开始搬加乘积 1 134。

(4) 用乘数第一位数 1 与被乘数 567 从高位到低位相乘，直接从第一档加上 0 567（或理解为退后一档加被乘数）。

(5) 看盘写数：本题答数 69 174。

［例 3－25］ 404×2 173＝877 892（见图 3－23）

盘式图

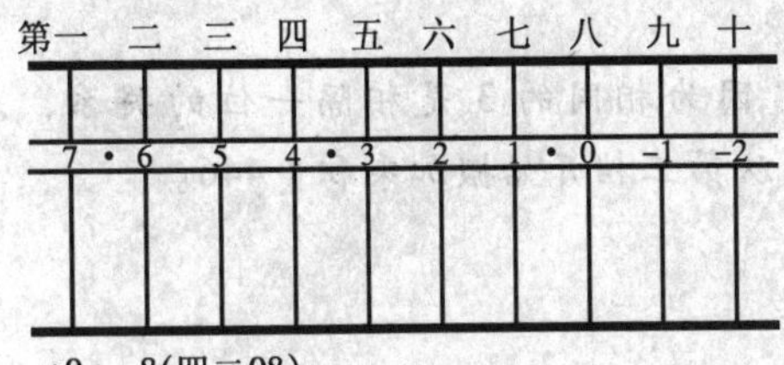


+0 8(四二08)

+0 4(四一04)

+2 8(四七28)

+1 2(四三12)

运算程序

(1) 选择 404 作为乘数，先折 4 后搬加，本题折成 400×2 173＋4×2 173。起拨档＝3＋4＝7（档）。

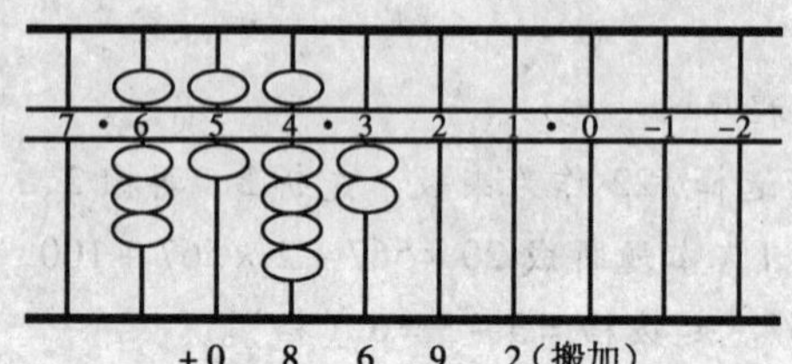


（2）用乘数第一位数4与被乘数2 173从高位到低位逐位相乘，并将乘积从第一档开始拨入。盘面乘积为08692。

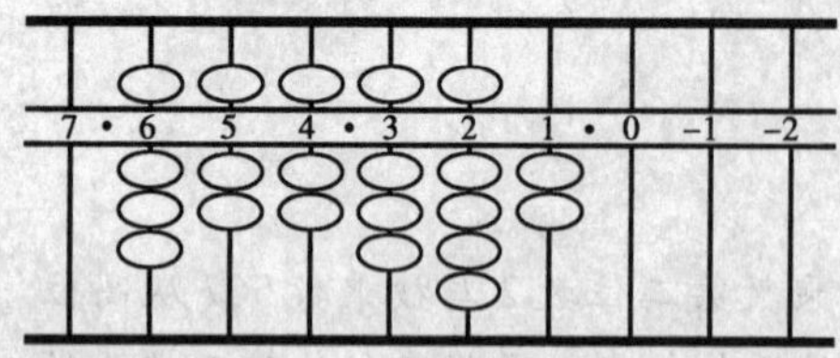


图3－23

（3）因为相同的4是相隔一位关系，所以从第三档开始搬加乘积08692。

（4）看盘写数：本题答数877 892。

［**例3－26**］0.3036×48 200＝14 633.52（见图3－24）

盘式图

运算程序

（1）选择0.3036作为乘数，当成整数先折3、后搬加，本题折成3 000×48 200＋30×48 200＋6×48 200。起拨档＝0＋5＝5（档）。

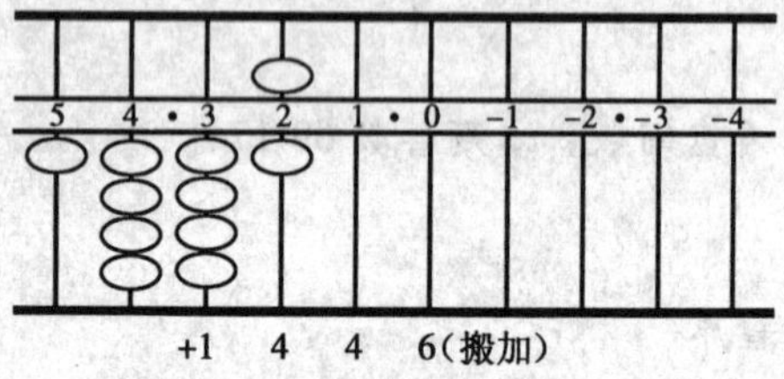


（2）乘数第一位数3与被乘数48 200从高位到低位逐位相乘，并将乘积从第一档开始拨入。盘面乘积为1 446。

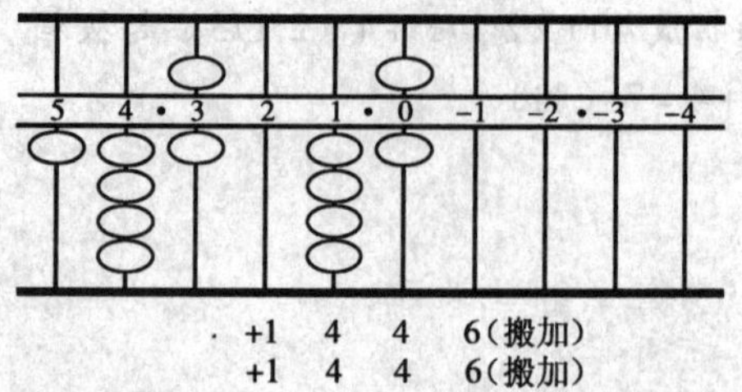


（3）因为相同的3是相隔一位的关系，所以从第三档开始搬加乘积1 446。

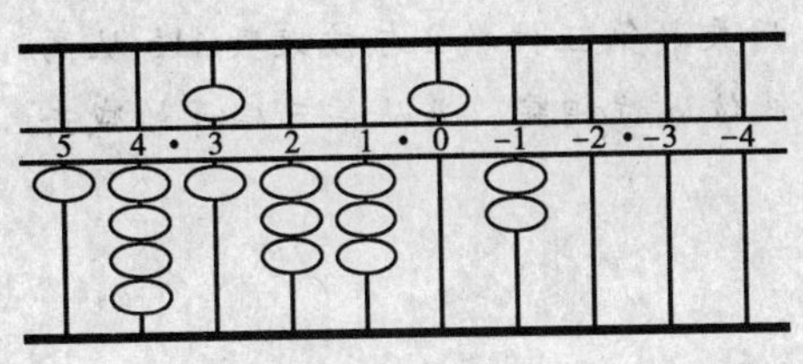


图 3-24

(4) 乘数第四位 6 可以看成 3+3，所以从第四档连续搬加乘积 1 446 两次。

(5) 看盘写数：本题得答数14 633.52。

(二) 凑整乘法

1. 凑整乘法的含义

在多位数乘法中，某一因数接近 $a\times10^n$（a 为小于 10 的整数）时，采取凑整减补等方法简化运算方式，这种简捷算法称为“凑整乘法”。显然此法能将 6～9 大数码乘法变为 0～5小数码乘法，减少口诀与脑算的负担，从而减少拨珠量，提高计算速度。

2. 凑整乘法的程序

(1) 选择接近 $a\times10^n$ 的因数作为乘数。

(2) 运用凑整减补的方法简化乘数，并进行拆的变化。

(3) 简化乘数后，如果出现相同数字，可以先搬后拆，做到凑整乘法、跟踪乘法、空盘前乘法三种方法结合运用。

(4) 运算完毕看盘写数。

3. 举例说明

[例 3-27] 415×98=40 670（见图 3-25）

盘式图

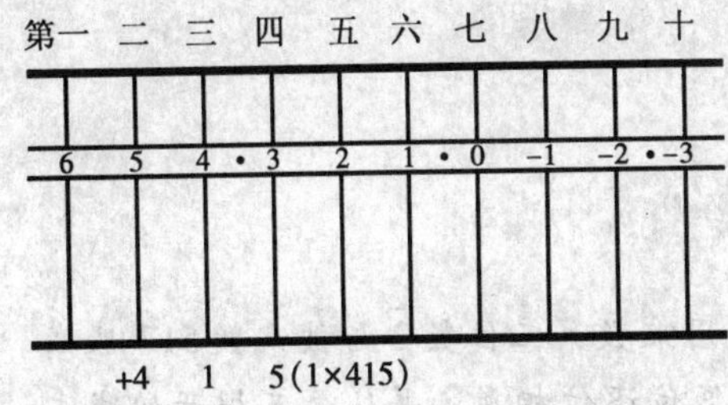


运算程序

(1) 选择 98 作为乘数，将 98 转化成 100 −2 或 $10\bar{2}$，原题变式为 $415\times10\bar{2}$。起拨档=3+3=6（档）。

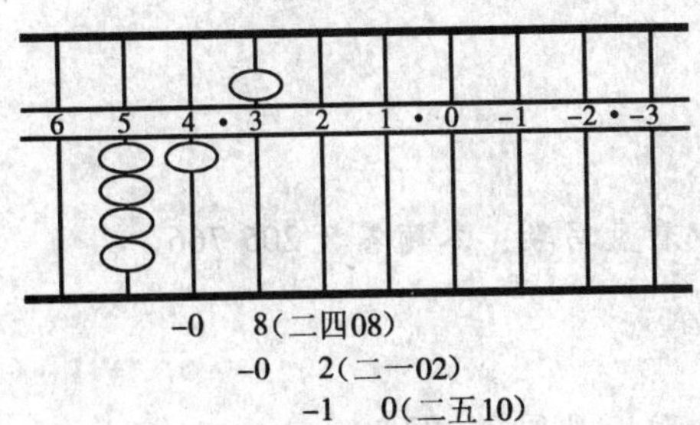


(2) 用乘数第一位数 1 与被乘数 415 从高位到低位逐位相乘，并从第二档直接拨入被乘数 415。

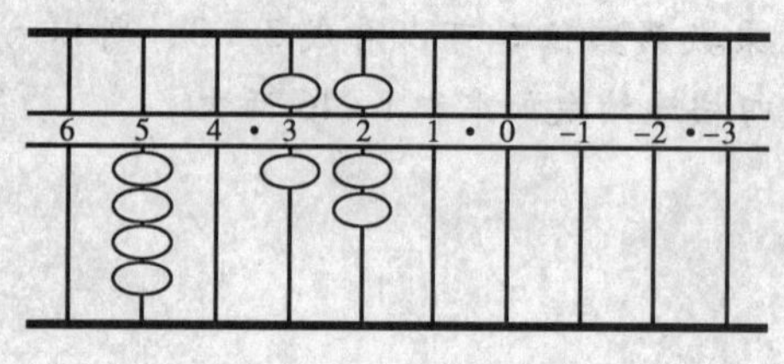


图3－25

（3）用乘数第三位数$\bar{2}$与被乘数415从高位到低位逐位相乘，并从第三档开始减去乘积。

（4）看盘写数：本题答数40 670。

［**例3－28**］398×517＝205 766（见图3－26）

盘式图

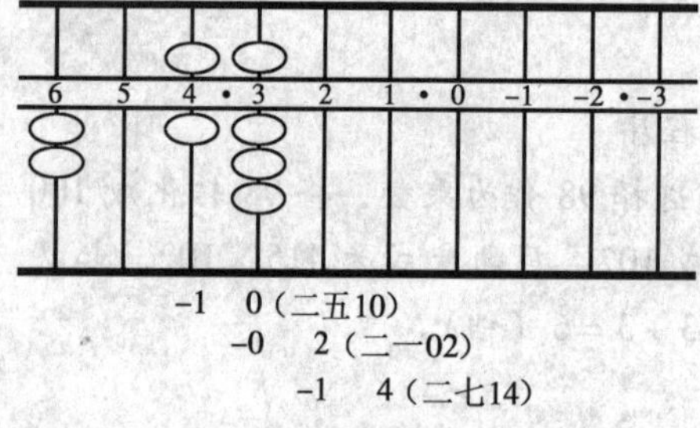


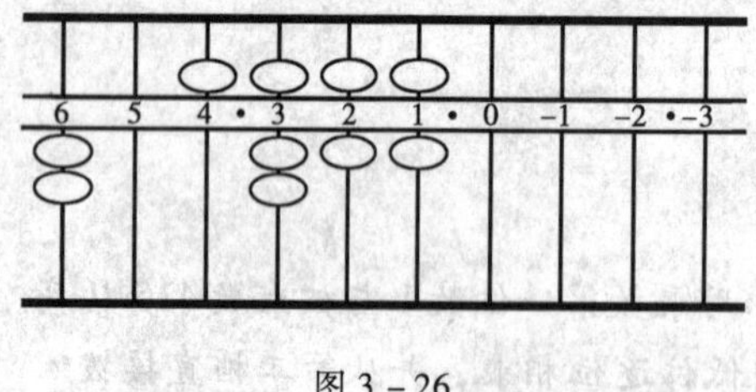


图3－26

运算程序

（1）选择398作为乘数，将398转化成$40\bar{2}$，原题变式为$40\bar{2}$×517。起拨档＝3＋3＝6（档）。

（2）用乘数第一位数4与被乘数517从高位到低位逐位相乘，并将乘积从第一档直接拨入。

（3）用乘数第三位数$\bar{2}$与被乘数517从高位到低位逐位相乘，并从第三档开始减去乘积。

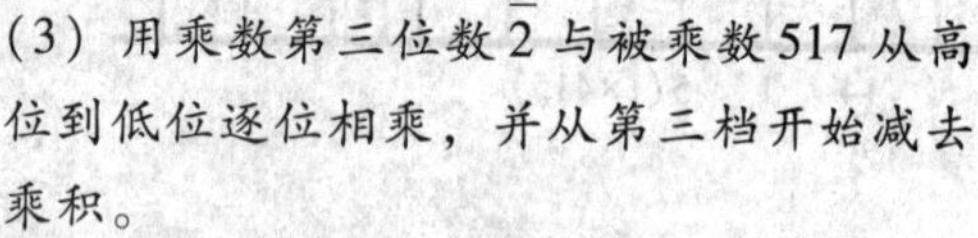

（4）看盘写数：本题答数205 766。

［**例3－29**］14.93×7.36＝109.88（精确到0.01位，见图3－27）

盘式图

运算程序

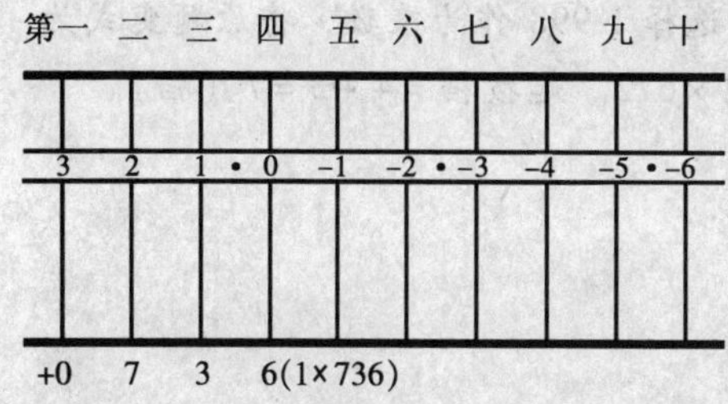


(1) 选择 14.93 作为乘数，将 14.93 看成整数转化成 1 5$\bar{1}$3，原题变式为 1 5$\bar{1}$3 × 736。起拨档 = 2 + 1 = 3（档）。

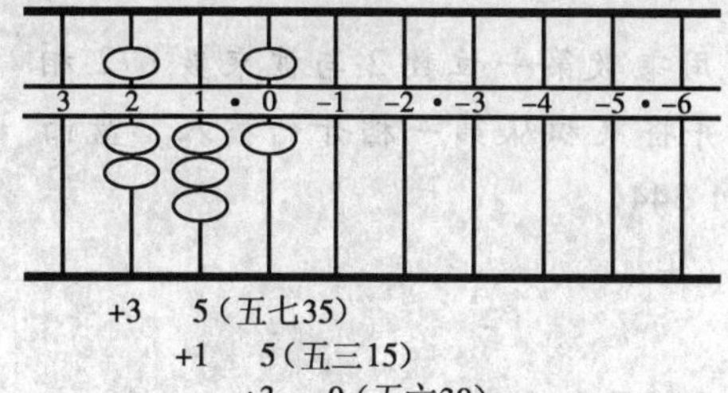


(2) 用乘数第一位数 1 与被乘数 736 从高位到低位逐位相乘，并将乘积从第二档开始直接拨入 736。

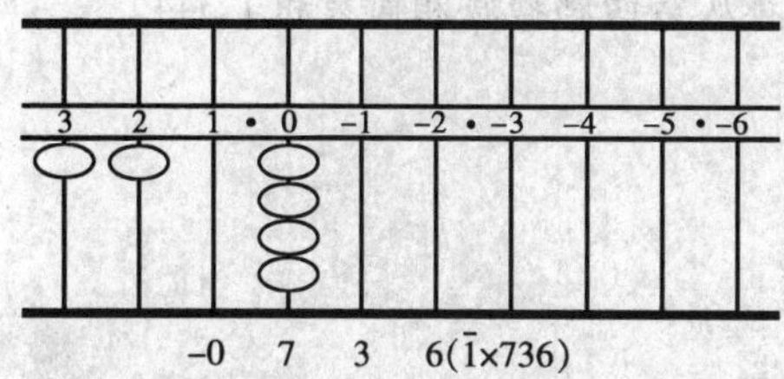


(3) 用乘数第二位数 5 与被乘数 736 相乘，并从第二档开始拨入。

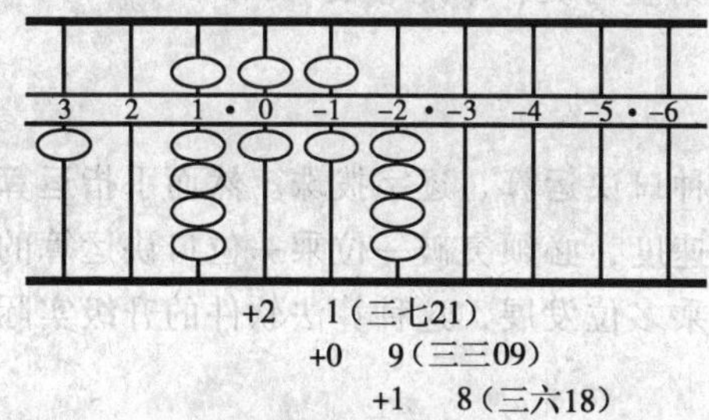


(4) 用乘数第三位 $\bar{1}$ 与被乘数 736 相乘，可从第四档开始直接减去 736。

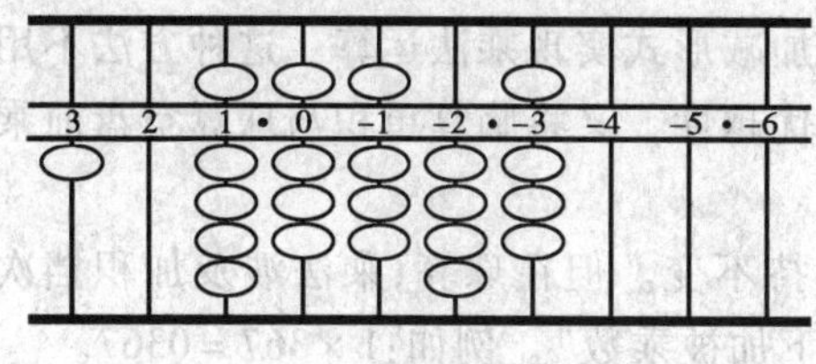


图 3 - 27

(5) 用乘数第四位 3 与被乘数 736 相乘，并将乘积从第四档开始拨入。

(6) 看盘写数：本题答数 109.88。

［例 3 - 30］ 1 998 × 672 = 1 342 656（见图 3 - 28）

盘式图

运算程序

（1）选择1 998作为乘数，将原题变式为 $2\ 00\overline{2}\times 672$。起拨档 = 4 + 3 = 7（档）。

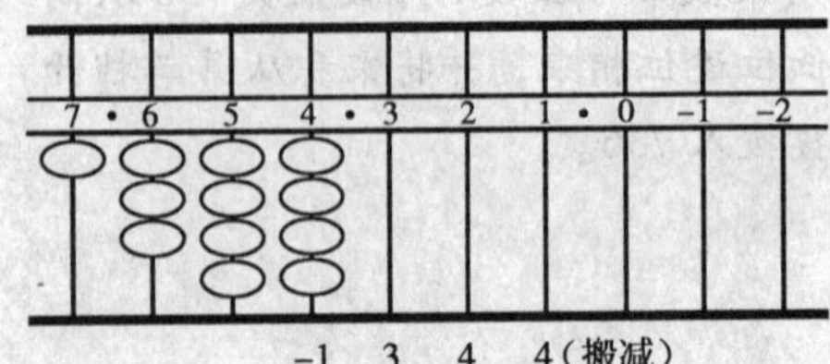


（2）用乘数第一位数2与被乘数672相乘，并将乘积从第一档开始拨入，盘面结果1 344。

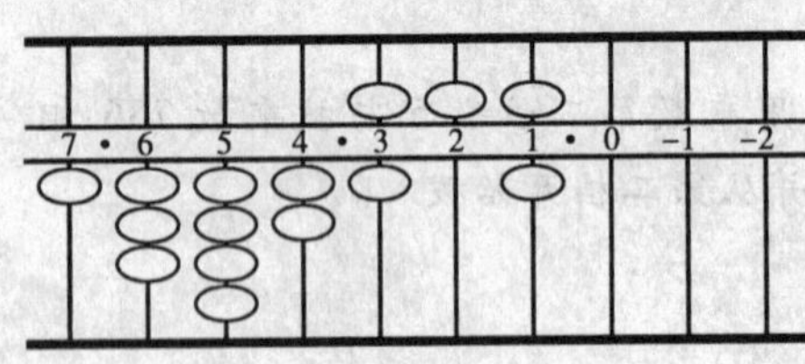


（3）乘数 $\overline{2}$ 与乘数第一位数2相隔两位，可直接从第四档搬减相同乘积1 344。

图3－28

（4）看盘写数：本题答数1 342 656。

（三）脑算单积在乘法中的运用

上面介绍的乘法均以大九九表为算法软件，是一种口诀运算、逐字拨珠。然而手指运算的频率总是有限的，要进一步提高空盘前乘法的运算速度，必须突破一位乘一位口诀运算的束缚，运用脑算向一位乘两位、一位乘多位甚至多位乘多位发展，这种算法软件的升级实际上是脑算在珠算乘法中的运用。

下面以一、二、五、十倍脑算乘法为例介绍脑算单积在乘法中的运用。

通过运用一、二、五、十倍脑算单积的规律，以加减形式实现乘法运算。这种方法不用九九口诀，以加减代替乘法，充分发挥了珠算加减的优越性，又将脑算单积与珠算空盘前乘法结合，能进一步提高乘法的运算水平。

（1）乘数是1的脑算规律：1乘以任意数，其积保持不变。但在珠算，乘法涉及加积档次问题，因此凡不进位乘法乘积首位加0或简记为“1乘下加被乘数”。例如：1 × 367 = 0367。

（2）乘数是2的脑算规律：被乘数本位加一倍取和的个位数，后位满5提前进1。

例如2 × 3 7 8 4 = 07 568；　　2 × 5 3 9 2 = 10 784

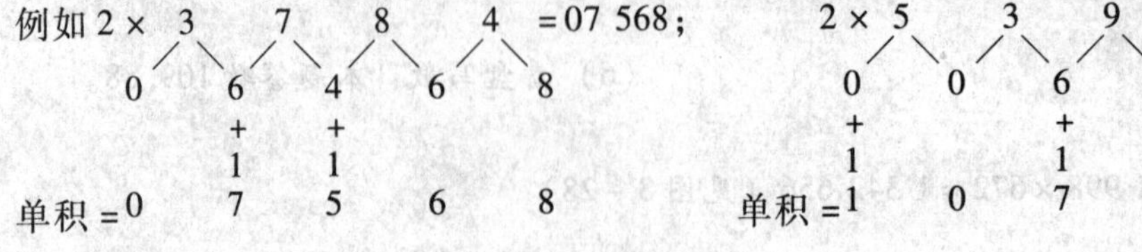

（3）乘数是5的脑算规律：偶数直接折半；奇数减1变成偶数折半，减去的1与后位数一起折半。例如：①全偶型：5×2 468＝12 340（偶数结尾时积的末位添0）；②全奇型：5×13 579＝067 895（奇数结尾时，积的末位添5）；③奇偶搭配型：5×43 816＝219 080。

（4）其他乘数可通过前述变式方法，间接使用一、二、五、十倍的脑算。例如：乘数是4、6、7的先用5的脑算，再作加减被乘数的调整；乘数是8、9的可变成$1\overline{2}$、$1\overline{1}$，变大数字为小数字进行脑算。

在多位数乘法中运用脑算单积时，加积档次遵循前面加积的规定，为了避免出错，也可以进一步总结为：凡脑算单积增位的（比被乘数多一位）从本档加，凡脑算单积不增位的（与被乘数位数一样）从右一档（或下档）加。

［例3－31］512×164＝83 968（见图3－29）

盘式图

运算程序

（1）选择512作为乘数，进行拆的变化。起拨档＝3＋3＝6（档）。

（2）用乘数第一位数5与被乘数164相乘，单积是0820，直接从第一档拨入。或5×164单积的有效数字是820，与被乘数位数三位一样属未增位情形，直接从下档（第二档）拨入82即可。

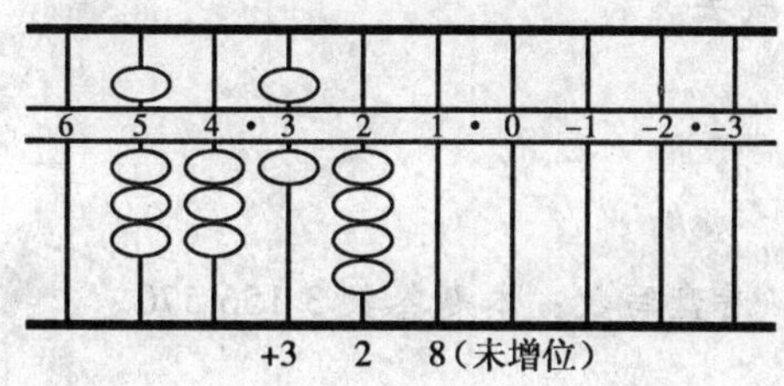


（3）用乘数第二位数1与被乘数164相乘，直接退后一档从第三档拨入单积164。

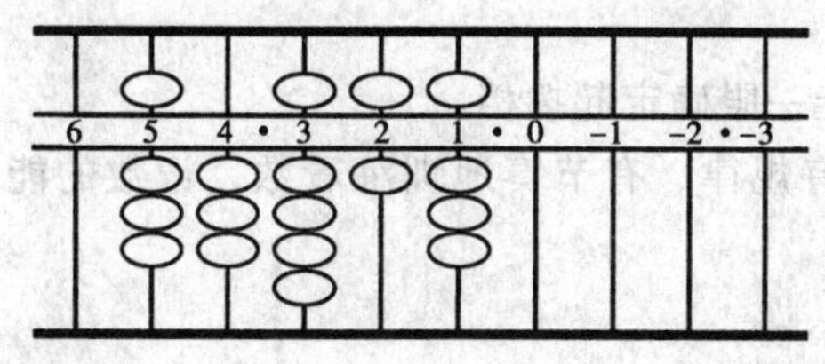


（4）用乘数第三位数2与被乘数164相乘，脑算单积的有效数字是328，未增位，所以从第四档拨入。

图3－29

（5）看盘写数：本题答数83 968。

**[例 3－32]** 6 495 ×486＝3 156 570（见图 3－30）

盘式图

运算程序

（1）选择 6 495 作为乘数，将原题变式为 $6\ 5\overline{05}$ ×486。起拨档＝4＋3＝7（档）。

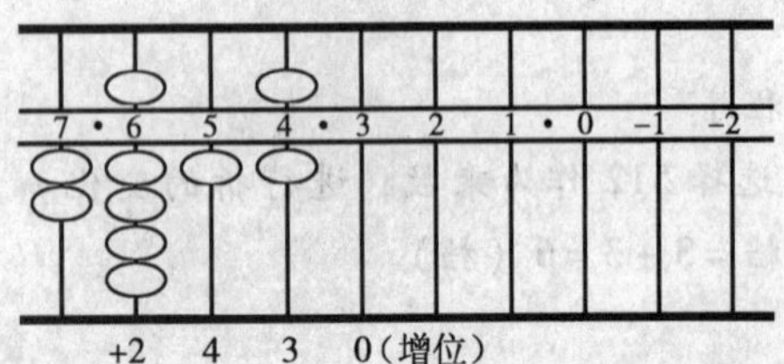


（2）用乘数第一位数 6 与被乘数 2 486 相乘，加积分两部分完成：本档（第一档）加 5 ×486 的单积 2 430，下档（第二档）加 1 ×486 的单积 486。

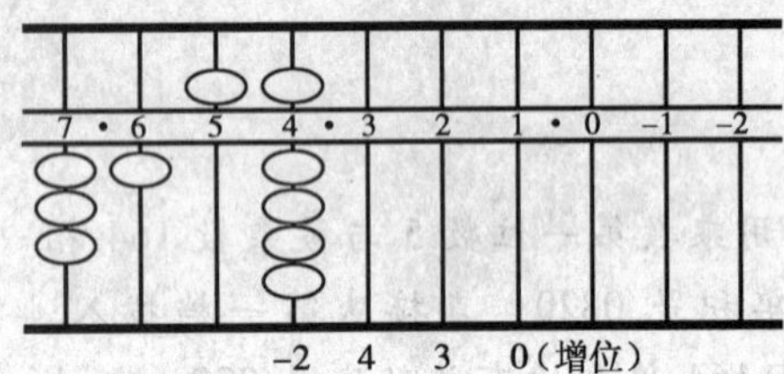


（3）用乘数第二位数 5 与被乘数 486 相乘，脑算单积 2 430 直接从本档（第二档）拨入。

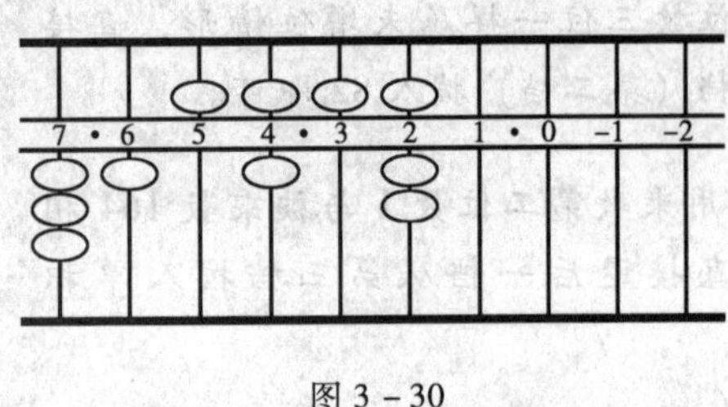


（4）用乘数第四位数 $\overline{5}$ 与被乘数 486 相乘，脑算单积 2 430 直接从本档（第四档）减去。

图 3－30

（5）看盘写数：本题答数 3 156 570。

**四、苦练内功，重视基本功的训练**

（一）看数记数的训练

1. 看数定位的训练：采取固定个位法时，要求能一眼确定起拨档。

2. 看数记数的训练：要求对应分节号和小数点有规律、有节奏地训练看数、记数的能力。逐步做到眼看乘数，脑记被乘数。

（二）看数写数清盘的训练

1. 握笔写数的训练：要求握笔方法正确，书写清晰、流畅、点撇分明。

2. 看数写数清盘的训练：要求算完一题后，眼睛迅速看并记下盘面数，右手握笔写数的同时，左手准备清盘，答数一旦写完，盘面已清为 0，下一题的计算马上又开始。这样题与题之间，每个题的几个运算环节之间连贯一致，不断提高眼、脑、手的协调反应能力。

## 五、运用各种技巧，简化运算，提高计算效率

1. 选择好乘数，能简化运算，提高空盘前乘法的运算效率。请参见第二节空盘前乘法的有关内容。

2. 运用补数,改变运算算式,化大数字的乘算为小数字的乘算,为低倍脑算的运用创造条件。

3. 结合脑算单积，能提高计算的效率。

[课堂讨论] 你认为提高乘算水平的基本途径有哪些?

[本章小结] 学习珠算乘法的基础是珠算加减、乘法大九九表或脑算单积和定位；空盘前乘法和破头乘法是乘法的主要算法；而连乘法、滚乘法和省乘法是乘法的应用算法。空盘前乘为基本，不仅能解决两个数乘还能解决加减乘混合；破头乘只在做连乘时用。提高乘算水平必须从基本功入手，运用多种技巧。

## 练　　习

**1. 乘法趣味练习题**

所谓乘法趣味练习是从民间流传的练习中精选出来的传统练习。这些练习的结果在算盘上的造型有山、有水；有花、有鸟；有人、有景。发挥你的想像，会增添你对生活的乐趣，同时能开发你的智力，激发创造的灵感。

(1) 一条龙：以 123 456 789 作为被乘数，然后分别用 9、18、27、36、45、63、72、81 去乘，其乘积依次是 1 111 111 101 到 9 999 999 909.

(2) 万众一心：

①3 125 000 × 32 = 100 000 000

②6 250 000 × 16 = 100 000 000

③1 562 500 × 64 = 100 000 000

④781 250 × 128 = 100 000 000

(3) 狮子滚绣球：以 1 953 125 作为被乘数，分别用 512 和它的 2 至 9 倍数（即 1 024、1 536、3 072、3 584、4 096、4 608）去乘，算盘上乘积的有效数字依次是 1、2、3、4、5、6、7、8、9。

(4) 孤雁出群：999 × 999 = 998 001。

(5) 单蝴蝶：102 568 × 125 = 12 821 000。

(6) 双蝴蝶：102 568 102 568 × 125 = 12 821 012 821 000。

(7) 凤凰单展翅：7 715 625 × 16 = 123 450 000。

(8) 凤凰双展翅：493 817 284 × 25 = 12 345 432 100。

(9) 孔雀开屏：16 225 679 × 35 = 567 898 765。

(10) 雁南飞：440 888 924 × 1.25 = 551 111 155。

(11) 蜻蜓戏水:100 168 × 125 = 12 521 000。

(12) 州字图:767 676 × 25 = 19 191 900。

(13) 倒山影：1 308 875 × 24 = 31 413 000。

（14）红旗招展：991 299 129 912 × 0.125 = 123 912 391 239。
（15）货郎担：4 449 448 125 × 16 = 71 191 170 000。
（16）渔翁垂钓：56 944 470 625 × 16 = 911 111 530 000。
（17）牌楼：122 244 375 × 16 = 1 955 910 000。
（18）隔帘相望：72 355 272 × 125 = 9 044 409 000。
（19）大拱桥：617 291 743 125 × 16 = 9 876 667 890 000。
（20）八仙过海：11 883 541 395 306 × 85 = 1 010 101 010 101 010。

**2. "五四"青年节**

（1）9 828 × 5.55 =　　（2）819 × 666 =
（3）777 × 702 =　　（4）7 371 × 74 =
（5）14 742 × 37 =　　（6）5 994 × 91 =
（7）2 997 × 182 =　　（8）614.25 × 888 =
（9）3 496.5 × 15.6 =　　（10）3 685.5 × 14.8 =

**3. "六六"大顺**

（1）310.8 × 2 145 =　　（2）293.04 × 2 275 =
（3）6 825 × 97.68 =　　（4）5 775 × 115.44 =
（5）4 884 × 136.5 =　　（6）167.9683 × 39.69 =

**4. "七七"相会**

（1）3 367 × 231 =　　（2）5 439 × 143 =
（3）1 813 × 429 =　　（4）203.5 × 3 822 =
（5）679 875 × 1 144 =　　（6）477.75 × 1 628 =

**5. 计算表3－3中的乘积并核对横竖乘积累加的结果是否相等**

表3－3

| 乘积 乘数 / 被乘数 | 25 | 307 | 198 | 828 | 合　计 |
| --- | --- | --- | --- | --- | --- |
| 384 | | | | | |
| 165 | | | | | |
| 917 | | | | | |
| 4 562 | | | | | |
| 2 043 | | | | | |
| 合　计 | | | | | |

**6. 运用跟踪乘法计算下列各题**

（1）33 × 61 =　　（2）606 × 924 =
（3）222 × 174 =　　（4）188 × 317 =
（5）626 × 631 =　　（6）404.4 × 128.7 =
（7）5 255 × 0.0731 =　　（8）3 621 × 4 144 =
（9）0.707 × 4.26 =　　（10）0.2024 × 36.7 =

**7. 运用凑整乘法计算下列各题**

(1) 3 428 × 98 = (2) 56 432 × 997 =

(3) 1 436 × 987 = (4) 42 617 × 9 996 =

(5) 72 960 × 199 = (6) 4 995 × 1 782 =

(7) 198 297 × 348 = (8) 3 991 × 4 026 =

(9) 0.297 × 0.614 = (10) 0.1989 × 3.25 =

**8. 综合运用乘法提高型算法计算下列各题**

(1) 367 × 25 = (2) 123 × 486 =

(3) 276 × 198 = (4) 75 × 218 =

(5) 612 × 378 = (6) 529 × 857 =

(7) 0.247 × 0.322 = (8) 43.87 × 0.5255 =

(9) 0.428 × 0.981 = (10) 0.2345 × 71.62 =

**9. 全国珠算技术等级鉴定乘算模拟题**

普通六级（要求:限时 5 分钟，准确率 80%以上）

(1) 62 × 95 = (2) 83 × 26 =

(3) 407 × 38 = (4) 59 × 702 =

(5) 16 × 49 = (6) 38 × 56 =

(7) 907 × 18 = (8) 48 × 107 =

(9) 57 × 984 = (10) 219 × 73 =

普通五级（要求：同六级）

(1) 419 × 87 = (2) 52 × 309 =

(3) 63 × 164 = (4) 0.287 × 5.29 =

(5) 709 × 48 = (6) 36 × 205 =

(7) 0.8071 × 0.96 = (8) 184 × 63 =

(9) 518 × 734 = (10) 92 × 6 051 =

普通四级（要求：同六级）

(1) 3 902 × 46 = (2) 564 × 915 =

(3) 87 × 7 804 = (4) 5 716 × 24 =

(5) 578 × 1 029 = (6) 93 × 768 =

(7) 9 305 × 14 = (8) 0.183 × 9 057 =

(9) 8 362 × 0.0391 = (10) 2 902 × 46 =

普通三级（要求：同六级）

(1) 708 × 6.03 = (2) 257 × 654 =

(3) 3.69 × 0.901 = (4) 154 × 80 239 =

(5) 583 × 539 = (6) 9 162 × 451 =

(7) 647 × 180 = (8) 79 028 × 9.75 =

(9) 481 × 267 = (10) 0.5403 × 7.63 =

普通二级（要求：限时 5 分钟，准确率 90%以上）

（1）0.4083×16.72＝　　（2）639×3 198＝
（3）7 386×9 021＝　　（4）91.74×420.6＝
（5）4 786×235＝　　（6）58.4×0.0457＝
（7）40.28×0.3712＝　　（8）21 308×748＝
（9）375×50 924＝　　（10）50.73×892＝

普通一级（要求：同二级）

（1）27 406×1 574＝　　（2）10.58×2 096.7＝
（3）320.4×1.5304＝　　（4）50.398×7 138＝
（5）5 819×8 709＝　　（6）0.5824×715.4＝
（7）173.6×0.9238＝　　（8）9.452×6 402＝
（9）0.1769×928.6＝　　（10）7 136×6 293＝

# 第四章

# 珠算除法

学习目标

通过本章学习，要求了解珠算除法的基本原理和程序、用脑算单积简化除法的估商和减积，了解省略除法和珠算式心算除法。理解珠算除法是乘法的逆运算，它是以珠算加减法为基础而形成的程序。正确使用脑算试商法。掌握商除法程序、商的固定个位档定位法、百分比的计算方法。

本章重点是商除估商的方法，难点是估商方法和得负余、入负商的算法程序及运用。

## 第一节　一位数除法

### 一、除法的概念

除法是已知两因数的乘积和其中一个因数，求另一个因数的运算方法。除法是乘法的逆运算，也是同一减数连续相减的简捷算法。积 ÷ 因数 = 另一个因数，其中，积称为被除数，因数称为除数，另一因数称为商。

珠算除法即是在算盘上实现求商和减积运算的方法，它的算法很多，其中最有代表性的是商除法与归除法。本章主要介绍商除法。

商除法是运用乘法大九九口诀进行估商和减积运算的一种算法。明朝著名珠算家程大位在《算法统宗》一书中说："商除者，商量法实之多寡而除之。""商"是"商量"、"比较"的意思，即除数与被除数比较，得出商数。"除"是"去掉"、"减积"的意思，即将商与除数相乘的积从被除数中减去。可见商除法就是通过估商与减积逐位求商的方法。由于商除法与笔算除法较一致，逆用乘法九九，不用记繁琐的归除口诀，使用方便，因而被广泛地采用，成为一种主流算法。

### 二、隔位商除法程序

商除法有隔位除法和不隔位除法两种模式。比较而言，隔位除法容易理解，学习方便，特别是能进一步与脑算单积结合，适应不同层次教学对象的需要。因此，本章以隔位商除法为主介绍珠算除法的算法程序。

（一）定位置数

同珠算乘法一样，珠算除法需要对商数定位。商的定位法有公式定位法、固定个位定位法等。从提高效率的角度出发，我们将置数与定位合二为一介绍商的固定个位定位法。

1. 确定好位标，定好商的个位档（见图4－1）。

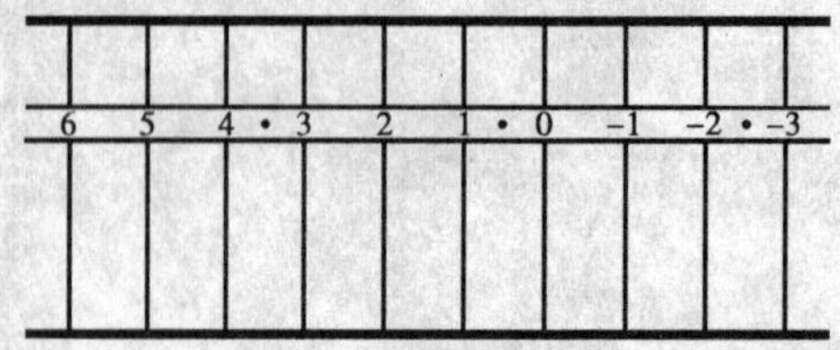


图4－1

2. 计算起拨档，置入被除数。商的固定个位法要求在运算之前就预先定好商的个位档，是一种“算前盘上定位法”。这样被除数从哪一档拨入就不再是任意的，而是计算一个起拨档，按起拨档置入被除数。

公式：起拨档＝被除数位数－除数位数－1

这样就能确保运算完毕商数位的正确性。

**［例4－1］** 8÷4 ＝ 2

∵ 起拨档＝1－1－1＝－1（档）

∴ 从－1档开始置入被除数8（见图4－2）

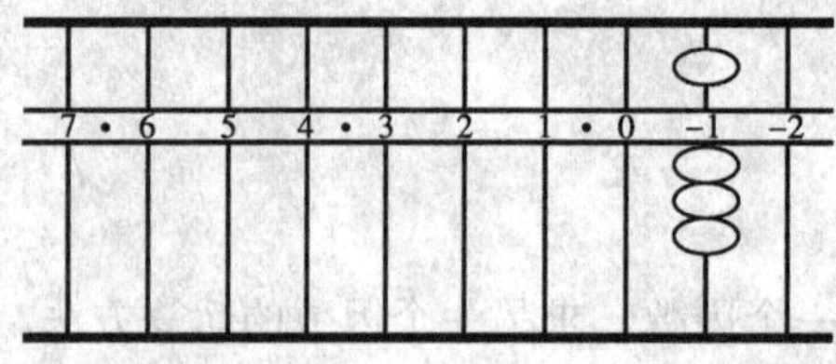


图4－2

**［例4－2］** 12÷2 ＝ 6

∵ 起拨档＝2－1－1＝0（档）

∴ 从0档开始置入被除数12（见图4－3）

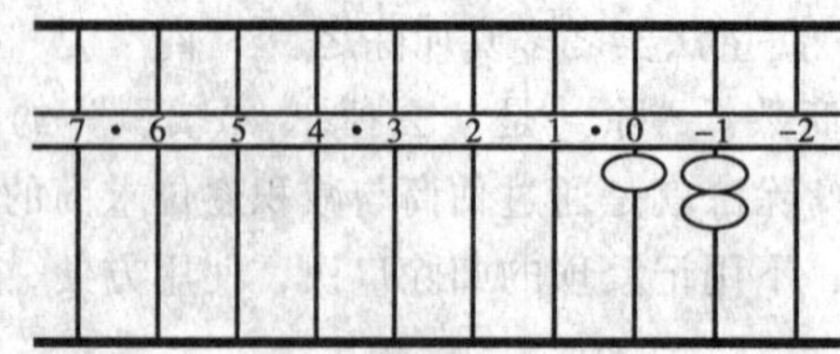


图4－3

（二）商除顺序

商除法的基本运算是试商与减积，两者之间的关系是先商后除，每商除一次就得到一位非零的商数。对被除数而言从高位到低位进行“商”的运算，对除数而言从高位到低位进行“除”的运算，直到除尽或者达到要求的商的精确位数为止。

（三）置商位置

根据“等位够除，隔档置商；增位够除，挨档置商”的原则确定置商的位置。

“等位够除”是指被除数与除数截取相同个有效数字进行比较，被除数的数字值大于或等于除数的数字值。这时商数放在与被除数首位数字相隔一档的位置上，称为“隔档置商”。

“增位够除”是指被除数增加一位有效数字与除数比较，被除数的数字值大于除数的数字值。这时商数放在被除数首位数字相邻档的左一档上，称为“挨档置商”。

**[例4－3]** 8 ÷ 4 = 2

盘式图

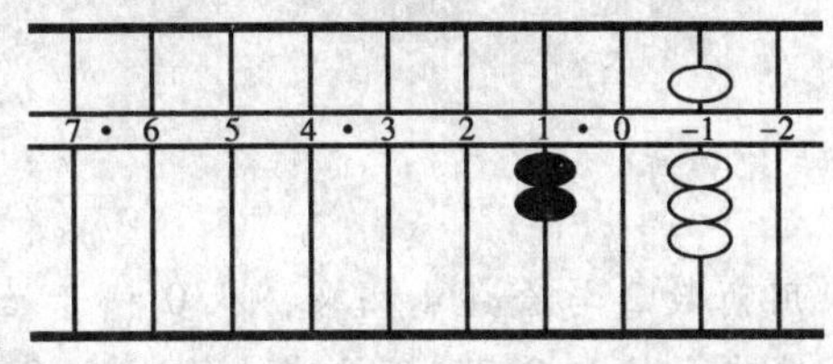


图4－4

运算程序

∵ 8 > 4

∴ 等位够除，隔位置商数（见图4－4）

**[例4－4]** 12 ÷ 2 = 6

盘式图

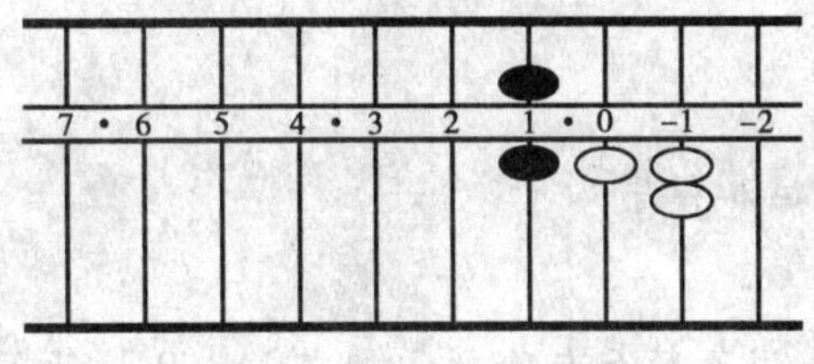


图4－5

运算程序

∵ 12 > 2

∴ 增位够除，挨档置商数（见图4－5）

（四）估商方法

初学者一般采用除首试商法，其方法是逆向使用乘法大九九口诀，抓住除数的首位数去与被除数的一位或两位比较，通过思考迅速得出中间数——商数。当除数第二位数较大时（大于或等于5），还要适当调减商数，以保证试商的准确性。

（五）减积要领

1. 使用乘法大九九口诀进行减积。其运算特点是“口里念口诀，手上打减法”，这是一个乘减合一的运算。要求眼、脑、手密切配合，逐步做到眼看除数（或默记除数）、脑闪口诀、手拨乘积，直到摆脱口诀的依赖。如果掌握了乘法脑算单积，也可以部分或全部使用心算指导减积。

2. 弄清减积的档次。它的规律是：乘积从所立商的右一档开始减起；试商与除数第几位数字相乘，其积的十位就从商的右几档减去，积的个位从下档减去，如图4－6所示。

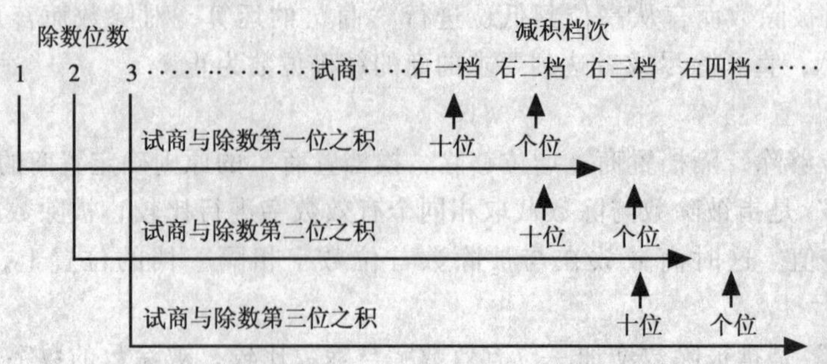


图 4－6 隔位商除法减积示意图

3. 在实际减积运算中，为避免错档，可遵循从试商的右一档开始手不离档，依次移动叠位相减。

[例 4－5] 8÷4＝2

盘式图

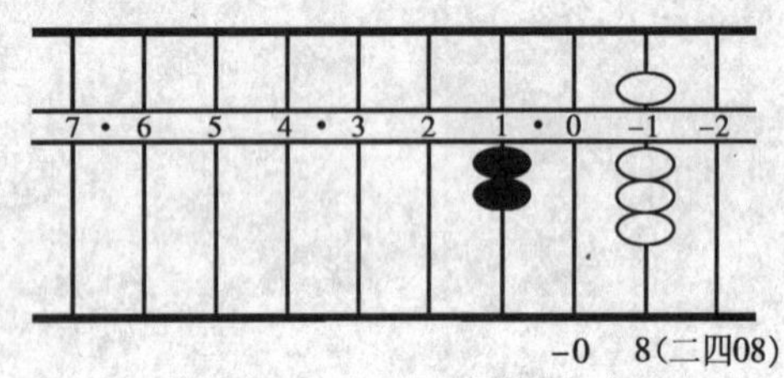


图 4－7

运算程序

用商数 2 与除数 4 相乘，从 0 档开始减去十位积 0，－1 档减去个位积 8。除尽，盘面结果是 2（见图 4－7）。

[例 4－6] 12÷2＝6

盘式图

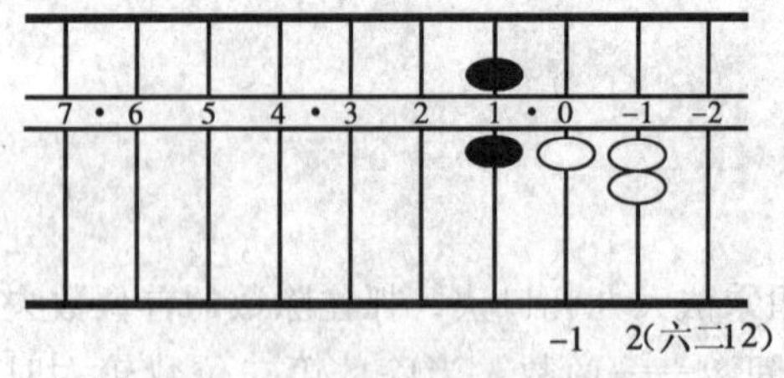


图 4－8

运算程序

用商数 6 与除数 2 相乘，从 0 档开始减去十位积 1，－1 档减去个位积 2。除尽，盘面结果是 6（见图 4－8）。

### 三、一位数除法

除数只有一位非零有效数字的除法称为一位数除法。一位数除法估商与减积都比较简单，下面举例介绍如何应用商除法算法程序进行一位数除法的运算。

[例4-7] 2 520 ÷ 6 = 420（见图4-9）

盘式图

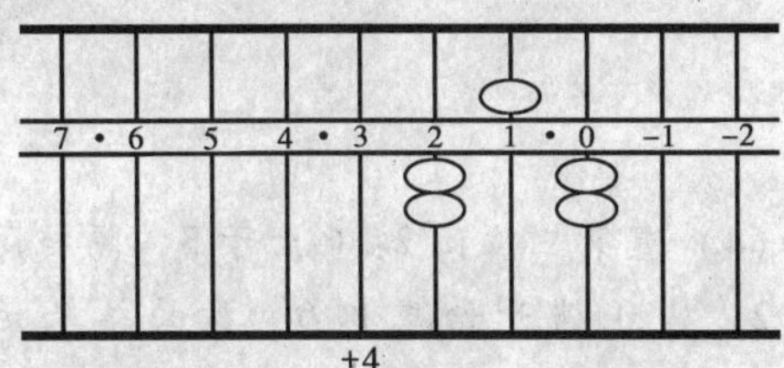


运算程序

(1) 定位置数：起拨挡 = 4 - 1 - 1 = 2（档），从 +2 档置入被除数 2 520，默记除数 6。

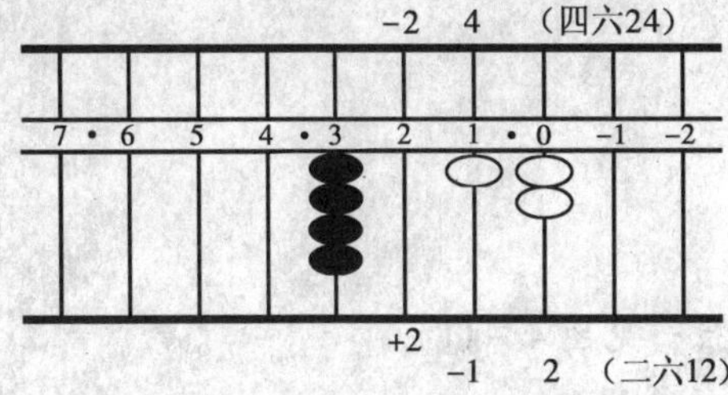


(2) 置首商 4：2 小于 6，增位 25 与 6 对比，挨档商 4，从 +2 档开始减积 24。

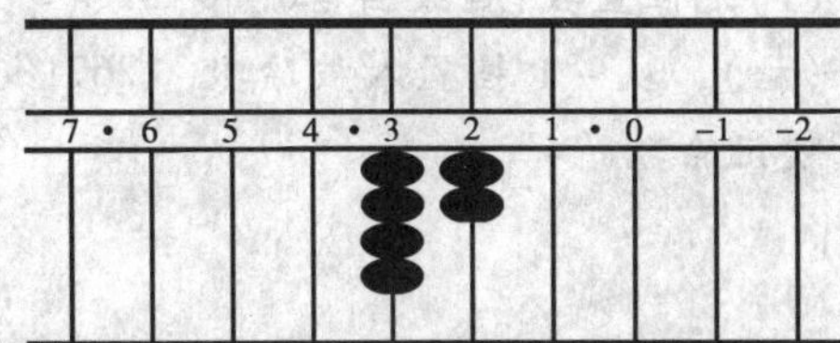


(3) 置第二位商 2：12 与 6 对比，挨档商 2，从 +1 档开始减积 12。除尽，盘面结果是 420。

图 4-9

[例4-8] 9 360 ÷ 30 = 312（见图4-10）

盘式图

运算程序

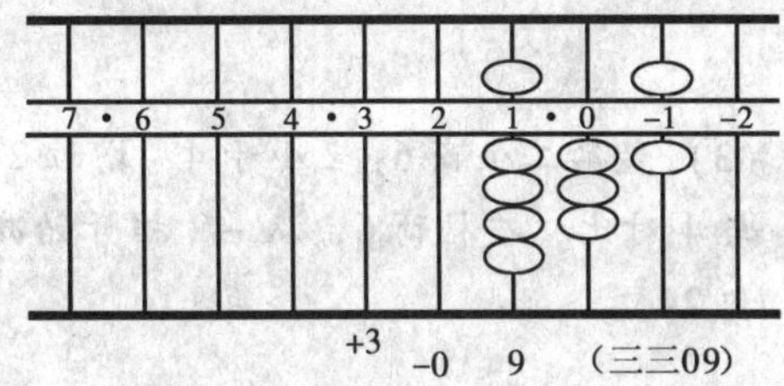


(1) 定位置数：起拨挡 = 4 - 2 - 1 = 1（档），从 +1 档置入被除数 9 360，默记除数 30。

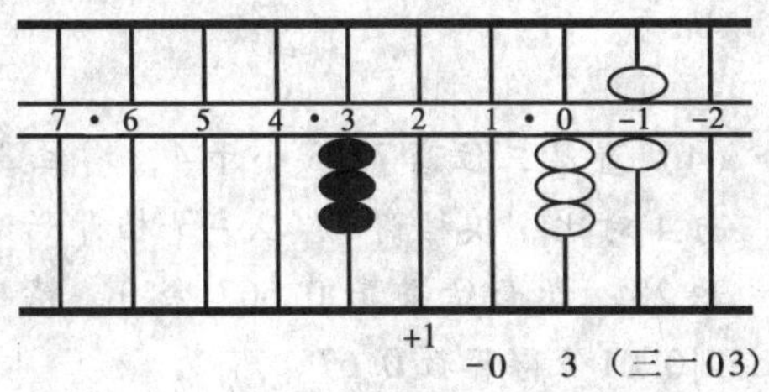


(2) 置首商 3：9 大于 3，隔档商 3，从 +2 档开始减积 09。

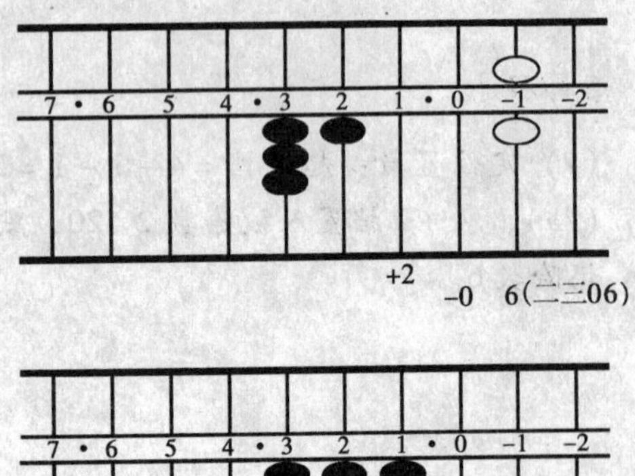


（3）置第二位商1：3等于3，隔档商1，从+1档开始减积3。

（4）置第三位商2：6大于3，隔档商2，从0档开始减积6。盘面结果是312。

图4-10

[**例4-9**]　0.2671÷0.4=0.67（精确到0.01位，见图4-11）

盘式图

运算程序

(1)定位置数：起拨档=0-0-1=-1(档)，从-1档置入被除数“2671”，默记除数“4”。

+6
-2 4（六四24）

（2）置首商6：2小于4，增位26与4对比，挨档商6，从档开始减积24。

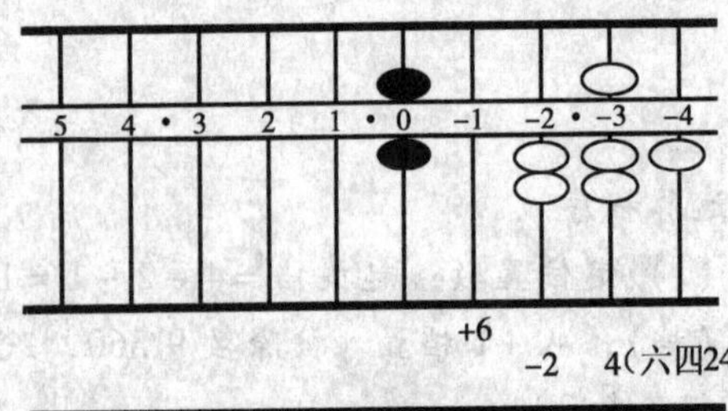


（3）置第二位商6：2小于4，增位27与4对比，挨档商6，从-2档开始减积24。

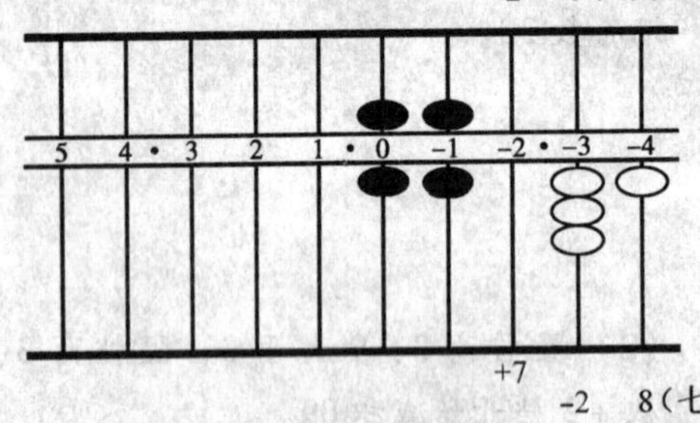


（4）置第三位商7：3小于4，增位31与4对比，挨档商7，从-3档开始减积28。盘面结果是0.667余3，精确到0.01位得答数0.67。

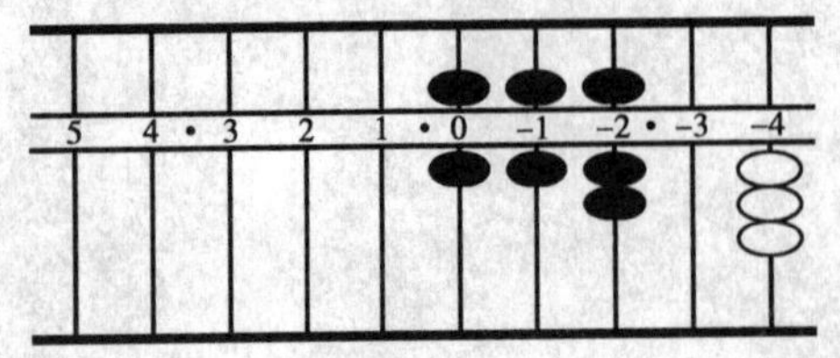

图4-11

[课堂讨论] 1. 隔位商除法的程序是什么?

2. 置商的原则是什么?

3. 如何估商?

4. 如何减积?

## 练习

**1. 计算下列各题**

(1)61 395 ÷ 3 =　　(2)146 517 ÷ 7 =

(3)10 632 ÷ 4 =　　(4)32 058 ÷ 6 =

(5)4 275 ÷ 5 =　　(6)0.4275 ÷ 0.09 =

(7)2 382.75 ÷ 0.09 =　　(8)8.9202 ÷ 0.06 =

(9)0.0614 ÷ 0.02 =　　(10)1 638.32 ÷ 0.008 =

**2. 八盘乘除互练法**

先用 123 456 789 分别乘以 2、3、4、5、6、7、8、9,然后再除以 2、3、4、5、6、7、8、9,结果仍然是 123 456 789。

**3. 除法趣味练习题**

(1)双狮耍绣球: 8 760 647 ÷ 7 = 1 251 521

(2)樵夫晚归: 1 644 764 456 ÷ 4 = 411 191 114

(3)蜡杆图: 48 952 928 ÷ 8 = 6 119 116

(4)蜻蜓点水: 62 605 ÷ 5 = 12 521

(5)牌楼: 1 564 728 ÷ 8 = 195 591

(6)渔翁垂钓: 182 222 306 ÷ 2 = 91 111 153

(7)凌空万里: 8 095 805 ÷ 5 = 1 619 161

(8)比翼双飞: 10 007 919 999 ÷ 9 = 1 111 991 111

**4. 计算下列各题的商(精确到 0.01 位)**

(1)362 880 ÷ 2 ÷ 3 ÷ 4 ÷ 5 ÷ 6 ÷ 7 ÷ 8 ÷ 9 =

(2)201 398 400 ÷ 2 ÷ 3 ÷ 4 ÷ 5 ÷ 6 ÷ 7 ÷ 8 ÷ 9 =

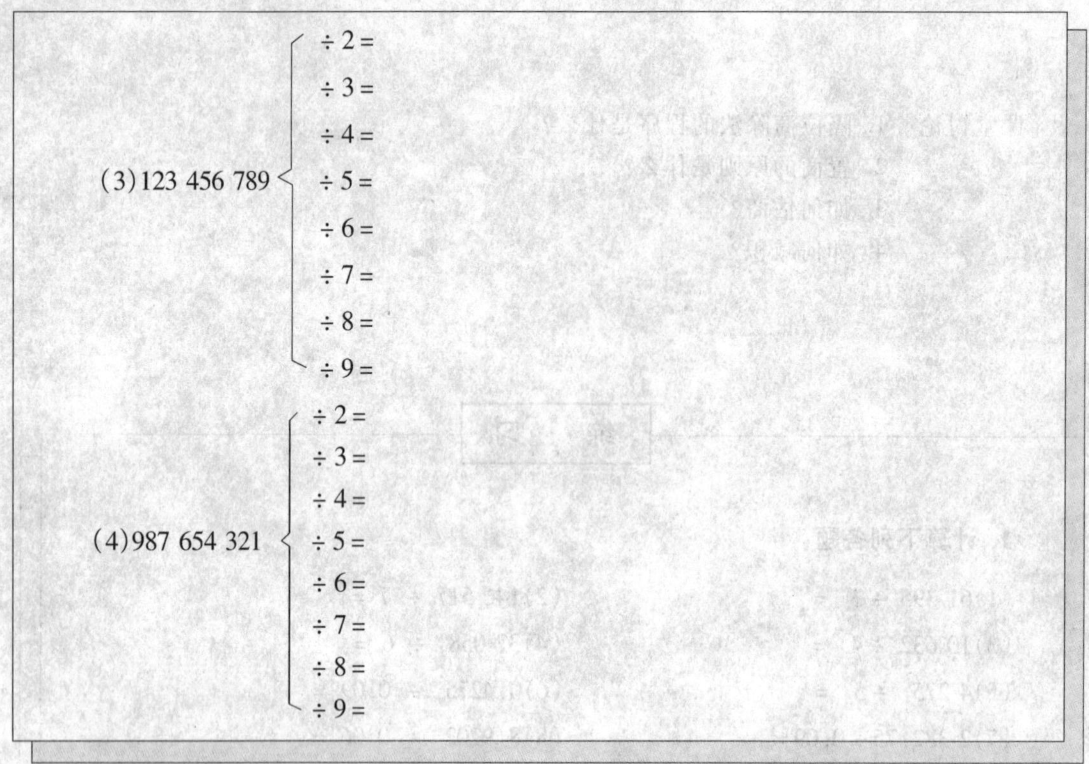

(3)123 456 789 ÷2= ÷3= ÷4= ÷5= ÷6= ÷7= ÷8= ÷9=

(4)987 654 321 ÷2= ÷3= ÷4= ÷5= ÷6= ÷7= ÷8= ÷9=

## 第二节　多位数除法

除数有两位或两位以上非零有效数字的除法称为多位数除法。与一位数除法相比，多位数除法在运用算法程序时应注意三个问题：第一，在估商时，不仅要考虑除数的首位数，而且还要考虑除数的次位数对商数的影响。第二，在减积时，商数要与除数的各位相乘减，注意减积档次。第三，试商不准时，需要进行调商运算（包括得负余、入负商的运算）。

### 一、估商方法

在多位数除法运算中，估商始终是重点和难点。从实际应用角度看用基本估商法争取一次估准商数可避免调商运算，是初学者的最佳选择。但要注意，不要搞复杂的估商法则。下面的估商法只作参考。

（一）基本估商法

1. 等位相比够除时就看被除数含有几个除数，按其倍数立商和减积。其方法可简记成："前大隔商几，隔档减几除"。例如：

（1）96÷32，9含3三倍，隔档立商3。

（2）64÷16，64含16四倍，隔档立商4。这里除首是1，为保证商准，应以除数两位数16与被除数两位数64进行对比。

（3）612÷102，6含1六倍，隔档立商6。这里除首是1，除数第二位是0，这时一般只用首位进行对比。

（4）87 ÷ 29，8 含 2 四倍，考虑除数第二位较大，偏小一点隔档立商 3。

2. 等位相比不够除时，采用除首试商法。这种方法的特点是仅用除首与被除数的两位对比，用九九反推出商数，简明易学。其难点在于当除数次位数偏大时（如等于 5 或大于 5 时），还要考虑是否调减商数，有时把握不准。为方便运用，可将前述除首试商法简记为："抓住除首，反用九九；次位偏大，商数减 1；除首 1、2，两位脑算。"例如：

（1）4 480 ÷ 64，抓住除首 6 与被除数前两位 44 比较，想口诀七六 42，挨档立商 7。

（2）2 610 ÷ 87，抓住除首 8 与被除数前两位 26 比较，想口诀三八 24，挨档立商 3。

（3）5 025 ÷ 67，抓住除首 6 与被除数前两位 50 比较，想口诀八六 48，考虑除数次位 7 偏大，不够减积，所以首商 8 减 1，挨档商 7。

（4）108 ÷ 12，抓住除数两位 12 与被除数三位 108 比较，脑算结果商 9，所以挨档立商 9。

（5）175 ÷ 23，方法一：抓住除数首位 2 与被除数前两位比较，用口诀商 8，考虑与除数次位减积不够，确商时首商 8 减 1，所以挨档立商 7。方法二：抓住除数两位 23 与被除数三位 175 比较，脑算结果商 7，所以首商挨档立商 7。

（二）其他估商法

1. 三句口诀估商法

将归除口诀进行提炼可得到三类估商口诀，它适用于等位相比不够除的情况：①九商同、八七商加 1、六商加 2；②五倍、四倍加 1、三三倍；③二半减 1，一两位估。

第一类口诀的含义是：除首是 9 时，商数同被除数首位数（简称"被首"）一样大，除首是 8、7 时，商数等于被首加 1；除首是 6 时，商数等于被首加 2。

例如：3 007 ÷ 97 = 31、29 711 ÷ 803 = 37、1 775 ÷ 71 = 25、4 288 ÷ 67 = 64。

第二类口诀的含义是：除首是 5 时，商数等于被首翻倍；除首是 4 时，商数等于被首翻倍后再加 1；除首是 3 时，商数等于被首翻三倍。

例如：1 248 ÷ 52 = 24、33 323 ÷ 47 = 709、1 190 ÷ 34 = 35。

第三类口诀的含义是：除首是 2 时，商数等于被除数前两位折半，为了避免不够减积，绝大多数情况下还要再减 1 立商。除首是 1 时，用除数两位与被除数两位或三位比较，用脑算确定商数。

例如：16 432 ÷ 208 = 79、1 410 ÷ 15 = 94。

运用三句口诀估商法时，多数情况下试商偏小，需要进行补商的运算，可以用"前大隔商 1，隔档减除数"的方法调整。从预防试商偏小的角度出发，应强调灵活运用以上口诀。第一类口诀中九商同，当被除数第二位较大时，不妨用九商加 1。例如：27 ÷ 9 = 3。第二类口诀中，当被除数第二位大于或等于 5 时，不妨两位一起翻倍。例如：25 602 ÷ 51 = 502，2 562 ÷ 42 = 61。

另外，从预防试商偏大的角度出发，当被除数第二位较小时，不妨减 1 立商。例如：22 876 ÷ 602 = 38，按六商加 2 应商 4，考虑不够减积减 1 立商 3。有时当除数次位较大时，可用除首加 1 的口诀。例如：2 301 ÷ 39 = 59，因除数 39 接近 40，可用四倍加 1 挨位立商 5，这时若按口诀三三倍立商 6，则试商偏大。

2. 补充估商法

以基本估商法为主体，如果能结合一些估商技巧，能进一步提高试商的水平。

（1）除首试商无余数，立商要减1。在运用除首试商法时，估得商数与除数首位相乘减，如果没有余数或余数太小，则无法保证后面的减积需要，因此，在绝大多数情况下要将所估商数减1。

例如：1 008 ÷21 =48，按口诀五二10，应商5，但减后本位没有余数，所以立商减1，挨档商4。25 602 ÷51 =502，本题因减积时够减，所以不需要减1立商。

（2）当除数第二位数是0时，在绝大多数情况下用除首试商法估商时不必考虑减1立商。这时若除数首位是1则直接将被除数首位作商。例如：

①17 136 ÷408 =42，按照口诀四四16，最大商4，后面减积绝大多数够减所以不用考虑，直接挨档商4。

②2 616 ÷109 =24，按照口诀最大商2，直接挨档商2，但也有例外的，如下例：

③4 251 ÷109 =39，本题如果按照口诀商4，会出现不够减积的问题，可减1立商3。事实上在引入负余数、负商的概念后，本题商4，反而更加方便运算（详见得负余、入负商的有关内容）。

（3）除首加1试商法。当除数次位等于或大于5时，用除首加1与被除数比较，按九九口诀取商。但要注意两个问题：一是有时估商偏小，立商时应加1作商；二是要在被除数第二位加1后估商。例如：

①675 ÷75 =9，将除数75当作“80”与被除数比较按口诀估商8，显然本例应加1作商，挨档商9。

②234 ÷39 =6，将除数39当作“40”与被除数比较，先心算23 +1 =24，再按九九口诀六四24取商6，挨档商6。

（4）齐头被小商9、8试商法。“齐头被小”是指被除数与除数等位相同，但被除数下一位小于除数下一位。这类算题在多数情况下商数是9或8，少数情况下商7或6。判断方法是：从定性分析上看，被除数次位与除数次位越接近，商9的可能性就越大；反之两者相差越大，商8、7、6的可能性就大一些。从定量分析上看，可总结为差数判断法如下：

①当等位相比，两数的差小于或等于除数一成时，一律挨档商9。

例如603 ÷67 =9（67 -60. 3 =6. 7恰好是除数的一成）；6 432 ÷67 =96（67 -64 =3小于除数首位6，这里因差数明显小，所以可简化为直接与除首比较）

②当等位相比，两数的差超过除数一成，但小于或等于两成的，一律挨档商8。

例如：312 ÷39 =8（39 -31. 2 =7. 8恰好是除数的二成）；2 324 ÷28 =83（28 -23. 2 =4. 8，大于除数28的一成不足二成5. 6）

③当等位相比，两数的差大于两成，但小于或等于三成的，一律挨档商7。

例如：105 ÷15 =7（15 -10. 5 =4. 5恰好是除数的三成）；2 100 ÷28 =75（28 -21 =7，75. 6 <7 <8. 4，超过除数的两成，但不足三成）

以下齐头被小商6等情况比较少见，故不作分析。

（5）半数挨商5试商法。当被除数大于或等于除数一半时，可直接挨档商5。此法在小数除法中进行尾数四舍五入取舍时非常有用。例如，2 226 ÷42 =53，被除数前两位22刚超过除数42的一半，挨档商5。

（三）脑算单积估商法

这是乘法脑算单积在珠算除法估商中的具体应用，属于提高型算法，可参照乘法中的有关内容对应学习。

## 二、多位数商除法

为了更好地掌握商除法的算法程序，下面遵循由易到难的原则，编制不同类型的题型来说明商除法的运用。

（一）除数是两位数的除法

［例 4-10］ 8 551 ÷ 17 = 503（见图 4-12）

盘式图

运算程序

（1）定位置数：起拨档 = 4 - 2 - 1 = 1（档），从 +1 档置入被除数 8 551，默记除数 17。

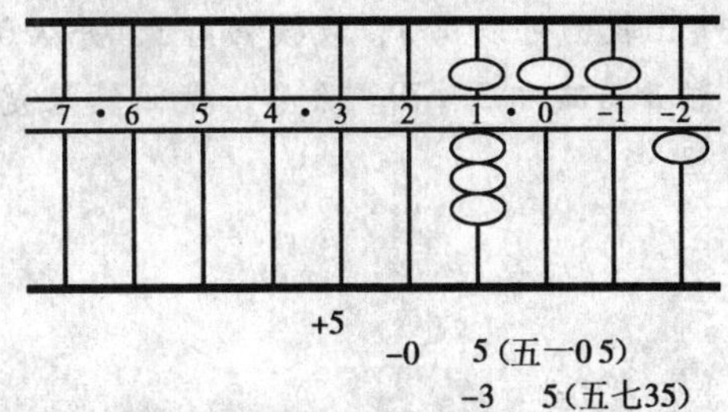


（2）置首商 5：被除数 85 含除数 17 五倍，故隔档商 5，并从 +2 档开始减积 5 × 17。

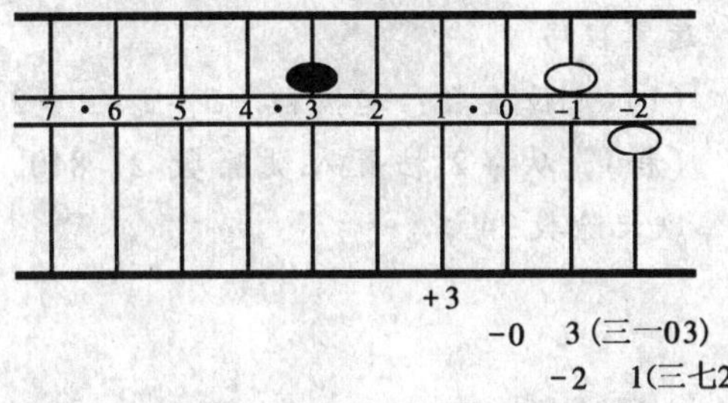


（3）置第二位商 3：余数 51 含除数 17 三倍，故隔档商 3，并从 0 档开始减积 3 × 17，除尽，盘面结果是 503。

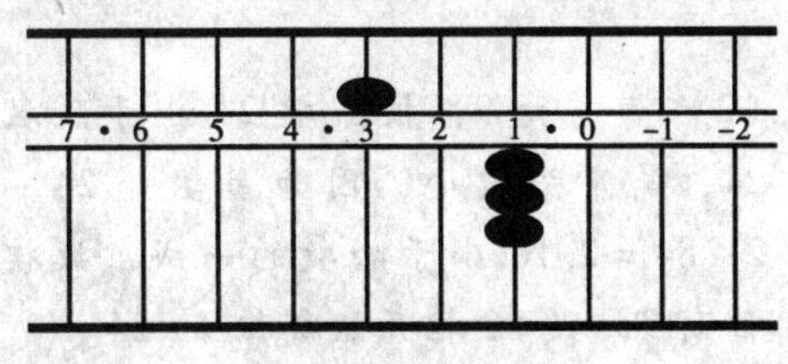


图 4-12

［例 4-11］ 6 557 ÷ 79 = 83（见图 4-13）

盘式图

运算程序

（1）定位置数：起拨档 = 4 - 2 - 1 = 1 档，从 +1 档置入被除数 6 557，默记除数 79。

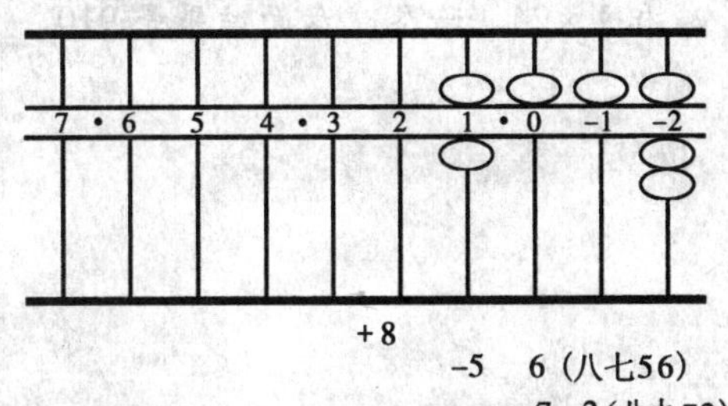

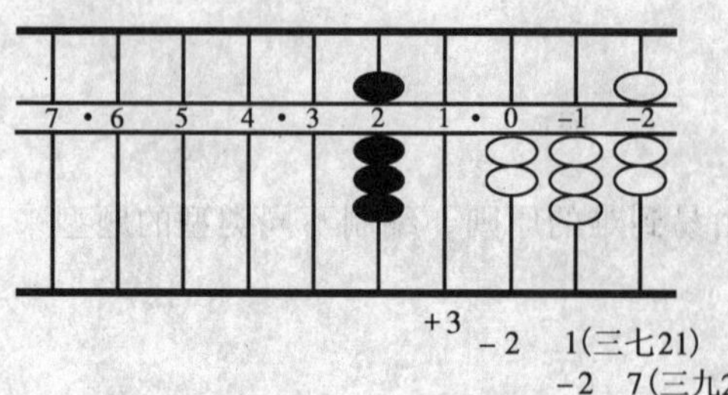


（2）置首商8，被除数65与除首7比较可商9，但考虑除数次位较大，故挨位商8，并从+1档开始减积8×79。

7 · 6 5 4 · 3 2 1 · 0 -1 -2

（3）置第二位商3：被除数23与除首7比较，可以商3，故挨档商3，并从0档开始减积3×79。除尽，盘面结果是83。

图4－13

［例4－12］ 21 840÷24＝910（见图4－14）

盘式图

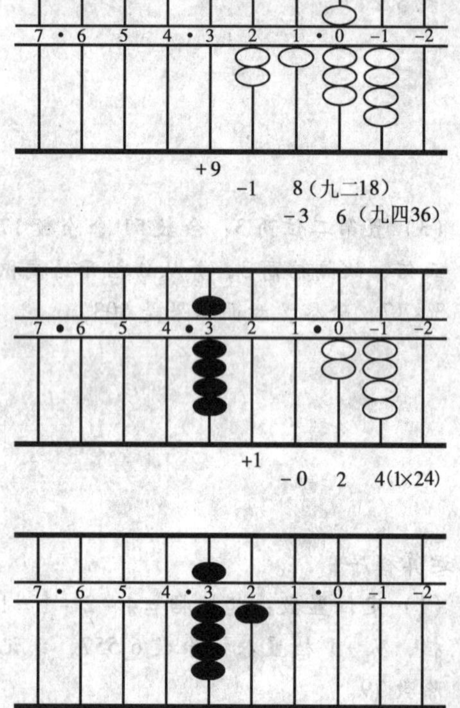


图4－14

运算程序

（1）定位置数：起拨档＝5－2－1＝2（档），从＋2档置入被除数21 840，默记除数24。

（2）置首商9：被除数21小于除数24，属齐头被小，因为差数＝24－21.84＝2.16小于除数的一成，故挨位商9，从+2档开始减积9×24。

（3）置第二位商1：被除数24含除数24一倍，故隔档商1，并从+1档开始减积1×24。除尽，盘面结果是910。

（二）除数是三位数及三位数以上的除法

**[例 4－13]**　364 650 ÷ 429 = 850（见图 4－15）

盘式图

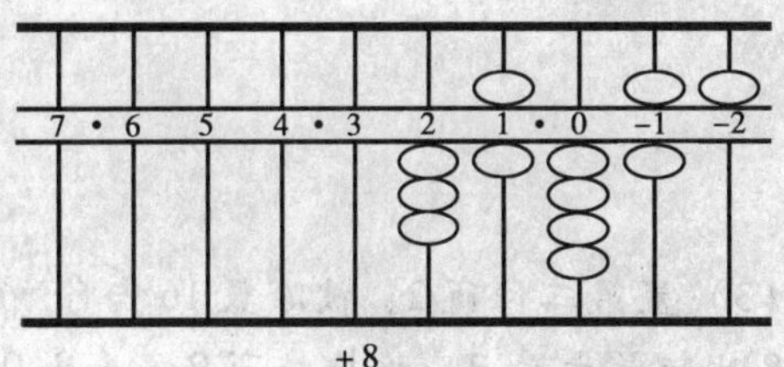


+8<br>
−3　2（八四32）<br>
−1　6（八二16）<br>
−7　2（八九72）

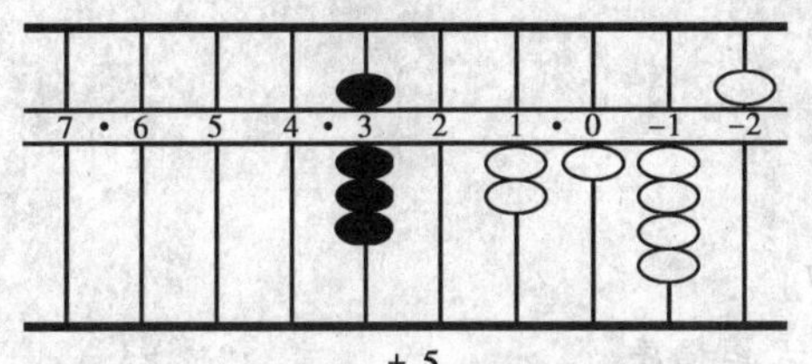


+5<br>
−2　0（五四20）<br>
−1　0（五二10）<br>
−4　5（五九45）

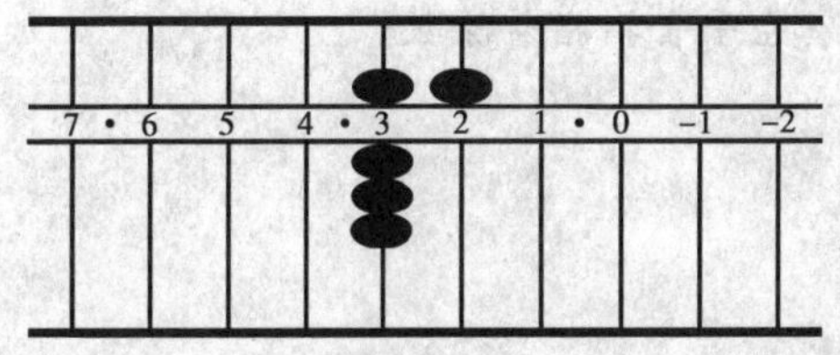


图 4－15

运算程序

(1) 定位置数：起拨档 = 6 − 3 − 1 = 2（档），从 +2 档置入被除数 364 650，左手食指指着除数（或默记）。

(2) 置首商 8：被除数 36 与除首 4 比较可商 9。但本档减后无余数，所以要减 1 作商，故挨档商 8，并从 +2 档开始减积 8 × 429。

(3) 置第二位商 5：被除数 21 与除首 4 比较可商 5，故挨档商 5，并从 +1 档开始减积 5 × 429。除尽，盘面结果是 850。

**[例 4－14]**　57 816 ÷ 803 = 72（见图 4－16）

盘式图

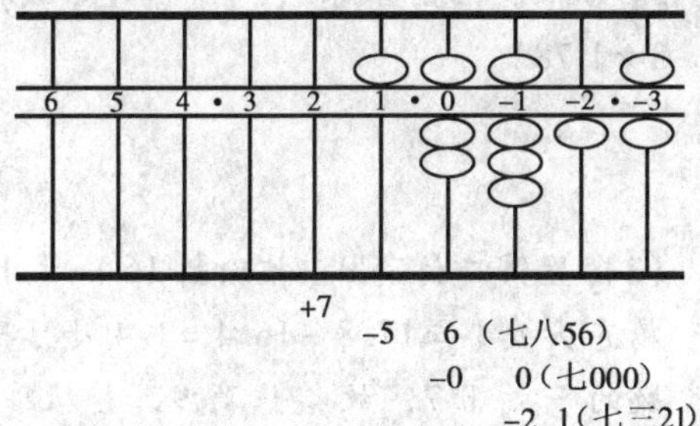


+7<br>
−5　6（七八56）<br>
−0　0（七000）<br>
−2　1（七三21）

运算程序

(1) 定位置数：起拨档 = 5 − 3 − 1 = 1（档），从 +1 档置入被除数 57 816，左手食指指着除数（或默记）。

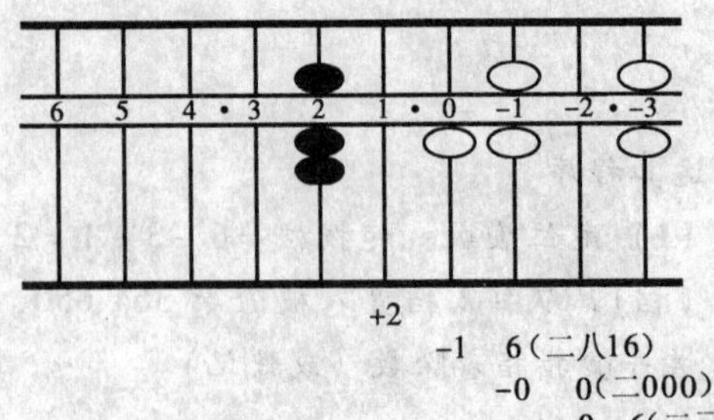


（2）置首商7：被除数57与除首8比较最大商7，故挨档商7，并从+1档开始减积7×803。

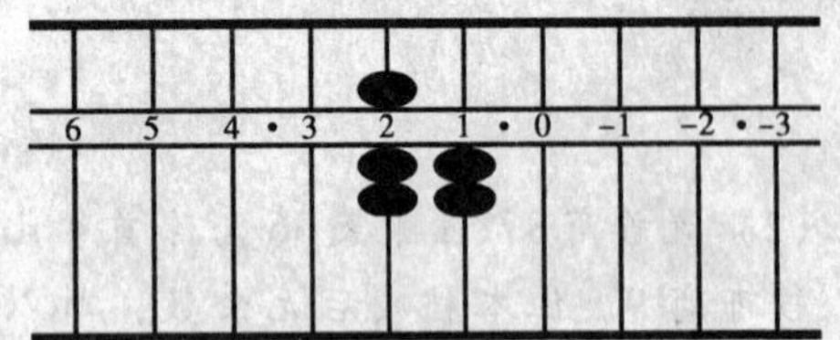


（3）置第二位商2：被除数16与除首8比较最大商2，故挨档商2，并从0档开始减积2×803。除尽，盘面结果是72。

图4-16

[例4-15]　698 936÷1 783=392（见图4-17）

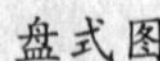
盘式图

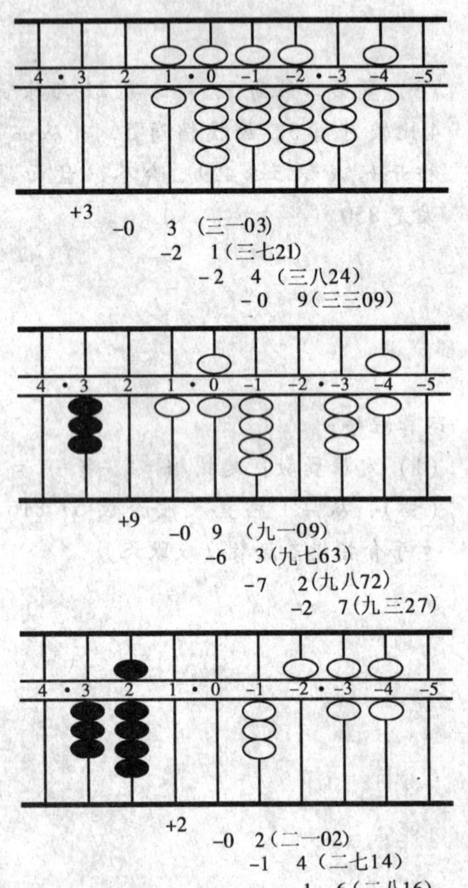


运算程序

（1）定位置数：起拨档6-4-1=1（档），从+1档置入被除数698 936，左手食指指着除数。

（2）置首商3：被除数69与除数前两位17比较可商4，但考虑本档减后余数为1，以下不够减积，所以小一试商3。从+3档置首商3，+1档开始减积3×1 782。

（3）置第二位商9：被除数16小于17属齐头被小=17.8-16.4=1.4小于除数的一成1.7，故挨位商9，并从+1档开始减积9×1 783。

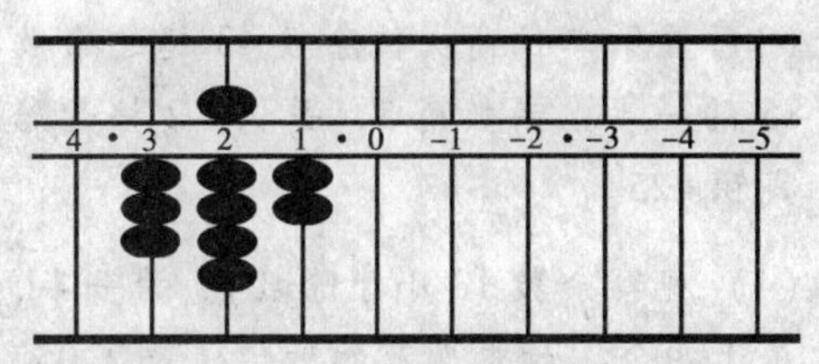


图 4－17

（4）置第三位商 2：被除数 35 与除数之前两位 17 比较可商 2，故隔档商 2，并从 －1 档开始减积 2 × 1 783。除尽，盘面结果是 392。

（三）除不尽的除法

两数相除，如果除不尽，一般根据题目对精确度的要求对商数进行取舍。在珠算除算中如无特别说明，商数一律精确到 0.01 位，相当于在实际工作中表示金额单位的分位，以下四舍五入。具体方法有以下几种：

1. 多算一位，四舍五入法

其要领是：当商数要求精确到 0.01 位时，多算一位，即算到 0.001 位为止，然后对尾商进行四舍五入的处理。

2. 脑算商 5 四舍五入法

其要领是：当算完规定的商的精确位数后，不多算一位，而是用脑算判断下一位商数能否商 5，如果商 5 够减积则属于五入，尾商加 1；如果不够减积则属于四舍，尾商不变。

3. 除数折半四舍五入法

其要领是：当算完规定的商的精确位数后，观察余数与除数一半的关系，如果余数大于或等于二分之一除数则属于五入，尾商加 1；如果余数小于二分之一除数则属于四舍，尾商不变。

4. 余数加倍四舍五入

其要领是：当算完规定的商的精确位数后，观察余数加倍与除数的关系。

（1）当余首大于等于 5 时，属五入，尾商加 1；

（2）当余数加倍数大于或等于除数（等位相比）时，则属于五入，尾商加 1；

（3）当余数加倍数小于除数（等位相比）时，则属于四舍，尾商不变。

**［例 4－16］**　1.7438 ÷ 0.85 = 2.05（精确到 0.01 位，下同。见图 4－18）

盘式图

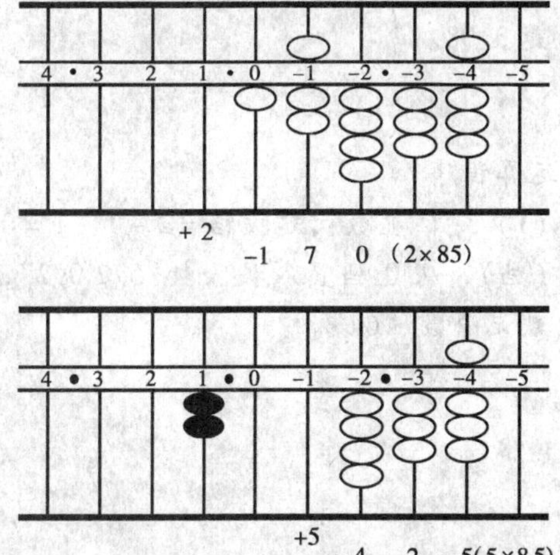


运算程序

（1）定位置数：起拨档 = 1 － 0 － 1 = 0（档），从 0 档置入被除数“17438”，默记除数“85”。

（2）置首商 2：被除数 17 与除首 8 相比，可商 2 挨档商 2，并从 0 档开始减积 170。

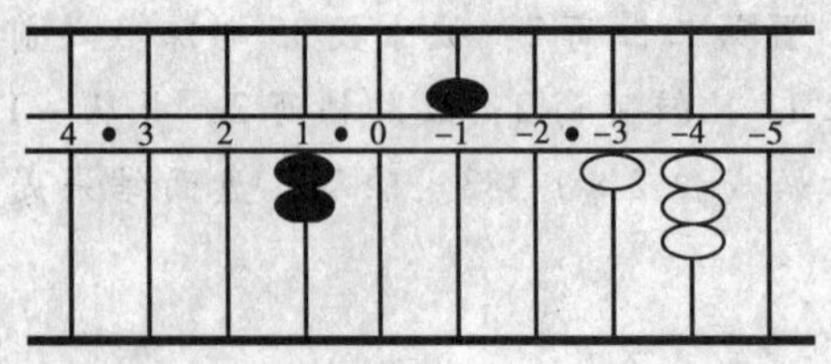


图 4－18

（3）置第二位商：被除数 43 超过除数 85 的一半，半数商 5，并从 -2 档开始减积 425。

（4）观察余数 13 小于除数 85 的一半，属于四舍，故本题商的近似值是 2.05。

**[例 4－17]**　0.8627 ÷ 0.28 = 3.08（见图 4－19）

盘式图

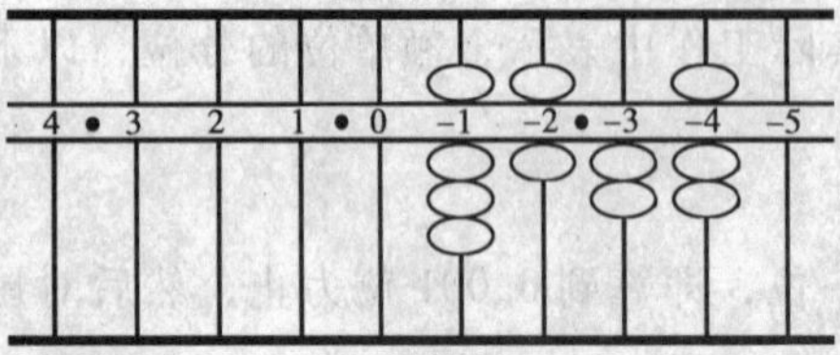

4 • 3 2 1 • 0 -1 -2 • -3 -4 -5

+3
-0　6（三二06）
-2　4（三八24）

运算程序

（1）定位置数：起拨档 = 0 - 0 - 1 = -1（档），从 -1 档置入被除数“8 627”，默记除数 28。

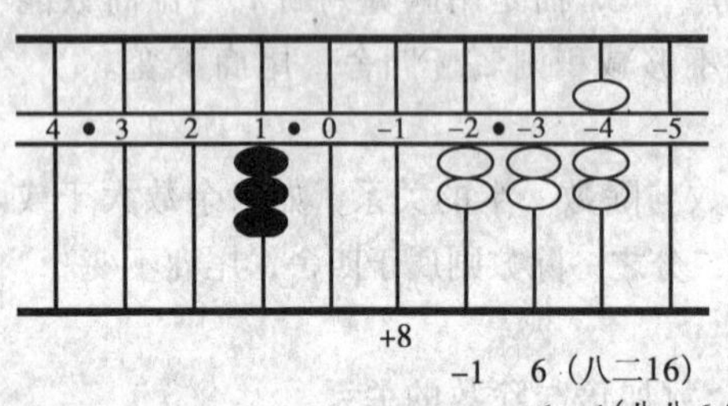


+8
-1　6（八二16）
-6　4（八八64）

（2）置首商 3：被除数 86 含除数 28 三倍，隔档商 3，并从 +1 档开始减积 3 × 28。

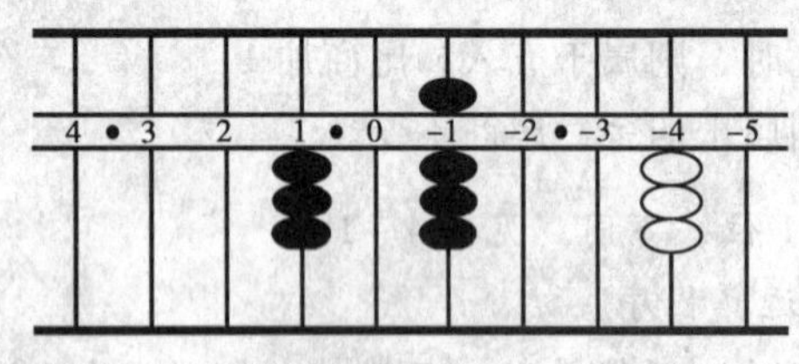


图 4－19

（3）置第二位商 8：被除数 22 小于除数 28，属齐头被小商 8，挨档商 8，并从 -2 档开始减积 8 × 28。

（4）观察余数首位是 0 小于除数 2 的一半，属于四舍，故本题商的近似值是 3.08。

**[例 4－18]**　57.2092 ÷ 6.4 = 8.94（见图 4－20）

盘式图

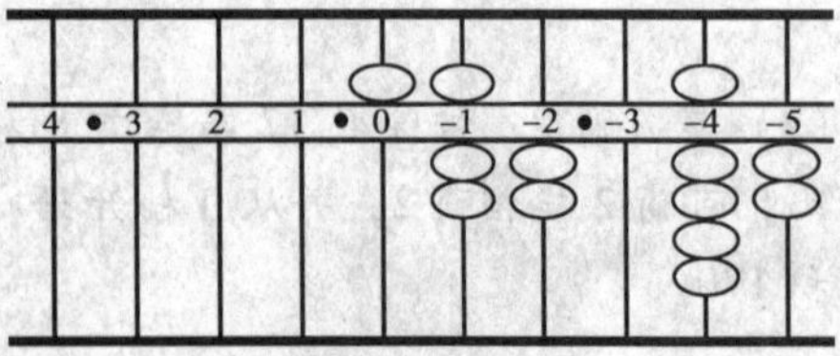

4 • 3 2 1 • 0 -1 -2 • -3 -4 -5

+8
-4　8（八六48）
-3　2（八四32）

运算程序

（1）定位置数：起拨档 = 2 - 1 - 1 = 0（档），从 0 档置入被除数“572 092”，默记除数“64”。

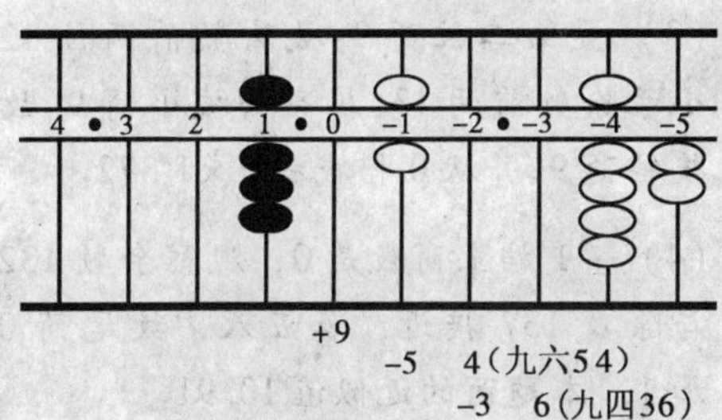


(2) 置首商 8：被除数 57 与除首 6 比较可商 9，但考虑后面减积不够，故挨档商 8，并从 0 档开始减积 8×64。

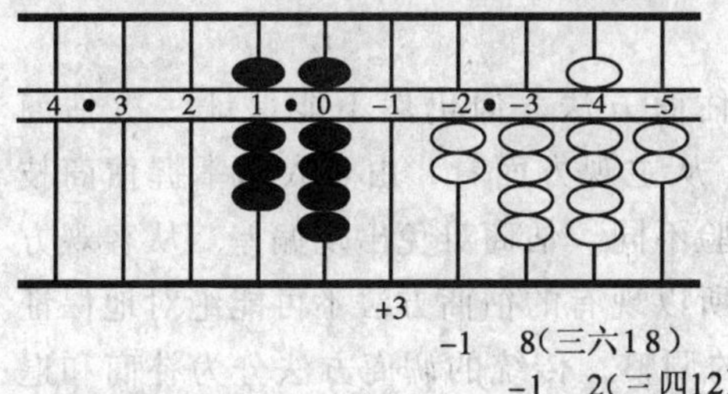


(3) 置第二位商 9：被除数 60 小于除数 64，属齐头被小商 9，并从 -1 档开始减积 9×64。

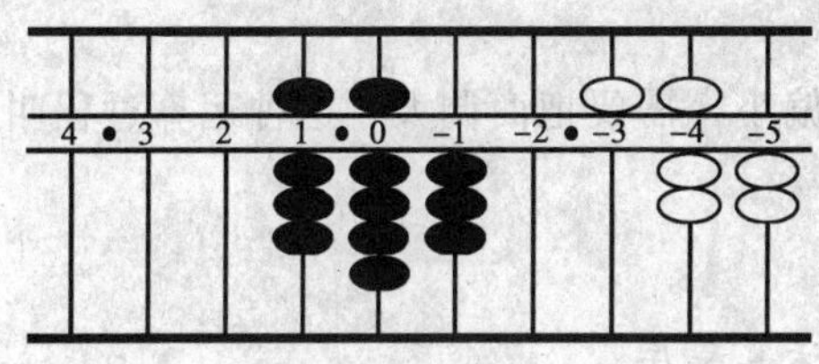


图 4-20

(4) 置第三位商 3：被除数 24 与除首 6 比较本可商 4，但减后无余数，故挨档商 3，并从 -2 档开始减积 3×64。

(5) 观察余数首位 5 大于除首 6 的半数，属于五入，故本题商的近似值是 8.94。

**[例 4-19]** 149.68÷13.72=10.91（见图 4-21）

盘式图

4 • 3 2 1 • 0 -1 -2 • -3 -4 -5

+1

-1 3 7 2（1×1 372）

运算程序

(1) 定位置数：起拨档=3-2-1=0（档），从 0 档置入被除数“14 968”，左手食指指着除数“1 372”。

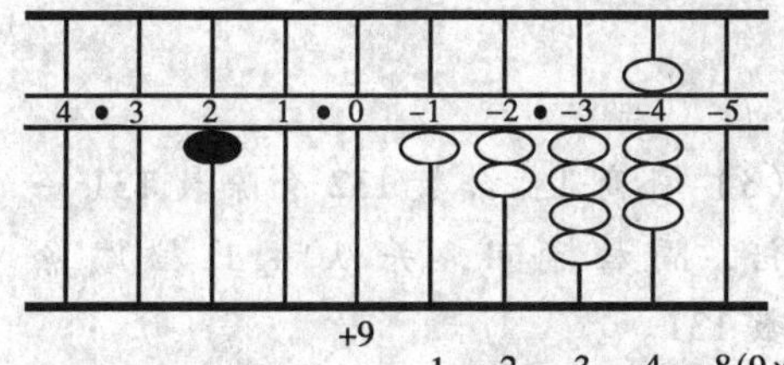


(2) 置首商 1：被除数 14 含除数 13 一倍，等位够除隔档商 1，并从 0 档减去除数。

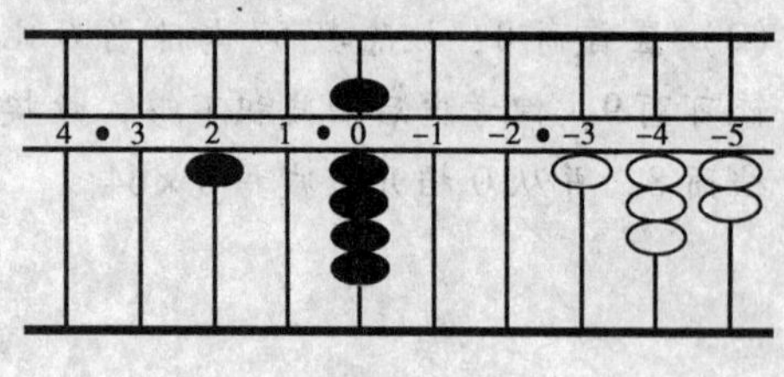


图 4－21

（3）置第二位商 9：被除数前两位 12 小于除数前两 13，属齐头被小商 9，故挨档商 9，并从 0 档减积 9×1 372。

（4）－1 档上商数是 0，观察余数 132 与除数 137 接近，属五入，故尾商 0 加 1。本题商的近似值 10.91。

## 三、传统的调商方法

在多位数除法运算中，虽然可以采用较准确的估商方法，但仍然不能保证一次估商 100% 准确。这主要受到主观和客观两个因素的影响。从主观方面看，由于人们掌握估商技巧的熟练程度不同，脑算能力不同，以及实际运算经验不同，估商难免出现偏差。从客观方面看，估商方法既要保证估商准确，又要方便使用，所以现有的估商方法不可能绝对地保证一次估商 100% 准确。初次估商不准，必须进行适当的调整，传统的调商方法分为补商和退商两种。

### （一）补商

当试商减积后，如果余数仍比除数大，说明估商偏小，需要把商调大，这种运算过程叫补商。补商的方法是：“够除隔商 1，隔档减除数。”

［**例 4－20**］　78 731 ÷ 131 = 601（见图 4－22）

盘式图

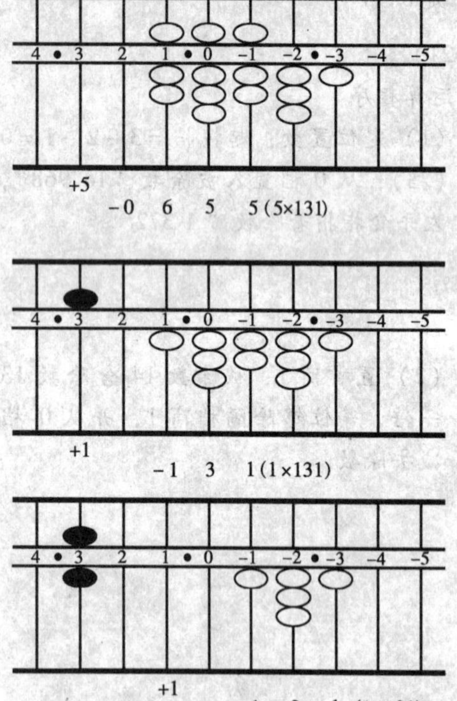


运算程序

（1）定位置数：起拨档 = 5 － 3 － 1 = 1（档），从 +1 档置入被除数 78 731，左手食指指着除数 131。

（2）置首商 5：被除数 70 含除数 13 五倍，隔档商 5，并从 +1 档开始减积 655，余数为 13 231。

（3）补商 1：余数 132 含除数 131 一倍，隔档商 1，并从 +1 档减除数 131。

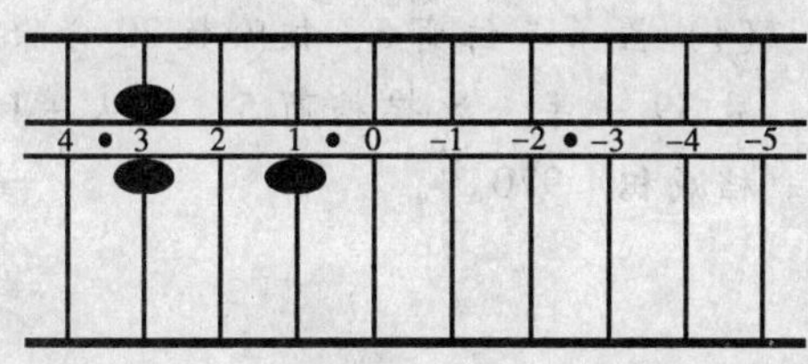


图 4－22

(4) 置第二位商 1：被除数 131 含除数一倍，隔档商 1，并从 -1 档减除数 131，除尽，盘面结果 601。

（二）退商

在多位数除法运算中，如果试商偏大就会出现被除数不够减积的情况，这就需要调减商数，并把多减的乘积加在相应的档次上，直到够减积为止，这种运算过程叫退商。

退商的方法是：每次从试商中退一，就相应在余数中加上已经减积过的除数部分，然后再按调整好了的商继续减积运算，并且还原除数加到哪一档就从哪一档接着减积。如果这时减积又出现不够减的情况，重复上述退商过程，直到够减为止。可以简记为："商大退 1，隔档加已除。"

**[例 4－21]**　296 682 ÷ 394 = 753（见图 4－23）

盘式图

运算程序

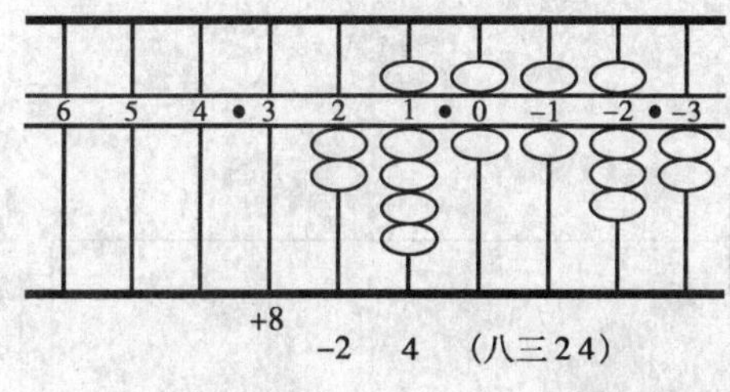


(1) 定位置数：起拨档 = 6 - 3 - 1 = 2（档），从 +2 档置入被除数 296 682，左手食指指着除数 394。

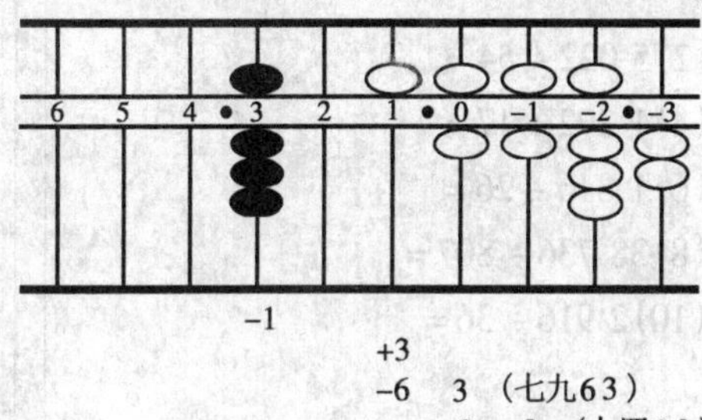


(2) 置首商 8：被除数 29 与除首 3 相比，可商 9，如减 1 挨档商 8，并从 +2 档减积 8 × 3 够减但 8 × 9 不够减积，说明商 8 偏大。

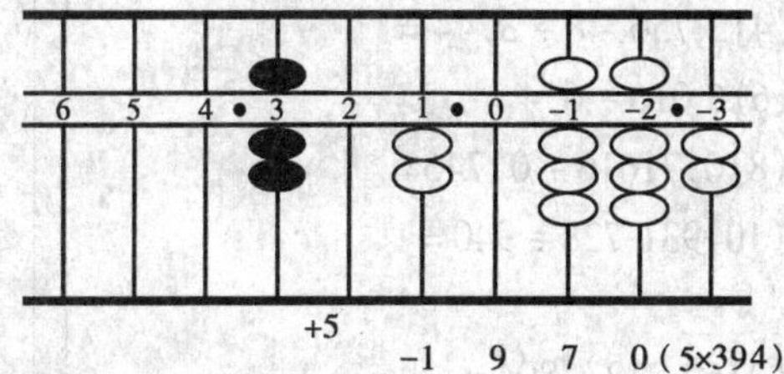


(3) 原商退 1：从 +3 档调减商数 1，并隔档加上已减过的除首 3，以下按调好的商数 7 减积 7 × 94。

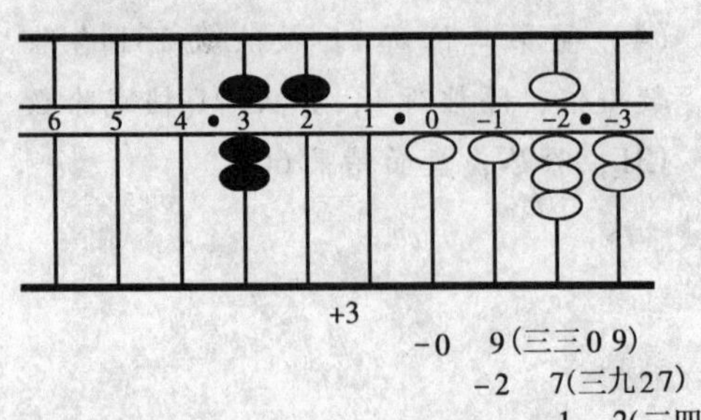


（4）置第二位商5：被除数20含除数39一半，故挨档商5，并从+1档减积1 970。

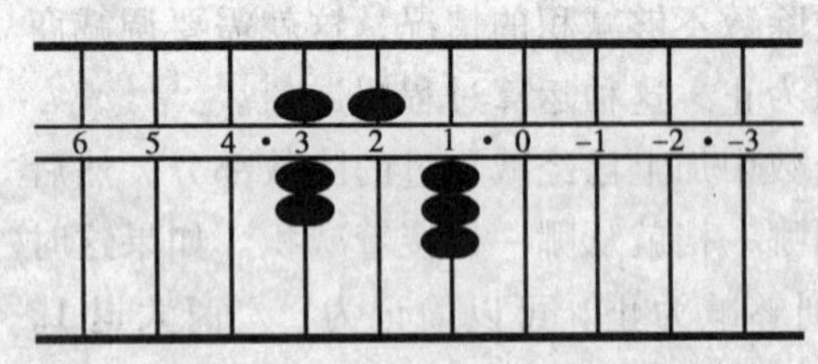


（5）置第三位商3：被除数11与除首3相比可商3，挨档商3，并从0档减积3×394。除尽，盘面结果753。

图4－23

［课堂讨论］1. 多位数除法的估商方法有哪些？
2. 除不尽除法尾数的处理方法有哪些？
3. 补商的方法是什么？
4. 退商的方法是什么？

## 练　　习

**1．计算下列各题的商**

（1）427.42÷72＝　　（2）5 022÷54＝
（3）2 730÷35＝　　（4）1 292÷17＝
（5）3.6412÷0.49＝　　（6）1 846÷26＝
（7）44 457÷609＝　　（8）38 736÷807＝
（9）48 708÷902＝　　（10）2 916÷36＝

**2．计算下列各题的商**

（1）1 287÷13＝　　（2）306÷34＝
（3）2 929.94÷0.295＝　　（4）3 756.48÷3.44＝
（5）438 672÷0.456＝　　（6）6 016÷6.4＝
（7）185 453÷17＝　　（8）0.71616÷0.746＝
（9）81.48÷0.84＝　　（10）931 728÷940＝

**3．计算下列各题的商**

（1）14 587÷503＝　　（2）62 712÷804＝
（3）48 708÷902＝　　（4）44 457÷609＝

(5)21 744 ÷ 302 =

(6)4.4814 ÷ 209 =

(7)58 976 ÷ 608 =

(8)9 345 ÷ 105 =

(9)7.1904 ÷ 2.04 =

(10)18.27878 ÷ 3.07 =

**4. 计算下列各题的商**

(1)1 287 ÷ 13 =

(2)306 ÷ 34 =

(3)2 929.94 ÷ 0.295 =

(4)3 756.48 ÷ 3.44 =

(5)438 672 ÷ 0.456 =

(6)6 016 ÷ 6.4 =

(7)185 453 ÷ 17 =

(8)0.71616 ÷ 0.746 =

(9)81.48 ÷ 0.84 =

(10)931 728 ÷ 940 =

**5. 计算下列各题的商**

(1)14 587 ÷ 503 =

(2)62 712 ÷ 804 =

(3)48 708 ÷ 902 =

(4)44 457 ÷ 609 =

(5)21 744 ÷ 302 =

(6)4.4814 ÷ 209 =

(7)58 976 ÷ 608 =

(8)9 345 ÷ 105 =

(9)7.1904 ÷ 2.04 =

(10)18.27878 ÷ 3.07 =

## 第三节 提高除算水平的基本途径

### 一、苦练加减乘，为提高除算水平打好基础

珠算除法是以加减乘法为基础而形成的算法程序。对初学者而言，除法是口里念大九九口诀，手上打减法，它是一种乘减合二为一的运算，在得负余、人负商运算中还存在加积的问题。因此，离开加减乘，除算寸步难行，只有苦练加减乘，才能为提高除算水平打好基础。关于如何练好加减乘，前面有关章节进行了系统总结，无非是算法、技巧、脑算、眼脑手配合等，但最终的落脚点应该是苦练。

常言道："冰冻三尺非一日之寒"，方法再好再先进都是别人的，只有通过苦练才能将它们变成自己手上的功夫，并形成技能。搞艺术的人有句口头禅是："拳不离手，曲不离口，"只有那些具有不畏艰难的勇气、勤学苦练的精神和持之以恒的毅力的人，才能获得成功。珠算技能是财会人员应掌握的基本技能，脑算能力是人的综合素质的一项重要内容。只有从思想上提高了认识，才能有源源不断的动力去学好珠算，苦练珠算技能。

### 二、熟练地掌握和运用估商方法是除法学习的关键

商除法的基本程序是估商和减积，估商快准与否直接影响到除算的速度和准确性，这既是学习的重点，又是难点，因此要下工夫专门训练。

第一，从熟记口诀到摆脱口诀快速估商。要求借助大九九口诀专门训练基本估商法，做到

眼看两头（被除数和除首），脑想中间数（估商数），快速成商（确商），达到条件反射的程度。

第二，逐步运用脑算单积进行估商，以进一步提高估商的水平。

## 三、逐步运用双手拨珠、脑算单积等方法快速减积

第一，左手负责置商和指着除数，右手减积，这是左右手最基本的配合。以后逐步发展到左手也参与减积，真正地实现双手拨珠法。

第二，减积时右手在横梁上作水平移动，做到手不离档，叠位相减。

第三，逐步运用脑算单积进行减积，使估商减积一步到位，以进一步提高除算的水平。

## 四、大胆运用得负余、入负商等新型算法

### （一）得负余，入负商

试商不准必然要重新调整商数，传统的调商方法是补商和退商。补商相当于再进行一次商除运算，比较好理解，而退商还原法不仅费解，而且运算繁琐、容易出错，是一种消极的调商方法。下面介绍一种"得负余，入负商"的算法，它能将减积与调商统一起来，使调商程序简化，并与补商方法一致，减少出错的机会，在某些特殊情况下一除得众商（或连商）。

得负余，入负商算法程序：

1. 试商偏大不够减积时，从商中借1续减。当试商偏大造成被除数不够减积时，从试商中借1当十继续减积，并自始至终用原试商数与除数相乘减。

2. 看框珠得负余。当试商偏大时，被除数 - 商数 × 除数 = 负余数。从算盘上看，因为从商中借1减，得余数必然为负数，其绝对值等于商后的框珠数（尾数要加1）。

3. 看框珠入负商。按照负余数退商，就是用负余数除以除数，以便入负商，调减商数。入负商的档次是："等位够除隔档商，增位够除挨档商"。这时应注意两点：第一，入负商结束的标志是入负商加积后能归还事前向商中借减的1；第二，加积进一归还的档次不是事前从商中所借1的档次，而是入负商的档次。

4. 入负商——加积。看框珠入负商后，就存在一个所入负商与除数相乘加积的问题，简称"入负商——加积"。这一运算与"入正商——减积"刚好相反，入负商可以理解为调减商数或向框入商；入正商则理解为调增商数或向梁入商。调增商数要减积，调减商数则必然加积。例如：108 ÷ 27 = 4 如果商4，则 108 - 4 × 27 = 0，余数为0，刚好除尽。如果商5从被除数108中减去5倍的27，则多减了一倍除数，108 - 5 × 27 = -27，出现负余数27，这时便开始调商运算，先从商中减1，然后再加上多减的一倍除数，加积进一，归还事前向商借的1，调商结束，余数变为0。刚好除尽，结果商4。

5. 入负商——加积后的处理方法。入负商有三种情况，即调商准确、偏小和偏大。其处理方法如下：

第一，入负商准确时，会出现两种结果，一是入负商加积后余数为0，或正余数，说明调商结束，以后属于"入正商——减积"运算；二是在入负商档的下一档会出现一个或若干个9，这时应从新出现的尾数9的右档看框珠得负余，然后继续进行入负商——加积的运算，不断重复这一过程直到所要求的精确度为止。

第二，入负商偏小时，在入负商档的右一档会出现一个9，此时负余数必然大于或等于除数，需再重复入负商——加积的运算，相当于"补商"。调商后如果又出现连续9，不断

重复进行入负商——加积的运算。

第三，入负商偏大时，则入负商档的右一档出现空档，调商结束，空档前为商数，空档后为正余数时，正余数按入正商——减积进行运算。

从上面三种情况看出，调商偏小需“补商”，增加了拨珠量；而调商偏大使连商中断，得正余数，也需补商，同样增加了拨珠量，故入负商商准为最佳选择。

综上所述，判断余数继续入商的法则是：从商借1，余为负，看框珠，再入负商——加积。向商还1，余为正，看梁珠，再入正商——减积。

[例 4－22]　14 679 ÷ 21 = 699（见图 4－24）

盘式图

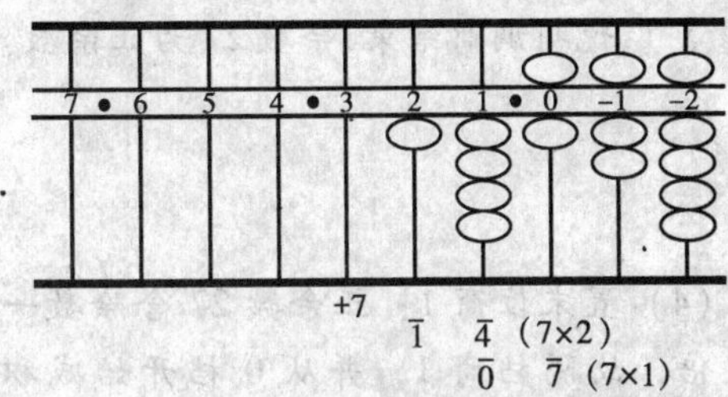


运算程序

(1) 定位置数：起拨档 = 5 － 2 － 1 = 2（档），从 + 2 档置入被除数 14 679，手指除数 21。

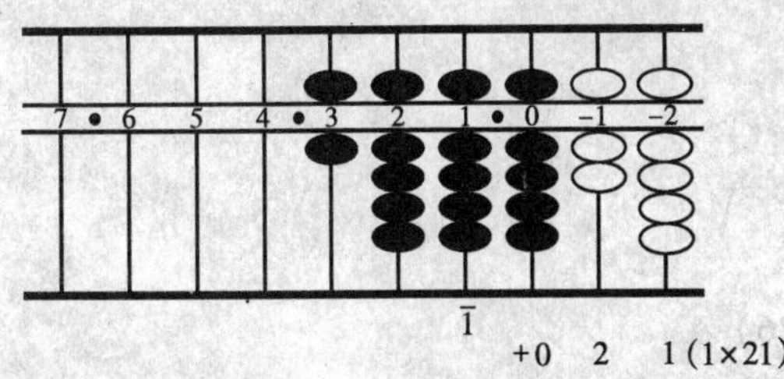


(2) 商 7：看梁珠 14 与除首 2 相比挨档商 7，并从 + 2 档开始减积 7 × 21，不够减时从商中借 1 续减。看框珠得负余是 21。

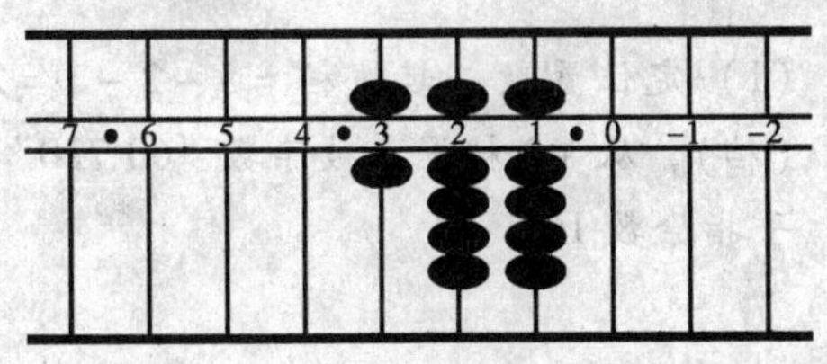


(3) 入负商 1：负余数 21 含除数一倍，够除隔档入商 －1，同时从 0 档开始加积 021。加积后在入负商档进了 1，除尽。本题商数是 699。

图 4－24

[例 4－23]　80 757 ÷ 27 = 2 991（见图 4－25）

盘式图

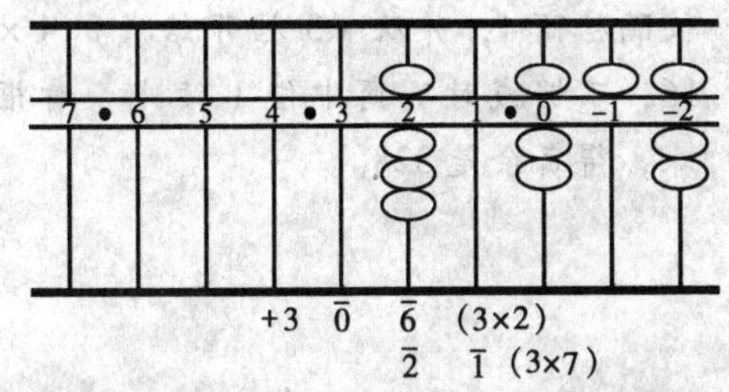


运算程序

(1) 定位置数：起拨档 = 5 － 2 － 1 = 2（档），从 + 2 档置入被除数 80 757，手指除数 27。

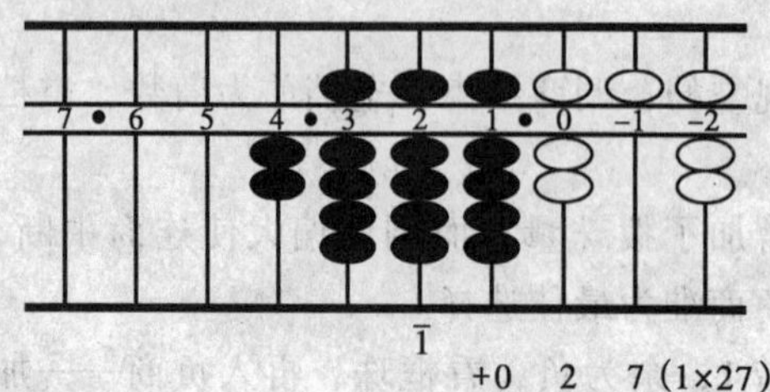


（2）置首商3：看梁珠8与2相比较隔档商3，并从+3档开始减积3×27，不够减时从商中借1续减。看框珠，得负余是243。

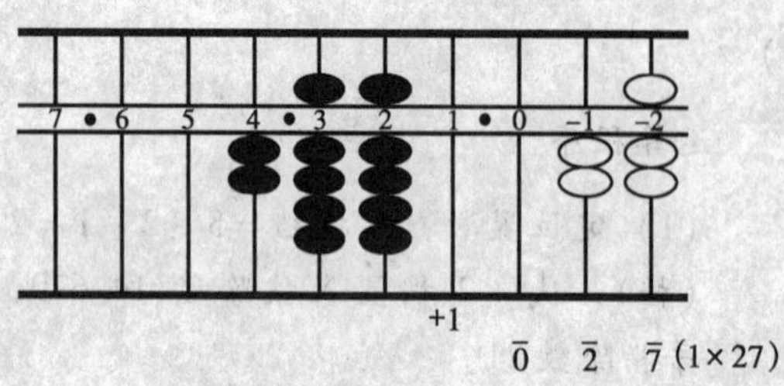


（3）入负商1：负余数2与除首2相比含一倍，隔档入商1同时从+1档开始加积027。加积后在入负商档进了1，说明调商结束，余数27为正余数。

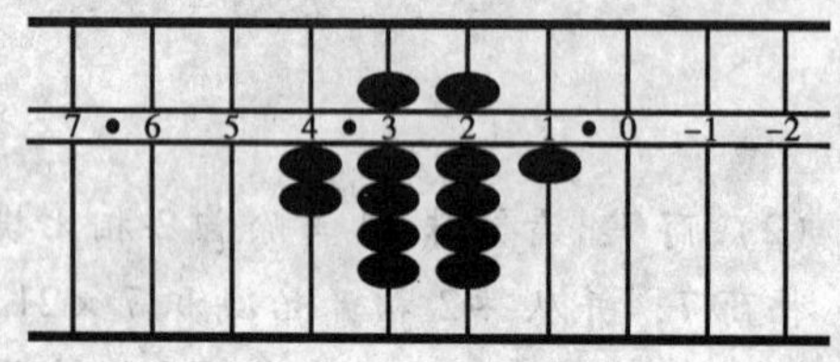


图4-25

（4）置末位商1：正余数27含除数一倍，故隔档商1，并从0档开始减积027。除尽，故本题商数是2 991。

［例4-24］　60 720÷16=3 795（见图4-26）

盘式图

运算程序

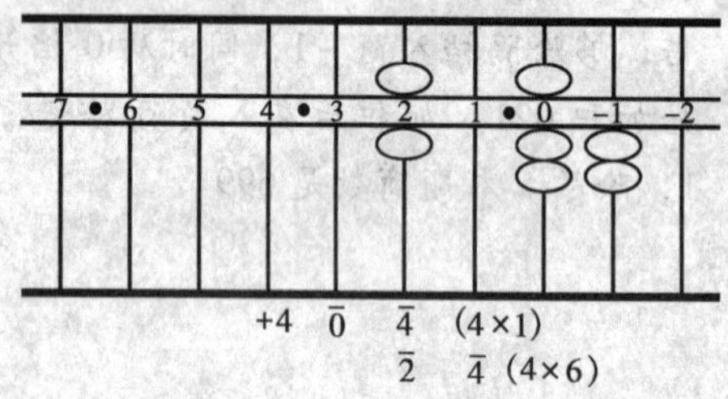


（1）定位置数：起拨档=5-2-1=2（档），从+2档置入被除数“60 720”，手指除数16。

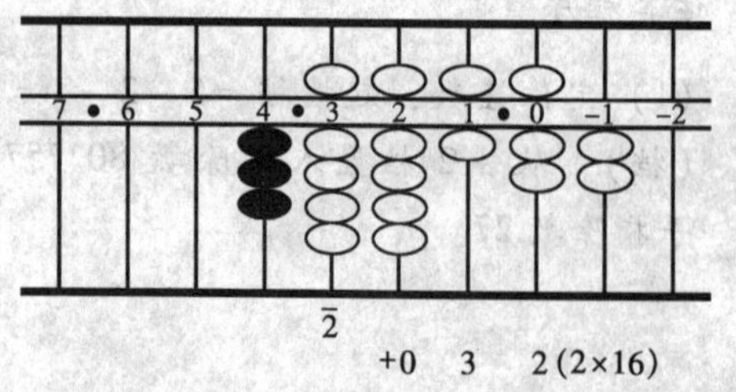


（2）置首商4：看梁珠60与16相比较隔档商4，并从+3档开始减积4×16，不够减时从商中借1续减。看框珠，得负余是328。

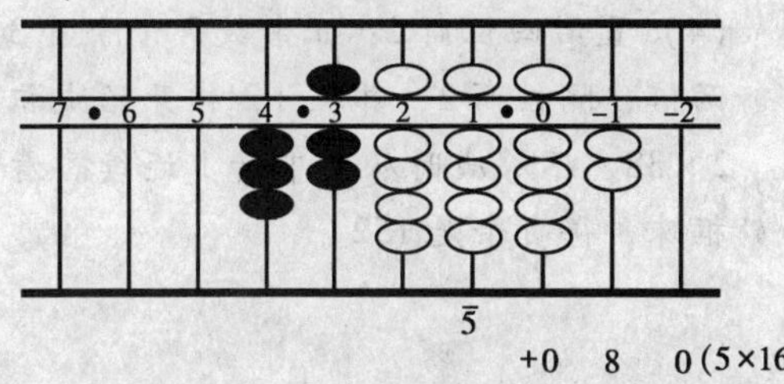


(3) 入负商 2：负余数 32 含除数 16 两倍，隔档入商 2，同时从 +2 档开始加积 2×16。加积后在入负商的下一档开始出三个连续 9，从尾数 9 的右档看框珠，得负余是 8。

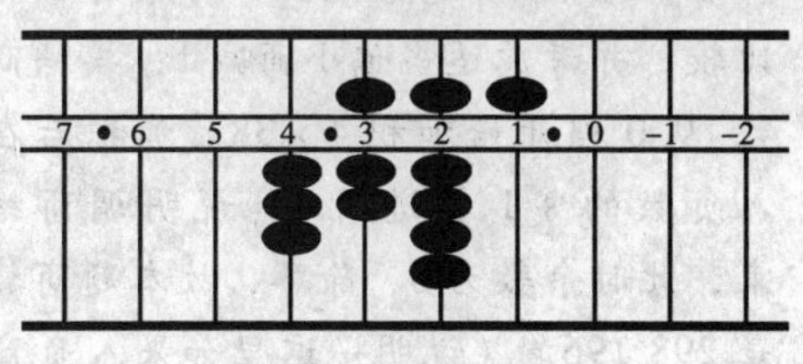


图 4－26

(4) 入负商 5：负余数 80 含除数 16 五倍，隔档入商 5 同时从 0 档开始加积 5×16。加积后在入负商的 +1 档进了 1，说明调商结束。余数为 0，除尽，故本题商数是 3 795。

［例 4－25］ 11 331 448 ÷ 38 = 298 196（见图 4－27）

盘式图

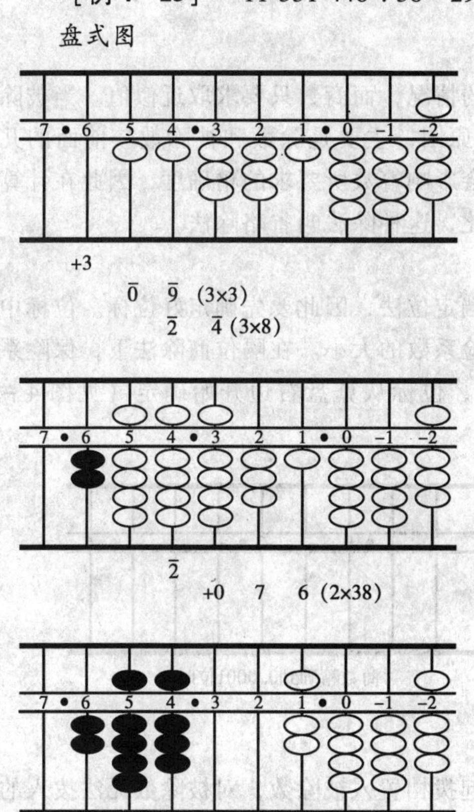


运算程序

(1) 定位置数：起拨档 = 8 － 2 － 1 = 5（档），从 + 5 档置入被除数 11 331 448，手指除数 38。

(2) 置首商 3：看梁珠 11 与除首 3 相比较挨档商 3，并从 +5 档开始减积 3×38，不够减时从商中借 1 续减。看框珠，得负余是 68 552。

(3) 入负商 2：负余数 6 含除首 3 两倍，隔档入商 －2，并从 +3 档开始加积 2×38。加积后在入商的 +4 档进了 1，说明调商结束。余数为正余数 7 448。

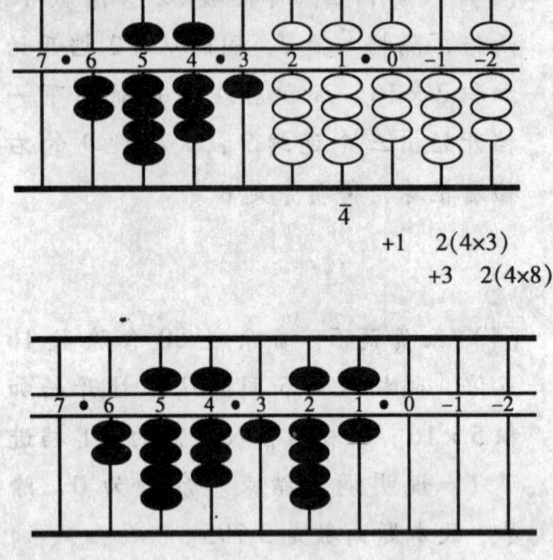


图4－27

（4）置第四位商2：正余数7含除首3两倍，隔档商2，并从+2档开始减积2×38，不够减时从商中借1连续。看框珠，得负余是152。

（5）入负商4：负余数15与除首3相比较，并考虑适当偏小商减1，挨档商4，从0档开始加积4×38。加积后在入负数的+1档进了1，说明调商结束，此时余数为0，除尽，故本题商数是298 196。（说明：这里如果入负商5，则从0档开始加积5×38，加积后在入负数的+1档进了1，末位商是5，调商结束，此时余数是正余数38，要隔档入正商1，再减去除数，末位商补成6，除尽，结果同上）。

（二）省略除法

在实际计算过程中，绝大多数除法属于除不尽的情况，而商数只要求取近似值。当被除数和除数的位数较多时，影响商数产生绝对误差的原因，主要是除数和被除数较前面的几位。位数越多，较后面的几位的作用越小，有的不会影响答数所要求的精确度，因此在计算时可适当截去被除数和除数的尾数部分，使算式简化，这种除法叫省略除法。

省略除法的运算程序是：

第一，定好位标。省略除法采取商的固定个位档定位法，因此要先确定好位标。位标中小数点位置的选择取决于算题所要求的精确度和保险系数的大小。在隔位商除法下，保险系数定为3位。同时为了保证自然截取被除数和乘积，位标从算盘右边开始确定（见图4－28）。

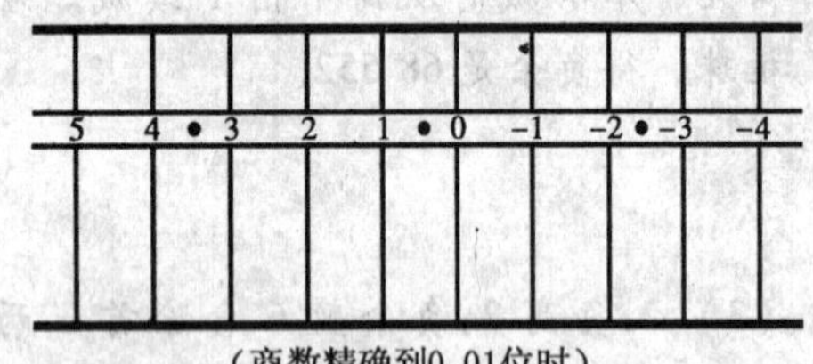

（商数精确到0.01位时）

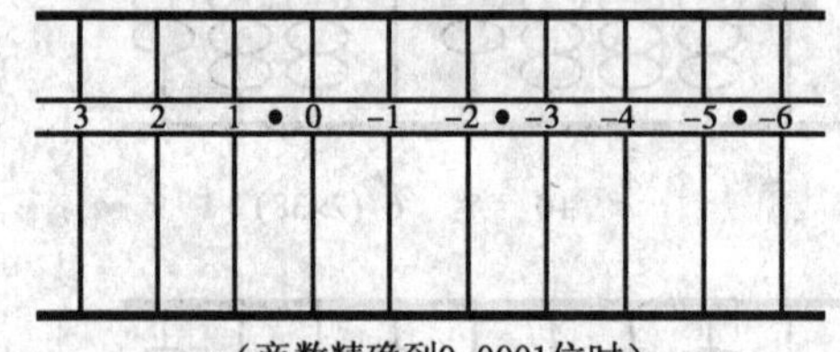

（商数精确到0.0001位时）

图4－28

第二，定位置数截取被除数。计算起拨档，从起拨档置入被除数，对被除数无法拨入的部分自然截去，并对截去的首位数四舍五入。其中，起拨档＝被除数位数－除数位数－1。

第三，估商方法。采用前述除首试商法并结合其他估商法进行。

第四，减积方法。从商的右一档开始移动叠位相减。每次减积减到算盘最右档，对省去的乘积首位按四舍五入法处理。即若省去乘积首位大于或等于5则在最右档多减去1，若小于5则省去。对首位以后的乘积全部自然省去。

第五，运算结束看盘写数。根据商的精确度要求，保留几位小数就算到哪一位，对保险档上的余数一律不作商除运算，而是观察余数是否大于除数的一半，若大于或等于则属于五入，尾商增1；若小于则属于四舍，尾商不变，运算结束，确定商的近似值。

［例4－26］ 937.567426÷74.26 ＝12.63（精确到0.01位，见图4－29）

盘式图

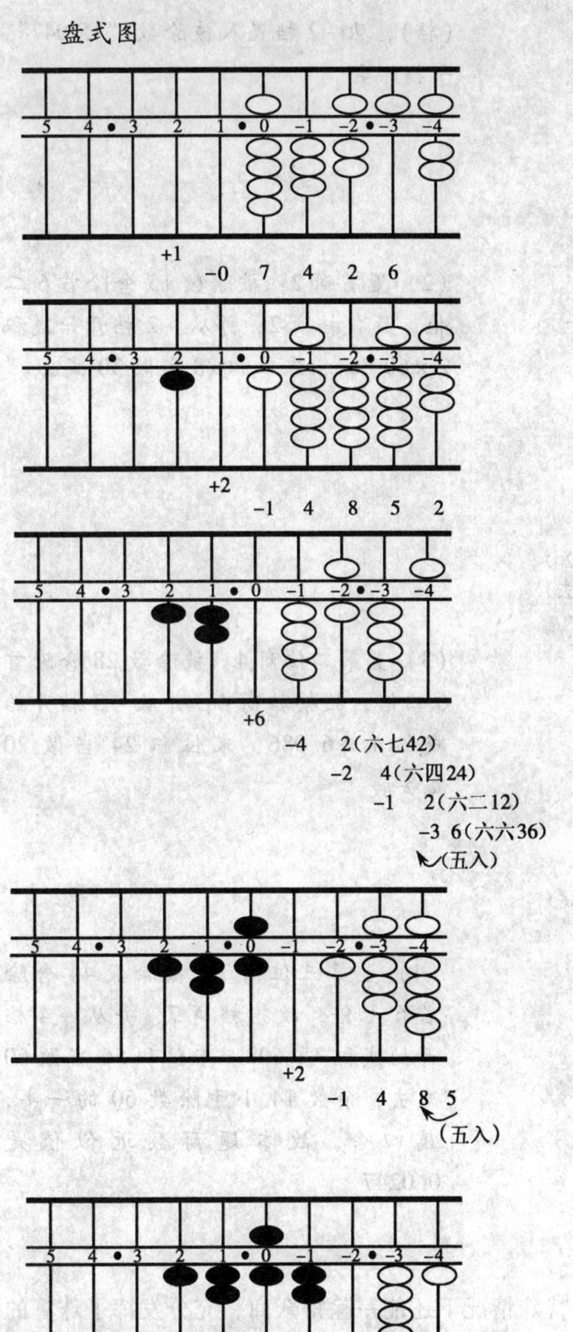


图4－29

运算程序

(1) 定位置数：起拨档＝3－2－1＝0（档），从0档置入被除数“93 757”，以后自然截去。

(2) 置首商1：被除数9含除首7一倍，隔档商1，并从＋1档减积07426。

(3) 置第二位商2：被除数19含除首7两倍，隔档商2，并从0档减积2×7 426。

(4) 置第三位商6：被除数46含除首7六倍，挨档商6，并从－1档开始减积6×7 426。末位6×6＝36当做40减去。

(5) 置末位商2：被除数17含除首7两倍，挨档商2，并从－2档开始减积2×7 426，实际减去149。

观察余数首位 4 大于除首 7 一半属于五入，尾商增 1，故本题商的近似值是 12.63。

[**例 4－27**]　1.50474872 ÷ 60.86427 = 0.0247（精确到 0.0001 位。见图 4－30）

盘式图

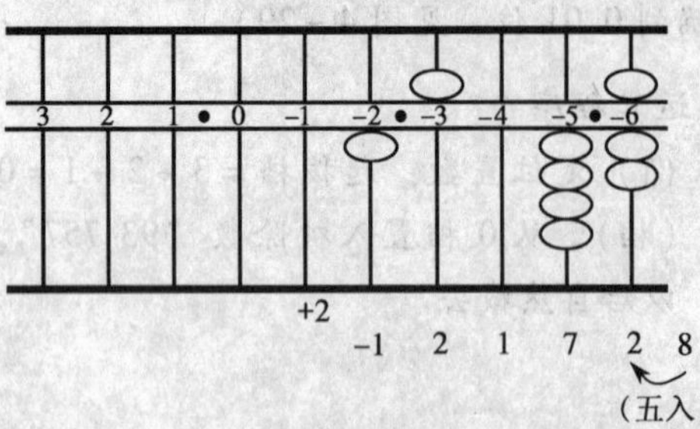

3 2 1•0 -1 -2•-3 -4 -5•-6
+2
-1 2 1 7 2 8
（五入）


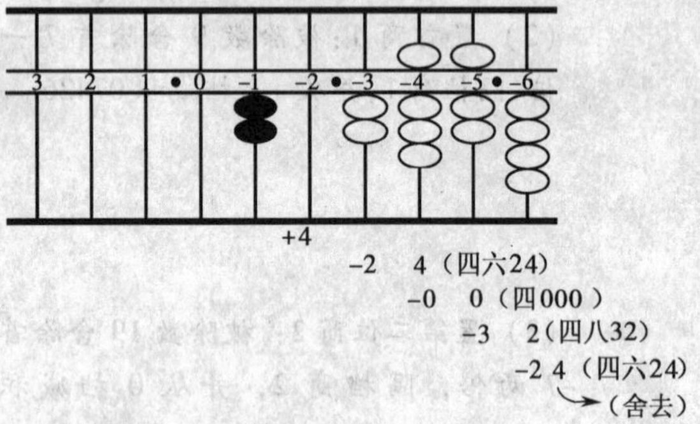

3 2 1•0 -1 -2•-3 -4 -5•-6
+4
-2 4（四六24）
-0 0（四000）
-3 2（四八32）
-2 4（四六24）
（舍去）


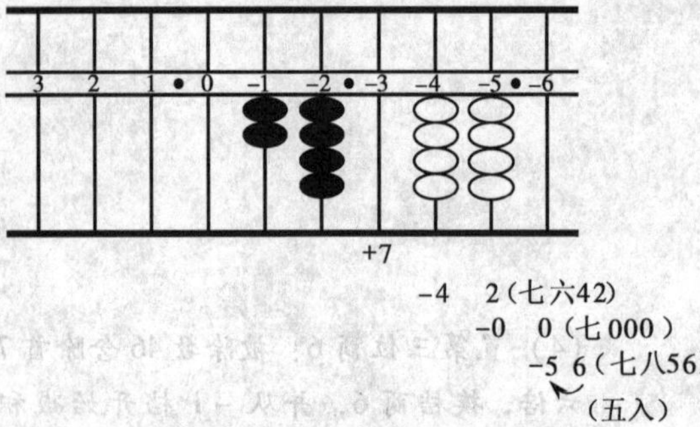

3 2 1•0 -1 -2•-3 -4 -5•-6
+7
-4 2（七六42）
-0 0（七000）
-5 6（七八56）
（五入）


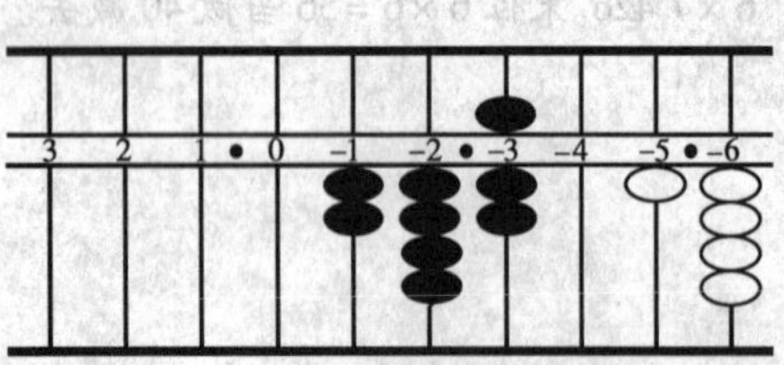

3 2 1•0 -1 -2•-3 -4 -5•-6


图 4－30

运算程序

(1) 定位置数：起拨档 = 1 − 2 − 1 = −2（档），从 −2 档置入被除数“15 047”，手指除数。

(2) 置首商 2：被除数 15 含除首 6 二倍，故挨档商 2，并从 −2 档开始减积 2 × 60 864，末位积 28 当做 30 减去。

(3) 置第二位商 4：被除数 28 含除首 6 四倍，故挨档商 4，并从 −3 档开始减积 4 × 6 086，末位积 24 当做 20 减去。

(4) 置第三位商 7：被除数 44 含除首 6 七倍，故挨档商 7，并从 −4 档开始减积 7 × 608。末位积 56 当做 60 减去，余数 14 小于除数 60 的一半，属四舍，故本题商数近似值是 0.0247。

得负余、入负商能简化调商的程序，在特殊情况下还能一除得众商，充分发挥了珠算的二元示数功能和算珠符号优点，因此要进行专门练习，大胆运用，以突破传统估商法“宁小勿大”的束缚，做到估商时实事求是、顺其自然、小大由之，从而提高计算的效率。

## 五、眼脑手密切配合，做到和谐统一

每做一道题都要经过看数、定位、置数、估商、减积、写数、清盘等各个环节，它们都体现了眼、脑、手的密切配合，我们练习的目标是各个环节连绵不断、自然衔接、错落有致，形成条件反射，做到和谐统一，以最大限度地提高计算的效率。

［课堂讨论］你认为提高除算水平的途径有哪些？

［本章小结］学习珠算除法的基础是珠算加减乘法；商除法是珠算除法的主要算法；熟练地运用多种估商方法是学好除法的关键。

除法基本做法是：逆用九九估商，商小了继续除；商大了得负余、入负商，还是继续除。这样就抓住了要领，简单化了，要防止复杂化。

### 练习(得数精确到0.01位)

**1. 八盘乘法互练法**

先用123 456 789分别乘以9的2至9倍数(即18、27、36、45、54、63、72、81)，然后将其乘积作被除数分别除以9的2至9倍数，结果仍然是123 456 789。(也可以先除后乘反复练习)

**2. 除法趣味练习题**

(1)狮子滚绣球：1 000 000 000 ÷ 512 = 1 953 125

设A为大于0的正整数，则可变9道除法练习题：(A × 1 000 000 000) ÷ (512 × A) = 1 953 125

(2)凤凰双展翅：　3 086 358 025 ÷ 25 = 123 454 321

(3)州字图：　23 989 875 ÷ 125 = 191 919

(4)两朵梅：　54 725 472 ÷ 32 = 1 710 171

(5)倒山影：　2 261 736 ÷ 72 = 31 413

(6)渔翁垂钓：　5 831 113 792 ÷ 64 = 91 111 153

(7)隔帘相望：　7 913 857 875 ÷ 875 = 9 044 409

(8)山上五只虎，地下九三七五：　520 828 125 ÷ 9 375 = 55 555

(9)樵夫晚归：　6 579 057 824 ÷ 16 = 411 191 114

(10)蜡扦图：　587 435 136 ÷ 96 = 6 119 116

**3. 运用得负余，入负商调商法，计算下列各题的商**

(1)1 093 032 ÷ 1 368 =　　(2)908 808 ÷ 456 =

(3)1 644 013 ÷ 329 =　　(4)304 976 ÷ 784 =

(5)1 208 389 ÷ 637 =　　(6)1 734 250 ÷ 875 =

(7)1 578 984 ÷ 264 =　　(8)26 410 568 ÷ 539 =

(9)8 444 012 ÷ 428 =　　(10)360 640 ÷ 0.8927 =

**4. 运用省略除法计算下列各题的商**

(1)434.2068 ÷ 12.69 =　　(2)23 412.78 ÷ 239.5 =

(3)154.8567 ÷ 30.74 =　　(4)654.7801 ÷ 65.09 =

(5)467.8513 ÷ 47.82 =　　(6)0.374623 ÷ 0.504 =

(7)3.21759 ÷ 8.7126 =　　(8)2.13657 ÷ 42.07 =

(9)0.3942 ÷ 0.9654 =　　(10)5.78901 ÷ 0.7653 =

**5. 全国珠算技术等级鉴定除算模拟题**

普通六级(要求:限时5分钟,准确率80%)

(1)893 ÷ 19 =　　(2)1 736 ÷ 28 =

(3)2 880 ÷ 80 =　　(4)1 050 ÷ 75 =

(5)4 836 ÷ 93 =　　(6)1 530 ÷ 17 =

(7)3 420 ÷ 60 =　　(8)1 512 ÷ 24 =

(9)3 150 ÷ 35 =　　(10)3 888 ÷ 48 =

普通五级(要求:同六级)

(1)67 450 ÷ 710 =　　(2)3 172 ÷ 52 =

(3)3 772 ÷ 46 =　　(4)82.5265 ÷ 85 =

(5)24 206 ÷ 637 =　　(6)6 696 ÷ 93 =

(7)3 108 ÷ 84 =　　(8)931 ÷ 19 =

(9)4.08343 ÷ 0.807 =　　(10)4 416 ÷ 92 =

普通四级(要求:同六级)

(1)21 504 ÷ 48 =　　(2)539 204 ÷ 652 =

(3)18.27878 ÷ 3.07 =　　(4)63 074 ÷ 94 =

(5)14 062 ÷ 178 =　　(6)0.754687 ÷ 0.536 =

(7)9 900 ÷ 275 =　　(8)28 737 ÷ 86 =

(9)44 118 ÷ 86 =　　(10)758 446 ÷ 941 =

普通三级(要求:同六级)

(1)237 546 ÷ 318 =　　(2)372 126 ÷ 654 =

(3)0.5906 ÷ 0.2304 =　　(4)735 765 ÷ 905 =

(5)142 272 ÷ 234 =　　(6)301.95 ÷ 4.75 =

(7)90 744 ÷ 199 =　　(8)301 104 ÷ 816 =

(9)378.97 ÷ 53.8 =　　(10)583 860 ÷ 740 =

普通二级(要求:限时5分钟,准确率90%以上)

(1)26 933 025 ÷ 427 =　　(2)109 624 ÷ 386 =

(3)4 399.7201 ÷ 508.95 =　　(4)358 754 ÷ 709 =

(5)998.6405 ÷ 14.3 =　　(6)2 179 365 ÷ 6 317 =

(7)393.9249 ÷ 9.36 =　　(8)862 638 ÷ 874 =

(9)73 914 ÷ 381 =　　(10)1.8971 ÷ 0.12908 =

普通一级(要求:同二级)

(1)5 929 056 ÷ 714 =　　(2)39 318 268 ÷ 54 307 =

(3)1.32472 ÷ 0.0347 =　　(4)12.3668 ÷ 0.1473 =

(5)6 478 848 ÷ 9 216 =　　(6)8 225 208 ÷ 19 308 =

(7)2 182 005 ÷ 2 309 =　　(8)16 071.87 ÷ 86.4 =

(9)1 968 624 ÷ 3 472 =　　(10)3 190.2218 ÷ 6.78 =

# 第五章

## 脑算法概述

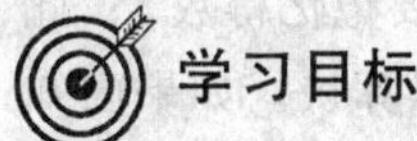

学习目标

通过本章学习，要求了解脑算（传统习惯上也称为心算）之所以简捷，就是因为不用任何工具，也不用笔作中间记录而能直接在脑中算出结果的缘故；脑算是正常人必须具备的最基本的智能，不论科学和信息技术怎样发达，人人都必须多少掌握一些脑算技能；脑算不仅是作为笔算的基础，更是在日常生活和工作中随时要用的技能，对于财会工作，仅凭在现有九年制义务教育教学课中，所学习的脑算方法和养成的脑算能力，是不够用的；从素质教育的角度来看，它还有全方位开发智力的强有力的独特的作用。理解现有各种脑算方法的优劣悬殊，知道珠算式脑算最好，要想获得良好的脑算能力，必须选用优良的方法教练。明确本章着重珠算式脑算方法，其他脑算方法作为对比。限于本课程的教学时间，不要求掌握珠算式脑算的技能技巧，但要为今后结合学习、工作，不断练习、提高脑算技能创造良好的条件。

本章重点是珠算式脑算加减，珠码拼排2、5倍单积脑算。

## 第一节 脑 算 法

### 一、脑算的机制

脑算机制包括许多要素，主要的有4个。对每个要素选择适当的实施方法才能使脑算易行、高效，现在就这些要素的作用及选择要求简要加以论述。

（一）算码的先后顺序要与输入码的先后顺序一致

一般读数、写数都是从左到右，先高位后低位，突出了数量的主要部分。脑算没有工具和记录的凭借也必须先高位后低位，边听（看）边算。不能像笔算竖式那样，先算低位码后算高位码。笔算模型是不适应脑算的。

（二）并码要易、过程要短

所谓计算，实质就是把两个数并成一个数（推而广之就是多个数并成一个数），这里“并”不单是“加”的意思，也可以是用其他方法由两个数求得一个数。

多位数运算要归结为码的运算，并码要尽量容易，过程直接。

例如，3 +5，要把“3”与“5”两个码并成一个码“8”，可是，凭笔算的3、5两码不能直接合成8，脑子要另外动用记忆：加减数表里“3 +5 =8”，或另想3个苹果与5个苹果合一起，数起来是8个（笔算就是这么做的）。显然，这种并码过程复杂，方法也不易掌握，这也说明笔算模型不适用于脑算。

（三）要尽量省记忆单元

通常，在一定时间里，大脑只动用一个记忆单元。因此，在计算过程中，涉及的记忆单元越少越易行。

实际计算过程中，涉及至少两个已知数、中间结果、得数等诸多单元。如按笔算方法，脑算3 +5，要记忆3，记忆5，要回忆加减法表中“3 +5 =8”的算式，还要记忆得数8；此外，还有符号“ +”、竖式横线等，牵涉记忆单元很多，脑算不易，也难以算快。如果已知数是多位数，就难以应付了。所以，按笔算模型一般人连多位数的加减都脑算不出来。

（四）方法、技能要有通用性

如果手操算是一种运算模型方法，脑算是另一种运算模型方法，计算机运算又是不同的模型方法，那么，每种模型方法、技能要想熟练掌握，都要另起炉灶教学，从头练习，自然将是事倍功半。而实际中，人们的技能技巧是练习的结果，具有积累效应，所谓熟能生巧。因此要求方法、技能间有通用性，它使教学、练习的时间相对减少，从而取得脑算效率高的效果。

**练　　习**

**1. 脑算下列各题，如果能够完成，说明这些题能够脑算的缘由**

3 + 5 =　　7 + 8 =　　9 − 6 =　　16 − 9 =　　3 × 2 =　　7 × 8 =　　9 ÷ 3 =　　42 ÷ 7 =

**2. 脑算下列各题，如果不能完成，说明你不能脑算这些题的缘由**

38 + 59 =　　652 + 349 =　　469 − 287 =　　4 796 × 5 =　　537 × 28 =　　4 236 ÷ 12 =

## 二、脑算的种类

总结过去人们脑算的方式方法，大抵有三种：

（一）概念式脑算

例如，文盲不识字，也不认识阿拉伯数码，但是，他们大多会脑算。他们是怎样脑算的？分析起来，他们是凭借熟悉的事物学会了计算。比如，扳手指计算，或者按碗筷、菜园里成行列的蔬菜等，时常藉此数数、计算，熟练后自然就概念化，计算时也便无形中就算出了结果。这种做法无以名之，权且称其为“概念式脑算”。

显然，学习、练习这样的脑算，会有许多盲目性，弯路很多，常常在吃亏后才逐渐抛弃偶然的因素，掌握到脑算的实质。这样学习，效率很低。

（二）笔算式脑算

所谓笔算式脑算，就是凭借阿拉伯数码，按笔算模型的脑算。现行学校数学课中采用的基本都是这样的脑算。

这种脑算，要求熟练记忆 162 式的加减法表和乘法九九口诀，一般要求会脑算 20 以内的加减法和乘法表内的乘除法。遇到多位数，就列出竖式记录，将其分解为一位一位的，用加减法表或乘法九九口诀求出得数，这就是所谓的笔算。笔算就是“脑算 + 笔录”的手操算，这里的脑算是凭借加减法表的 20 以内加减，和凭借乘法九九口诀的乘除。

这种脑算不仅难学（单是学习记熟 162 式的加减表和乘法九九口诀就要花两、三年时间和精力），计算数的范围小，效率低，而且与计算机运算模型矛盾，没有通用性。

（三）珠算式脑算（珠心算）

所谓珠算式脑算（习惯上简称珠心算）就是把 26 个算母内化，在脑中拼排算母求出得数，即按珠算模型脑算。

珠算式脑算，从高位算起，使输入与施算的顺序一致；把算母拼排起来即为得数，至为容易，而且由于具有一体性，过程极短；同一个记忆单元既储存已知数又储存得数，且可用了再用，最省记忆单元。珠算式脑算用的珠算模型是手操算、脑算、计算机运算通用的算法模型，容易练习熟练。

对照脑算机制，可知珠算式脑算是最优越的脑算方式方法。所以，本课程的脑算以珠算式脑算为重点。

### 三、珠算式脑算的作用

不仅从算的角度看珠算式脑算是最优越的，而且它还有全方位进行素质教育的作用。

一方面，动手动脑融为一体，不只是学计算，而且是做计算，最容易学习、练习；再者，算母符号具有形象性，可以更多的激发右脑活动，而右脑形象思维是创造性活动的基础，从而，珠算式脑算能更好的培养创新思维。

珠算式脑算对于培养时效观念、竞争意识、精益求精等素质也有独到的作用。

珠算式脑算解决问题的思想方法、算法、语言程序等与计算机相当的方面是完全一致的，这也有利于整合数学与计算机。

[课堂讨论] 脑算有哪几种类型？为什么说珠心算是最优越的脑算方式。

## 第二节　珠算式脑算加减法

### 一、算母内化

珠算式脑算加减是一切脑算的基础，乘除以及更高级运算的脑算，归结起来都是加减的程序。因此，学习、教练珠算式脑算，应当把加减法作为重点。

珠算式脑算加减的基础又是算母内化。算母真正内化后，加减只不过是在脑中拼排它们而已。算母内化，大体上分四个步骤，现简述各步做法。

（一）在算盘上手拨算母

在算盘上手拨算母应相当熟练，达到不假思索的程度。但是，手拨与脑想不能截然分开，基本上应当同步。这在第二章已经述及了。

（二）打无珠算盘

画一张“无珠算盘”图（见图5－1），在图上进行练习。

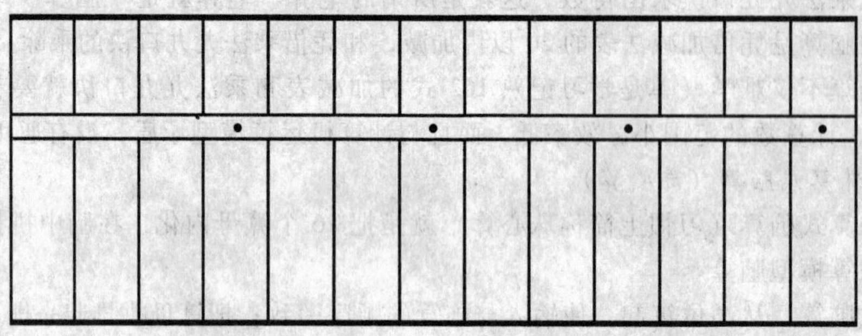

图5－1

在这“无珠算盘”上拨算母计算，因为没有算珠可拨，其脑中便不得不想象算母。事实反复证明，这是引导内化算母的很有效的手段。请同学们在图5－1上进行练习。

## 练习

**1. 在图5－1上完成同码连加连减题**

(1) 1+1+1+1+1+1+1+1+1+1=10，　10－1－1－1－1－1－1－1－1－1－1=0

(2) 2+2+2+2+2+2+2+2+2+2=20，　20－2－2－2－2－2－2－2－2－2－2=0

(3) 3+3+3+3+3+3+3+3+3+3=30，　30－3－3－3－3－3－3－3－3－3－3=0

(4) 4+4+4+4+4+4+4+4+4+4=40，　40－4－4－4－4－4－4－4－4－4－4=0

(5) 5+5+5+5+5+5+5+5+5+5=50，　50－5－5－5－5－5－5－5－5－5－5=0

(6) 6+6+6+6+6+6+6+6+6+6=60，　60－6－6－6－6－6－6－6－6－6－6=0

(7) 7+7+7+7+7+7+7+7+7+7=70，　70－7－7－7－7－7－7－7－7－7－7=0

(8) 8+8+8+8+8+8+8+8+8+8=80，　80－8－8－8－8－8－8－8－8－8－8=0

(9) 9+9+9+9+9+9+9+9+9+9=90，　90－9－9－9－9－9－9－9－9－9－9=0

**2. 在图5－1上完成加减百子**

1+2+3+4+…+96+97+98+99+100=5 050

5 050－1－2－3－4－…－96－97－98－99－100=0

**3. 在图5－1上完成下面竖式算题**

| | | | | | | | |
|---|---|---|---|---|---|---|---|
| 35 | 89 | 43 | 65 | 89 | 76 | 47 | 75 |
| 63 | －57 | 32 | －32 | 74 | 68 | －29 | 69 |
| －75 | 65 | －41 | 43 | －95 | －97 | 82 | －86 |
| ____ | ____ | ____ | ____ | ____ | ____ | ____ | ____ |

（三）空拨算母

这就是在桌面上或空中拨算母，脑想算母拼排。就像学习汉字时书空一样。在打无珠算盘的基础上，是不难空拨算母的。这需要反复练习。

## 练　　习

**1. 把上面在图 5－1 上打无珠算盘的题目空拨完成**

**2. 空拨完成下面的竖式算题**

| 46 | 78 | 12 | 76 | 48 | 57 | 38 | 82 |
|---|---|---|---|---|---|---|---|
| 52 | －65 | 43 | －34 | 83 | 76 | －17 | 64 |
| －67 | 56 | －21 | 13 | －97 | －85 | 96 | －76 |
| ____ | ____ | ____ | ____ | ____ | ____ | ____ | ____ |

（四）想拼算母

想拼算母就是去掉手模拟拨珠的动作，直接在脑中拼排算母。这是学习珠算式脑算最后要达到的要求。

有的人不需用手拨珠帮助内化算母的模拟动作，一开始就能在脑中想着拼排算母，这是最好的。因为手动没有脑想的快，手指模拟拨珠会滞后拼排算母的速度。

## 练　　习

**1. 把上面在图 5－1 上打无珠算盘的题目用想拼算母来完成**

**2. 想拼算母完成下面的竖式算题**

| 38 | 96 | 34 | 65 | 24 | 57 | 59 | 74 |
|---|---|---|---|---|---|---|---|
| 61 | －75 | 21 | －21 | 96 | 85 | －17 | 38 |
| －87 | 67 | －43 | 13 | －81 | －96 | 86 | －87 |
| ____ | ____ | ____ | ____ | ____ | ____ | ____ | ____ |

## 二、听题珠心算

脑算凭借算母符号拼排，最为简易。听题只是声音，可使脑算者以为就是输入的算母符号，直接拼排即可；再者，耳听题目比眼看题目容易，不致分散注意。所以，通常练习，都是先从听题脑算开始。

听题脑算，应当由简单到复杂，逐渐提高题目难度。

［例 5－1］　二人练（甲读题，乙听算）。

（1）1 + 4 − 3 = 2

脑象：

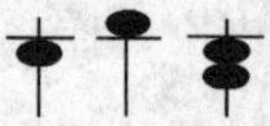

（2）4 + 3 + 8 − 9 + 4 =

（3）5 + 7 − 6 + 9 − 3 + 4 + 8 =

（4）8 + 6 + 4 + 7 − 9 − 3 + 2 + 8 =

（5）35 + 32 =

（6）79 − 46 + 92 = 125

（7）43 + 52 + 79 − 86 =

（8）354 + 423 =

（9）594 + 607 − 725 =

（10）5 938 + 2 957 − 3 426 =

## 练　　习

**1. 连加连减题脑算**（由老师或甲报题，乙听算；可中途停止说答数）

(1)1+1+1+1+1+1+1+1+1+1=10，　10−1−1−1−1−1−1−1−1−1−1=0

(2)2+2+2+2+2+2+2+2+2+2=20，　20−2−2−2−2−2−2−2−2−2−2=0

(3)3+3+3+3+3+3+3+3+3+3=30，　30−3−3−3−3−3−3−3−3−3−3=0

(4)4+4+4+4+4+4+4+4+4+4=40，　40−4−4−4−4−4−4−4−4−4−4=0

(5)5+5+5+5+5+5+5+5+5+5=50，　50−5−5−5−5−5−5−5−5−5−5=0

(6)6+6+6+6+6+6+6+6+6+6=60，　60−6−6−6−6−6−6−6−6−6−6=0

(7)7+7+7+7+7+7+7+7+7+7=70，　70−7−7−7−7−7−7−7−7−7−7=0

(8)8+8+8+8+8+8+8+8+8+8=80，　80−8−8−8−8−8−8−8−8−8−8=0

(9)9+9+9+9+9+9+9+9+9+9=90，　90−9−9−9−9−9−9−9−9−9−9=0

**2. 听下面的题脑算，若有困难先珠算**（由老师或甲报题，乙听算脑中要有珠象）

(1)7+6+2+91+85+4=

(2)93−1+80+7+6−2=

(3)75+1+3+97+8+40+2+26=

(4)90−8+6+43+5−7+13−12=

(5)204+53+435+9+18+982+17+70+3+6=

(6)798+64+213−2−9+90−805−31+7+46=

### 三、看题珠心算

珠算式脑算是运用算母拼排。如果输入的就是珠码符号，那么，再用算母拼排就比较顺当。听题时，数码声音可以按珠码符号接收，所以比较容易、顺当。而看题就多了一些干扰。因为看到的是各种字码符号，而不是珠码符号，要能自然而然的将其转换成珠码符号用算母拼排。

例如，无论看到358 + 426，或三百五十八 + 四百二十六，或叁佰伍拾捌 加 肆佰贰拾陆，或CCCLVIII + CDXXVI……都要将其自然而然地转换成 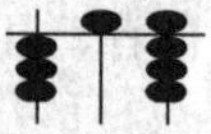 + 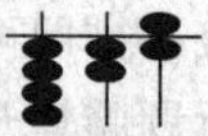 ，这样，用算母拼排就自然了。显然，作这种转换不难，关键在于熟练、习惯。

通常，人们只把阿拉伯数码1，2，3，……称为数码；似乎一，二，三，……；壹，贰，叁，……；Ⅰ，Ⅴ，Ⅹ，……；，，，，，，，，，之类不是数码。显然，这没有科学道理。数码就是表示一定进位制下的基数符号。上述除罗马数码外，无论哪一种都是表示十进位值制基数的符号，因而都是数码。所以，为了明确方便，我们在算母拼排，或珠心算讨论中，只将数码区分为字码、珠码。除珠码是拨珠形成外，别的都是用笔画写的，同各种文字一样，因而称为字码是合适的。

凭借算母拼排看题脑算，要先把看到的字码，再脑中转换成珠码形式，之后就与听题珠心算没有区别了。

**例如，看数：**　25，　96，　308，　591，　4263，　9108

**脑中能转换成：**　，　，　，　，　，

这种算法，也需要由简到繁，反复练习才能熟练掌握。事实表明，任何孩子都可通过练习掌握这种脑算法。看题珠心算，也可以用竖式。

[**例5-2**]　看下面竖式脑算（见图5-2）。

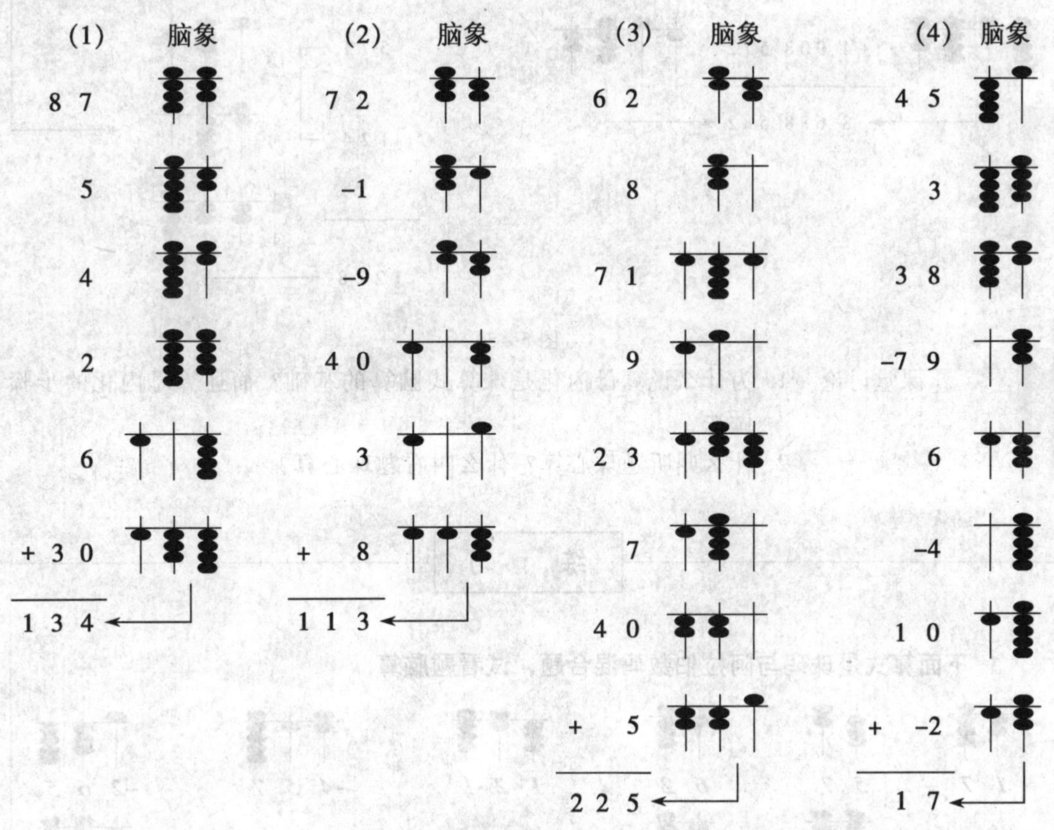


图5-2

人能同时运用的记忆单元是有限制的。数的位数越多，需占用的记忆单元越多，脑算的难度就越大。图5-2中，要记的珠数，每题只记一个，算到哪一步，只记最后的一个。

一般人同时运用三、四个记忆单元，是能够办到的。但这需要从一位数起逐步练习增多

位数，直到能熟练进行三、四位数加减。

加减的个数越多，需要高度注意记忆的时间越长，脑算的难度越大。一般人脑算加减三、四个数，是不难办到的。加减数的个数，也需要由少到多逐步练习提高，有的人可以练到连加减20多个数。

只能脑算加减三、四位的三、四个数，遇到数的位数多，或数的个数多时，可以分段进行，分段记录脑算的结果。分段算分段记录是常用的方法。

当然，必要时还可以用手操算，即打算盘，那就没有数的位数或加减数个数的限制了。

［例5－3］ 分段脑算下面的题（见图5－3）。

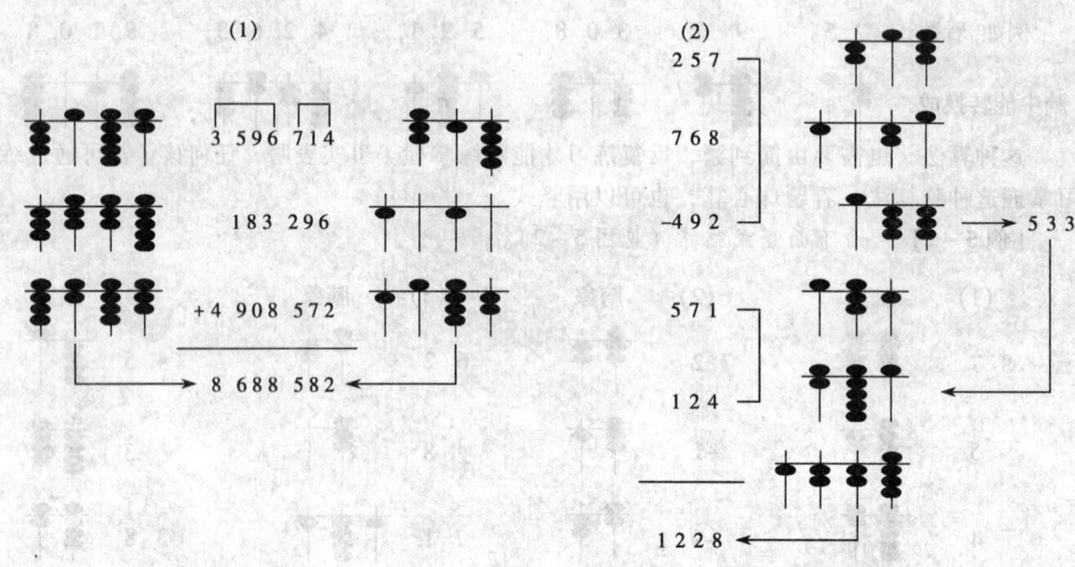


图5－3

［课堂讨论］1. 为什么说算母内化是珠算式脑算的基础？简述算母内化的步骤及做法？

2. 什么叫听题珠心算？什么叫看题珠心算？

## 练　习

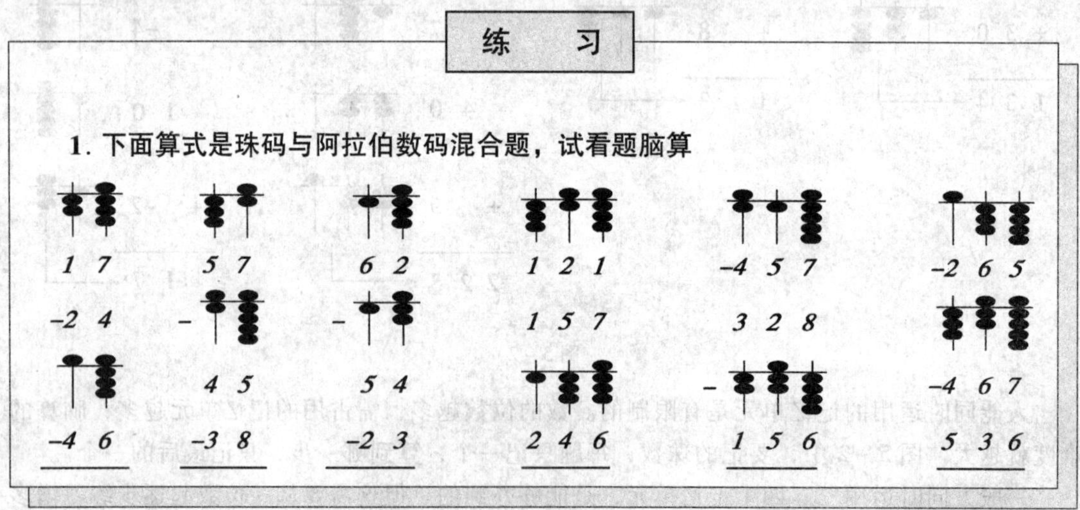

**2. 脑算下面各题**

(1) $8+6-5+28-16=$　　(2) 七加八，再加七，再加十五，减十一。

(3) $28+46-35+86-58=$　　(4) 拾伍、拾捌、贰拾壹，减贰拾捌加拾柒。

(5) $315+574-628+637=$　　(6) 叁佰贰拾肆元与陆佰柒拾伍元的合计是多少？

## 第三节　凭借珠码拼排单积

乘法是加法的简便算法。具体计算时则归结为加减的程序，即用若干步的加减完成乘法。为此，作乘法除了应有加减的技能技巧外，还要构造基本的系统软件。

### 一、乘法系统软件

（一）码积与乘法九九口诀

码积，就是任意两码相乘的积。例如：$3\times2=3+3=6$，$7\times5=7+7+7+7+7=35$，$5\times4=5+5+5+5=20$…… 用加法求出得数，并且编成口诀：三二 06，五七 35，四五 20……得到乘法九九口诀表。这要记得烂熟。学校数学课程里，只用这一个乘法系统软件。

（二）单积

单积，就是一位数与多位数相乘的积。如 $2\times327=0\ 654$，$5\times486=2\ 430$，$3\times625=1\ 875$……这就是多位数乘法中一个计算单元的积，简称单积。

学校数学课程中，未敢用单积，因为凭借阿拉伯数码求单积是困难的。然而，用珠码拼排单积相当容易，创造了在乘法中用单积作系统软件的条件。用单积可以简化乘法，提高运算效率。多位数乘法需要单积，珠码拼排使得运用单积成为可能。

### 二、凭借珠码的 2 倍拼排法

2 乘 m，也可以说是 2 倍 m。按珠码求 2 倍可直观拼出。上珠表示 5，它的 2 倍是 10，因此，将上珠挪到左档当下珠（或简称进）即可；下珠表数是 1～4，2 倍最多是 8，不会进位，所以下珠直观加倍即可（见图 5－4）。此方法简单地说就是：

**上进下倍**

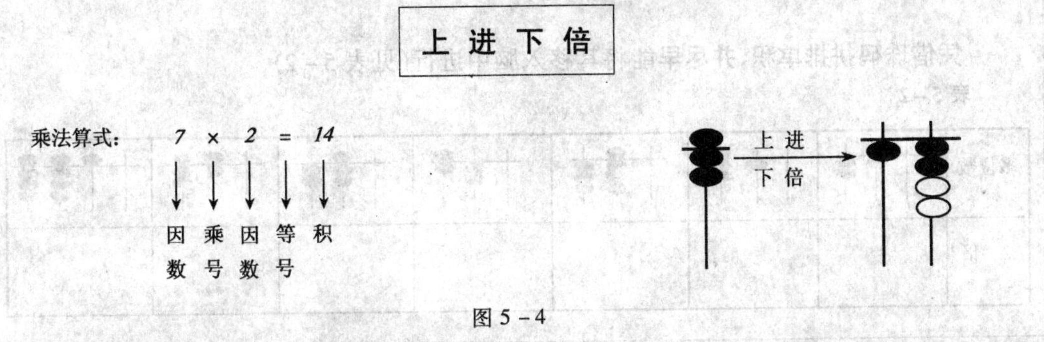


图 5－4

## 练　习

凭借珠码用“上进下倍”的方法拼下列各码的2倍，并写出码积(见表5-1)

表5-1

| 珠 码 | | | | | | | | | |
|---|---|---|---|---|---|---|---|---|---|
| 2 倍 | 06 | | | | 12 | | | | |

由此可知，即使求乘2的码积编乘法九九口决，用珠玛拼排也比直接连加简易。

现在我们用珠码拼排来求2倍单积。其实，这只是把多位数各码的2倍排起来即可。即把上珠看做左档的1个下珠，把下珠加倍。如图5-5所示：

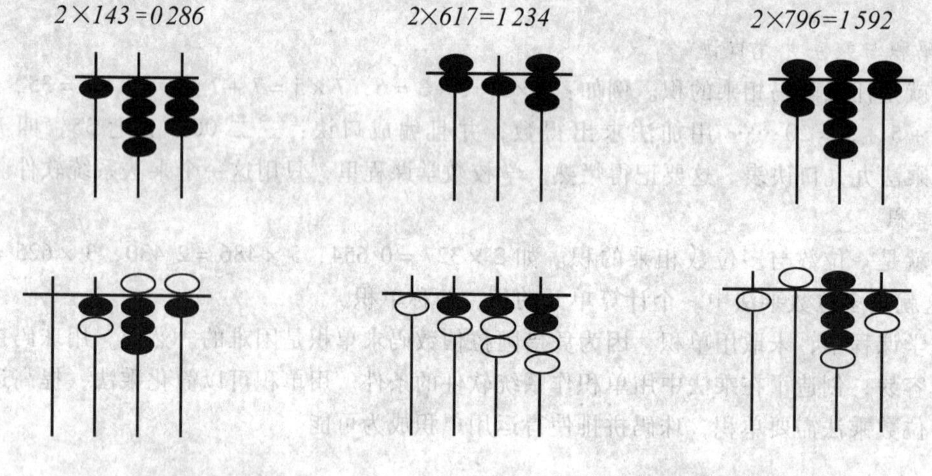


图5-5

## 练　习

凭借珠码拼排单积，并尽早能将其移入脑中进行(见表5-2)

表5-2

| 多位数 | | | | | | | |
|---|---|---|---|---|---|---|---|
| 2 倍 | | | | | | | |

续表

| 多位数 | | | | | | | |
|---|---|---|---|---|---|---|---|
| 2 倍 | | | | | | | |
| 多位数 | | | | | | | |
| 2 倍 | | | | | | | |
| 多位数 | | | | | | | |
| 2 倍 | | | | | | | |
| 多位数 | | | | | | | |
| 2 倍 | | | | | | | |
| 多位数 | | | | | | | |
| 2 倍 | | | | | | | |

| 多位数 | | | | | | |
|---|---|---|---|---|---|---|
| 2 倍 | | | | | | |
| 多位数 | | | | | | |
| 2 倍 | | | | | | |
| 多位数 | | | | | | |
| 2 倍 | | | | | | |
| 多位数 | | | | | | |
| 2 倍 | | | | | | |

### 三、凭借珠码的5倍单积拼排法（见图5－6）

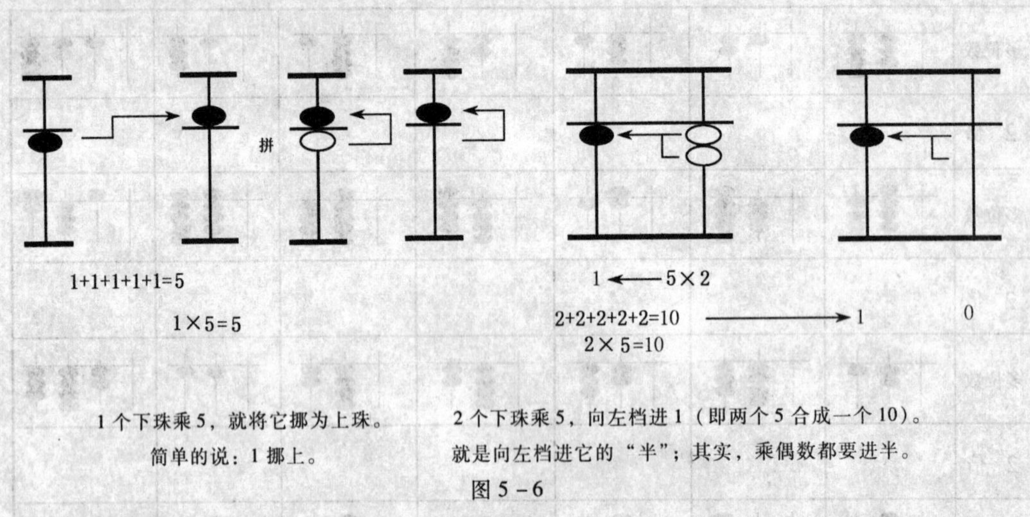


图5－6

由此可得凭借珠码拼排5倍的方法是：偶数向左档进半；不是偶数（奇数）就比一个偶数多1，所以可先将偶数向左档进半，余的1挪作本档上珠（见图5－7所示）。简述为：

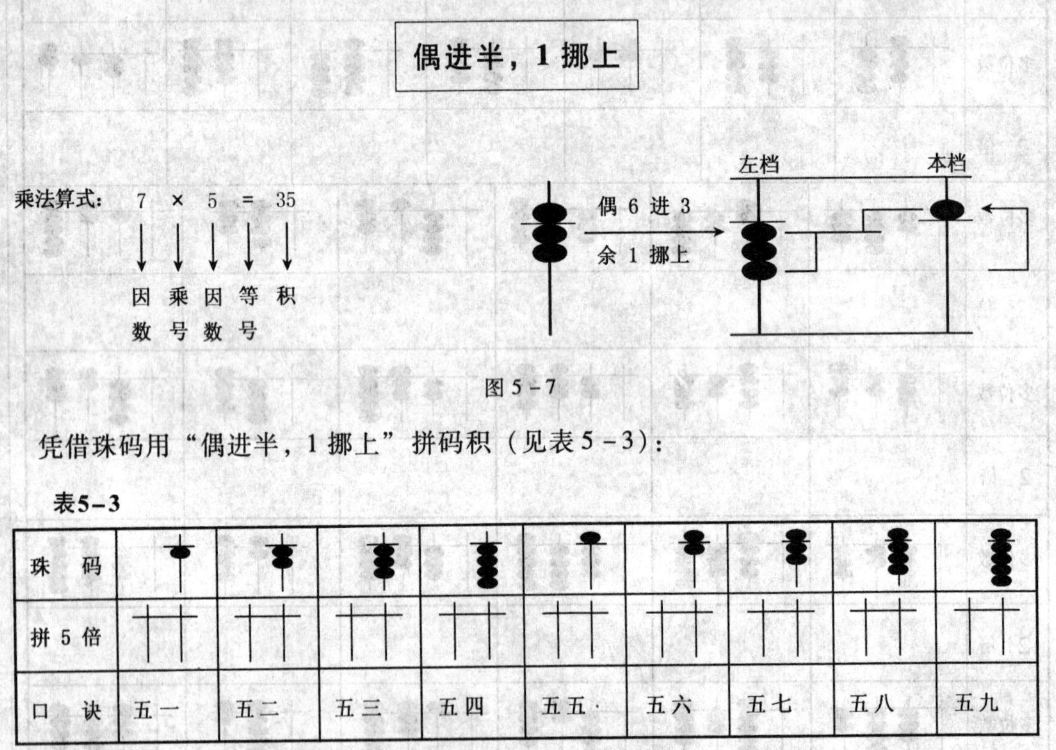


图5－7

凭借珠码用“偶进半，1挪上”拼码积（见表5－3）：

表5－3

| 珠　码 | | | | | | | | | |
|---|---|---|---|---|---|---|---|---|---|
| 拼5倍 | | | | | | | | | |
| 口　诀 | 五一 | 五二 | 五三 | 五四 | 五五 | 五六 | 五七 | 五八 | 五九 |

由此可知，即使求乘5的码积编乘法九九口诀，用珠码拼排也比直接连加简易。

5乘多位数，将各位码的5倍拼排起来就可以了：把偶码进半，作为左档的下珠；如果余1，就将它挪作本档上珠。例如（见图5－8）：

*5 × 246 = 1 230*　　*5 × 107 = 0 535*　　*5 × 493 = 2 465*

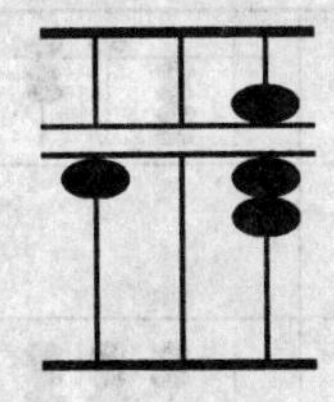

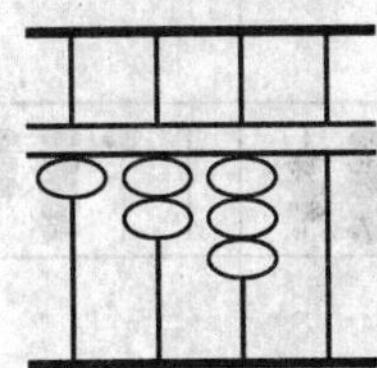

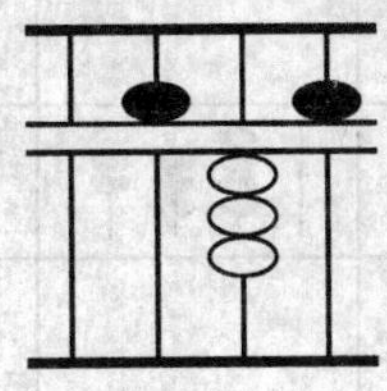

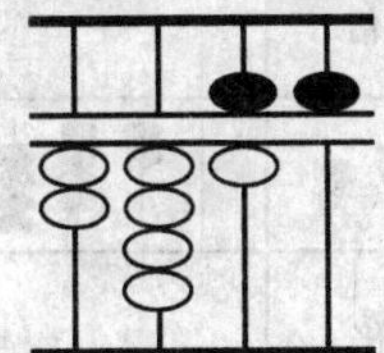

图 5-8

## 练　　习

凭借珠码拼排 5 倍(见表 5-4)

表 5-4

| | | | | | | | |
|---|---|---|---|---|---|---|---|
| 多位数 | | | | | | | |
| 5 倍 | | | | | | | |
| 多位数 | | | | | | | |
| 5 倍 | | | | | | | |
| 多位数 | | | | | | | |
| 5 倍 | | | | | | | |
| 多位数 | | | | | | | |
| 5 倍 | | | | | | | |
| 多位数 | | | | | | | |
| 5 倍 | | | | | | | |

续表

| 多位数 | 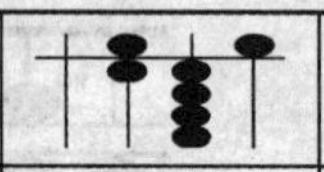 | 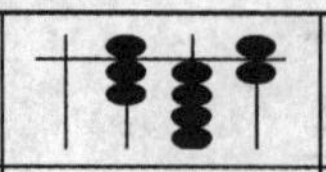 | 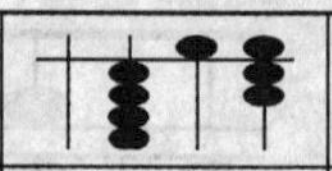 | 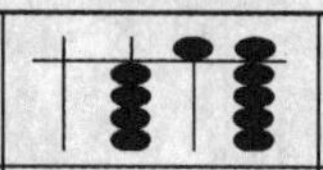 | 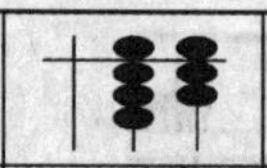 |  |
|---|---|---|---|---|---|---|
| 5倍 | | | | | | |
| 多位数 | 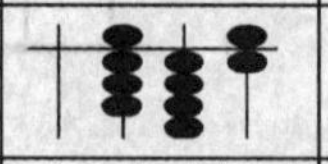 | 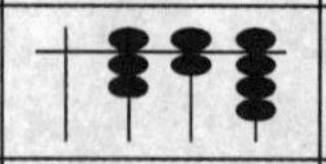 | 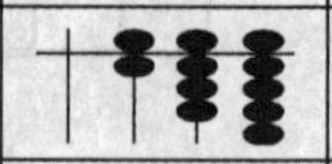 |  | 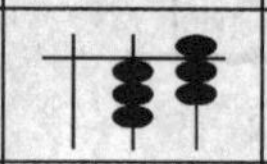 | 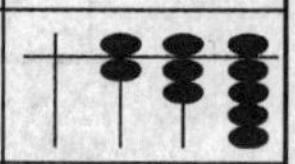 |
| 5倍 | | | | | | |
| 多位数 | 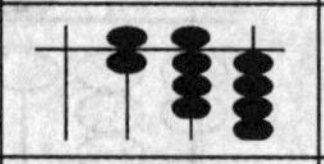 | 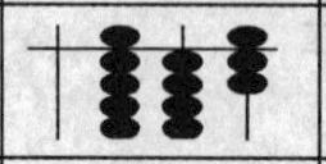 | 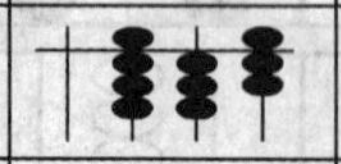 |  | 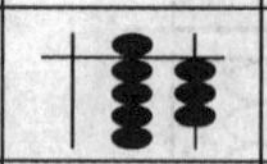 | 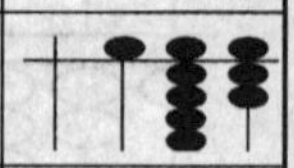 |
| 5倍 | | | | | | |
| 多位数 |  |  | 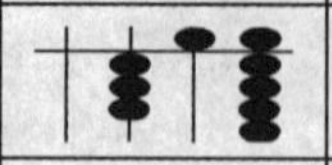 | 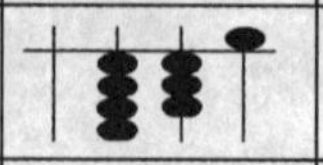 | 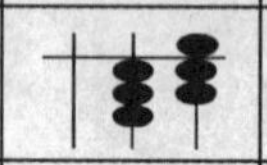 | 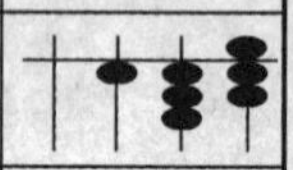 |
| 5倍 | | | | | | |
| 多位数 |  | 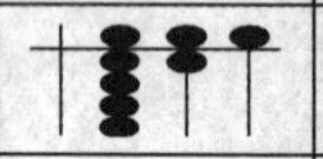 | 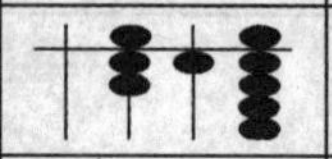 | 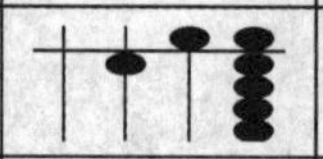 | 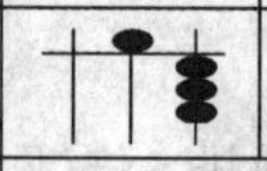 | 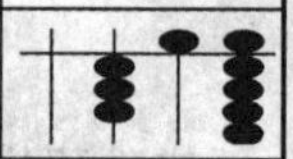 |
| 5倍 | | | | | | |

**四、其他倍数的拼排法**

有了珠算式脑算加减的技能技巧，又掌握了2倍、5倍的凭借珠码的拼排方法，对于拼排其他倍数的单积，就不存在任何困难。

其他倍数的单积，可以用2、5倍单积与原数脑算加减求出。

本课程只要求掌握2倍、5倍的单积拼排法，这样，根据实际情况和需要，随时可以教学、教练其他倍数的单积拼排法。

[课堂讨论] 凭借珠码的2倍、5倍的单积拼排法是什么？

## 第四节　凭借阿拉伯数码心算单积

用珠码拼排法求单积简易高效，对于一开始就学习算母拼排算法的孩子，是最适合的，既易学习、练习，又容易熟练。因为这种拼排单积的方法，与脑算加减算法的技能技巧通用，把已掌握的技能技巧直接用到这里就行了。

现行九年制义务教育数学课程里，大多未教学拼排算母的珠算式脑算加减。因此，第三节讲的珠码拼排单积法，对于这些学校毕业的学生，将难以马上掌握。

据此，特再介绍凭借阿拉伯数码的心算单积方法。虽然熟练掌握这种方法比较困难，但总比只会码积而不会求单积好。

## 一、原理

### （一）本个加后进法则

#### 1. 积码

多位数乘一个码时，积的每一位码（简称积码）都是由（乘法九九码积的个位数）+（后面的进位数）而得，因此，要求单积，就要掌握乘法九九口诀的个位码（简称本个码）及乘后面数的进位数（简称后进）。本个虽然多样，但对同一乘码是固定的，容易掌握；而后进与相乘的后面的多位数有关，变换较多，特别还有提前连续进位的问题，要处理好。

#### 2. 本个码和后进码

用一数码 x，乘多位数中某位数码所得码积的个位数码，叫该位的本个码。x 乘后位数而要进到该位的数码，叫做该位的后进码。

如 3×2 568，乘数次位上的数码 5 乘 3 的码积为“15”，其个位数码“5”叫次位积的本个码，5 后的数（68）乘 3 要进到本位的“2”叫该积位的后进码；或称“5”是 5 乘 3 的本个码，“2”是 5 后的数乘 3 的后进码。乘数次位对应的积码 7 是 5+2 而得。

#### 3. 积码公式

**积码 = 本个码 + 后进码**

显然，若确定了本个码与后进码，很易脑算出积码。

本个码是码积的个位码，虽随相乘两码而变，但两码定后，个位码也确定了，是比较易掌握的。

后进码一般不能由相乘的两码确定，还与后面多位数有关。后进码较难确定，要就具体情况定出法则来。

### （二）进位度与进位规律

#### 1. 进位度

多位数乘一个数码 x 时，是否要往该多位数的最高位的前位（简称前位）上进 1，要由此多位数的大小而定。能使向前位进 1 的最小数目，叫乘数码 x 的进位度。

如乘 5，2 乘 5 及 3 乘 5 都要向前进 1，但 2 是要向前位进 1 的最小数目，“2”叫乘 5 的进位度，而 3 却不叫乘 5 的进位度。

显然，“进位度”的概念与“进率”相仿。只是进率与计量单位有关，而“进位度”与被乘的数码 x 有关。

#### 2. 进位规律

“进位度”及其小于 x 的整数倍，叫做乘 x 的“进位规律”。

如乘 5，2 是进位度，它的 2 倍是 4、3 倍是 6、4 倍是 8、2（进 1）、4（进 2）、6（进 3）、8（进 4）就是乘 5 的进位规律。

3. 进位度求法

容易推出，用数码 x 乘的进位度等于$\frac{10^k}{x}$（k 为整数）。因为：

$$\frac{10^k}{x}\cdot x=10^k$$

这里，$10^k$ 可以视为向多位数前位上进的 1。

数码只有 0 ~ 9 共十个，0 乘任何数得 0，1 乘任何数不变，所以，需讨论的数码 x 的值只有 2 ~ 9 共八个。于是，取 k = 0，$\frac{10^k}{x}=\frac{1}{x}$；$\frac{1}{x}$为 0 位数，即为小数点后第一位上非零的纯小数如，$\frac{1}{2}=0.5$，$\frac{1}{3}=0.33\cdots\cdots$，$\frac{1}{4}=0.25$ 等。

又 $x\cdot\frac{1}{x}=1$，1 在$\frac{1}{x}$的前位上。即用 x 乘$\frac{1}{x}$须向$\frac{1}{x}$的前位上进 1，且$\frac{1}{x}$是须向前位进一的最小数目，所以，$\frac{1}{x}$是乘数码 x 的进位度。

4. 进位度与小数点位置无关

因“进位度”的概念中说的是向“前位”进 1，并未限定“前位”是个位、十位、百位……。“前位”可以是任意位，所以，“进位度”与小数点的位置无关，从而写为$\frac{10^k}{x}$。

如用 4 乘的进位度可以说是 0.25（$\frac{1}{4}$，取 k = 0），2.5（$\frac{10}{4}$，取 k = 1），25（$\frac{10^2}{4}$，取 k = 2），250（$\frac{10^3}{4}$），2 500（$\frac{10^4}{4}$），……它们乘 4 都须往“前位”上进 1。为了方便，进位度常取最小的自然数，如 4 乘的进位度取 25。于是，也可以说进位度是形如$\frac{10^k}{x}$的最小自然数。

5. 进位规律求法

显然，x 的进位度的 2 倍的数目，用 x 乘应向前位进 2；进位度的 3 倍的数目，用 x 乘时应进 3，……。如 4 乘的进位度为 25（进 1），4 × 50 应向前位进 2，4 × 75 应向前位进 3。

设 m 为一数目，当 $m<\frac{10^k}{x}$时，$x\cdot m$ 不向前进位；当$\frac{10^k}{x}\leqslant m<\frac{2\cdot10^k}{x}$时，$x\cdot m$ 向前位进 1；当$\frac{2\cdot10^k}{x}\leqslant m\leqslant\frac{3\cdot10^k}{x}$时，$x\cdot m$ 向前位进 2；……如 4 × 21 时不进；4 × 38 时，进 1；4 × 65 时，进 2；4 × 8 时，进 3；……

（三）各乘数码的进位度与进位规律

1. 各码的进位度

现在，不难求得用 2 ~ 9 各数码乘的进位度。求法如下：

2 乘：$\frac{10}{2}=5$　　4 乘：$\frac{10^2}{4}=25$

3 乘：$\frac{10^k}{3}/3=333\cdots=\dot{3}$　　5 乘：$\frac{10}{5}=2$

6 乘：$\frac{10^k}{6}=1\,666\cdots=1\dot{6}$

7 乘：$\frac{10^k}{7}/7 = 142\ 857\ 142\ 857\cdots = \dot{1}42\ 85\dot{7}$

8 乘：$\frac{10^3}{8} = 125$

9 乘：$\frac{10^k}{9} = 111\cdots = \dot{1}$

2. 进位规律表

在脑算用多位数乘 x 时，不仅要熟记进位度，而且进位度的倍数也应熟记，如此才能算得快（见表 5－5）。

**表 5－5**

| 乘码 | 进位度 1 | 进位数 2 | 进位数 3 | 进位数 4 | 进位数 5 | 进位数 6 | 进位数 7 | 进位数 8 |
|---|---|---|---|---|---|---|---|---|
| 2 | 5 | | | | | | | |
| 3 | $\dot{3}$ | $\dot{6}$ | | | | | | |
| 4 | 25 | 5 | 75 | | | | | |
| 5 | 2 | 4 | 6 | 8 | | | | |
| 6 | $1\dot{6}$ | $\dot{3}$ | 5 | $\dot{6}$ | $8\dot{3}$ | | | |
| 7 | $\dot{1}42\ 85\dot{7}$ | $\dot{2}85\ 71\dot{4}$ | $\dot{4}28\ 57\dot{1}$ | $\dot{5}71\ 42\dot{8}$ | $\dot{7}14\ 28\dot{5}$ | $\dot{8}57\ 14\dot{2}$ | | |
| 8 | 125 | 25 | 375 | 5 | 625 | 75 | 875 | |
| 9 | $\dot{1}$ | $\dot{2}$ | $\dot{3}$ | $\dot{4}$ | $\dot{5}$ | $\dot{6}$ | $\dot{7}$ | $\dot{8}$ |

上表中对应进位数 1 的是进位度，连同其后的进位度的倍数，通称进位规律①。

由于进位规律复杂，又要记本个，比拼码复杂繁难得多，所以“本个加后进”是比较难以学习和掌握的笔算式脑算法，达到熟练更难！

[例 5－4]　$6\times 33\ 758 = 202\ 548$

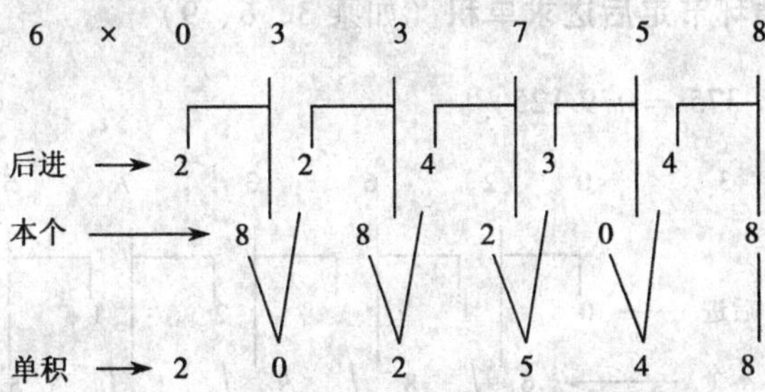


容易看出，为求得一位积码，便要弄清本个码、后进码（需往后看多位），再将其加起来。这些都须滚瓜烂熟，绝非少日之功。

① 参见朱希安等主编《当代中国珠算》186～188 页，中国财政经济出版社，2000 年 3 月第 1 版。

由于已提前进位，在本个加后进求单积码时，凡遇 10 可弃之。

而且这里也是只凭借阿拉伯数码，未能发挥珠码的形象作用。这种做法，是在不了解珠算式脑算的情况下总结概括出来的。

## 二、看后 1 位定后进求单积（如乘 2、5）

2 和 5 与多位数相乘，求单积比较容易，只看后一位就能决定后进数。

[例 5－5]  2×26 738 ＝053 476

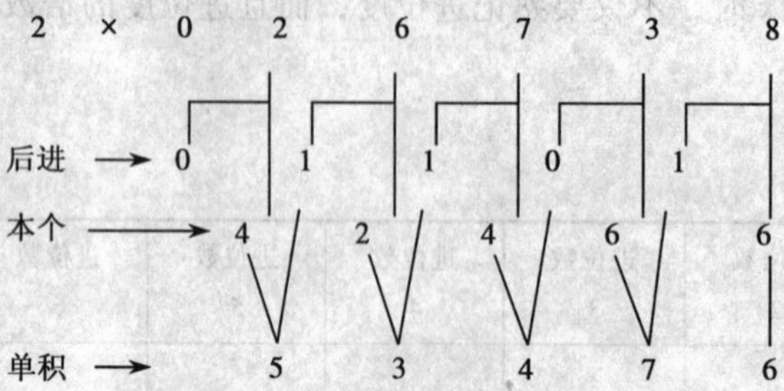


算法：除记住本个外，只看后一位就知后进数：满 5 进 1。

## 三、看后 2、3 位定后进求单积（如乘 4、8）

[例 5－6]  8×15 367 ＝122 936

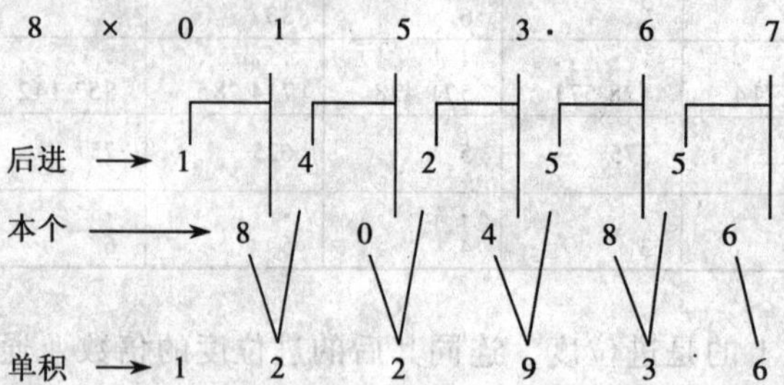


算法：除记住本个外，要看后三位才知后进数：满 125 进 1，满 25 进 2，满 375 进 3，满 5 进 4，满 625 进 5，满 75 进 6，满 875 进 7。

## 四、看后 1、2 位循环节定后进求单积（如乘 3、6、9）

[例 5－7]  3×26 375 ＝079 125

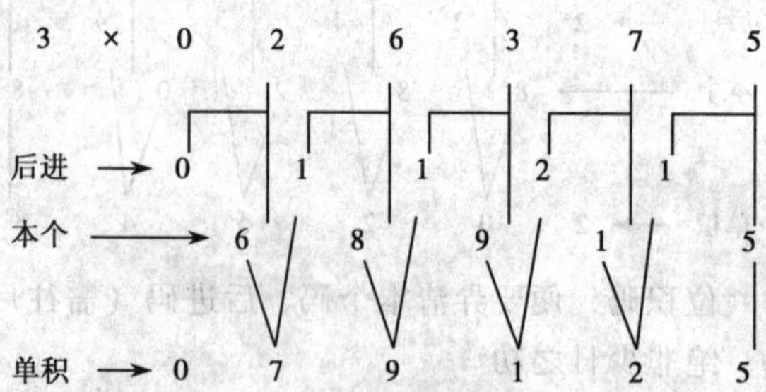


算法：除记住本个外，要看后位循环节方知后进数：超 $\dot{3}$ 进 1，超 $\dot{6}$ 进 2。

## 五、看后6位循环节定后进求单积（乘7）

**[例5-8]**　7×15 684 =109 788

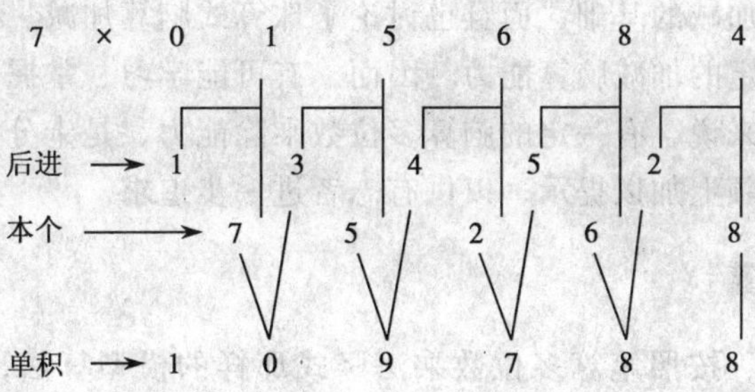


算法：除记住本个外，要看后多至6位循环节方知后进数：

超142 857进1，超285 714进2超428 571进3，超571 428进4，超714 285进5，超857 142进6。

现在，我们已经知道想把这种求单积方法练熟掌握是要花大功夫的。且这种方法做起来难度较大，没有通用性，费了偌大的功夫，无非帮助求单积而已。所以，这种算法是不应当提倡的。

[课堂讨论] 乘数2至9的进位规律是什么？它们本个码的规律是什么？

### 练　习

**凭借阿拉伯数码试用脑算求下面各单积**

| 2×726= | 3×276= | 4×237= | 5×4 578= |
|---|---|---|---|
| 6×628= | 7×382= | 8×693= | 9×7 452= |
| 2×42 835= | 3×74 618= | 4×69 517= | 5×37 286= |
| 9×27 492= | 8×42 872= | 7×27 482= | 6×45 619= |
| 3×31 286= | 5×62 729= | 6×72 904= | 7×27 627= |
| 2×69 274= | 9×28 457= | 8×31 059= | 4×41 748= |

# 第五节　珠算式心算乘除法

## 一、多位数乘除就是珠心算加减的程序

多位数乘除的脑算，是加减脑算的程序。其中，要用系统软件乘法九九口诀，或脑算求

单积。因此，没有多位数加减的脑算技能，是无法进行多位数乘除的脑算的。

九年制义务教育数学课程中，不要求多位数乘除脑算。鉴于教学的笔算方法和能力的限制，要求多位数乘除是不可能的。

本课程中，有珠算加减的基础，而且也讨论了珠算式脑算加减。有的同学，通过自己的练习追求，可能有了一定的加减脑算能力。因而，有可能学习、掌握多位数乘除的脑算。

而对于财会工作者来说，有一定的脑算多位数乘除能力，是十分有用的。这里对多位数乘除脑算法，从原则要领上加以提示，以供有志者进一步追求。

## 二、多位数乘法脑算

利用乘法九九口诀，按照笔算多位数乘法竖式那样的模型算法，进行脑算，是行不通的。所以，比较实用的算法是：脑算单积，再运用珠算式脑算把单积加起来。

本章介绍了单积的两种脑算法，这里分别讨论用于多位数乘法的方法。

（一）拼排单积＋算母拼排加减

珠算式脑算能力强的人，用这种方法较好。因此，对于学习珠心算的儿童、少年，最好用这种方法。

可以分解一因数，取其一码，按珠码拼排出它与另一因数的单积，想象入算盘；再接连拼排另外码的单积，同样拼排入算盘即可。

**[例5－9]**　5.2 × 7.4 = 38.48（见图5－9）

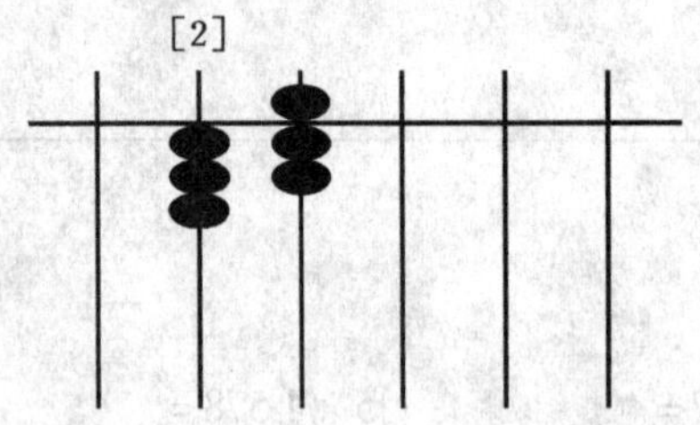


（1）把“5”与“74”的单积入盘：“5”在1位，“74”的首码“7”在1位，单积首码入盘的档位为：1＋1＝2，就是从［2］档拨入37

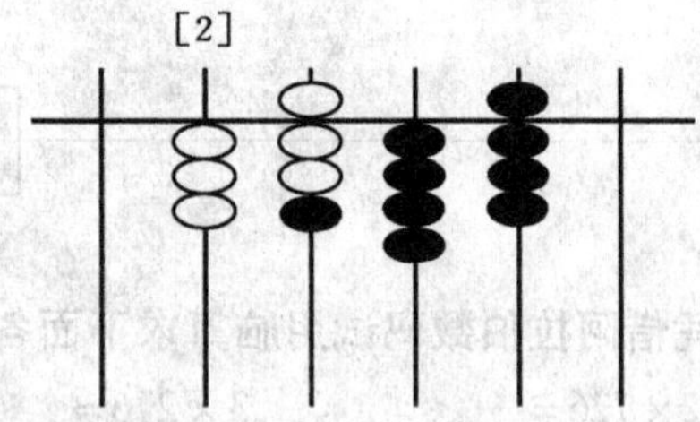


（2）把“2”与“74”的单积拼排上“2”在0位，“74”的首码“7”在1位，单积首码拼排入盘的档位为：0＋1＝1，就是从［1］档起拼排148

图5－9

最好能如上图，记住算盘上小数点位置，按位拼排入单积。如果为了减少记忆内容，也可不记小数点位置，写得数时，再按算式定位，点上小数点。如1，积头较小，1＋1＝2，积为2位，由此也可点出小数点。

容易明白，只要脑算加减、拼排单积熟练，脑算多位数乘法是不困难的。

**[例5－10]**　25 × 657＝16 425（见图5－10）

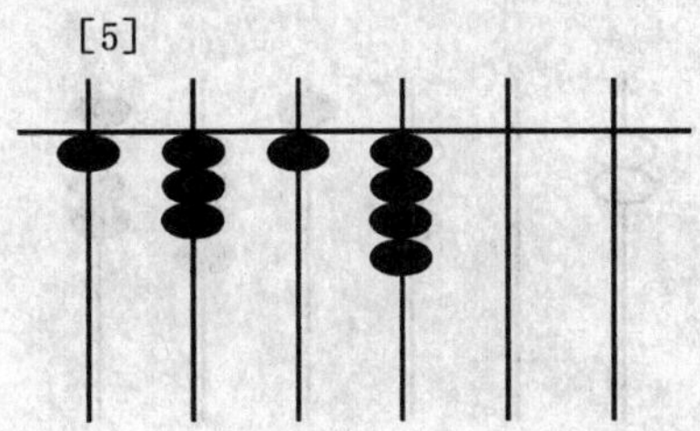


（1）把“2”与“657”的单积入盘：
“2”在2位，“657”的首码“6”
在3位，单积首码入盘的档位为：
2+3=5，就是从［5］档拨入1 314

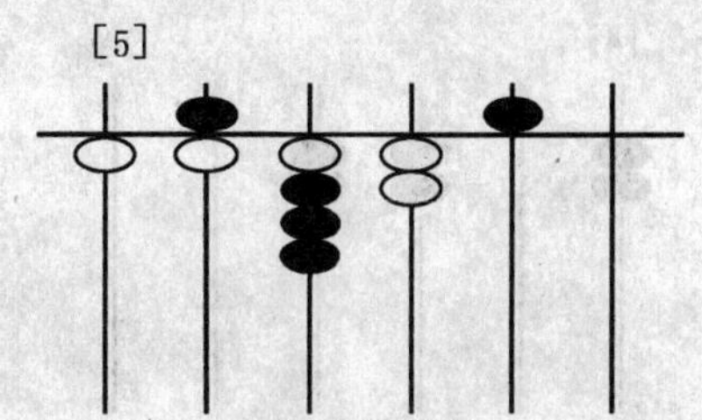


（2）把“5”与“657”的单积拼排上
“5”在1位，“657”的首码“6”
在3位，单积首码拼排入盘的档位为：
1+3=4，就是从［4］档起拼排3 285

图5－10

## 练　　习

**试脑算下面各题**

| | | | |
|---|---|---|---|
| 7.4×5.2= | 50.2×7.9= | 9.7×2 050= | 7.05×4 300= |
| 206×3.4= | 7.05×9.3= | 4.8×7 020= | 5.07×390= |
| 20.4×0.683= | 50.9×74.3= | 7.2×3.96= | 340×28.7= |
| 0.59×7 430= | 80.4×7.49= | 620×43.6= | 0.93×8 120= |
| 560×7.4= | 8.34×2.5= | 5.3×8 640= | 6.02×49.3= |
| 50.3×0.47= | 2.09×4.8= | 8.5×6.07= | 640×20.5= |
| 0.26×8.3= | 60.5×0.67= | 320×40.8= | 0.24×9 050= |

（二）凭字码心算单积＋算母拼排加减

这种脑算方法的不同，只在于求单积凭借的是阿拉伯数码的“本个＋后进”方法得出单积后用珠算式脑算的算母拼排方法完成。

**［例5－11］**　67.4 × 30.2 ＝2 035.48（见图5－11）

这里，因数“30.2”虽写在后面，也应当分解它。因为，它中间含“0”，而且含有“2”，不是0的数码较少。

无论珠算，或珠算式脑算，“0”只有决定数位的作用，计算时“0”码再多都不必管它，只要定出不是0的码的单积首码位数，按档位入盘拼排就是了。

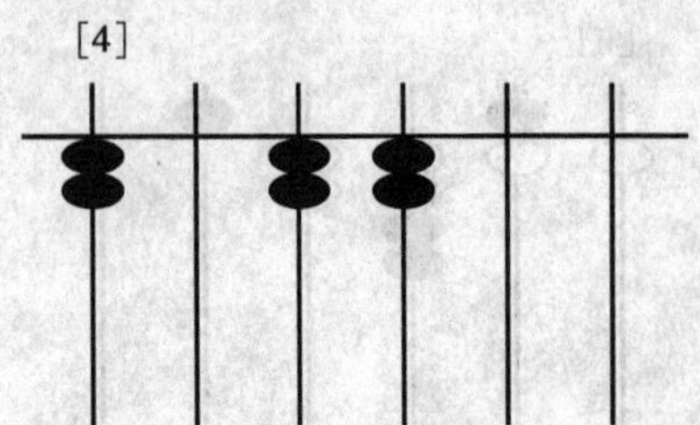


[4]

（1）把“3”与“674”的单积入盘：“3”在2位，“674”的首码“6”在2位，单积首码入盘的档位为：2+2=4，就是从［4］档拨入单积。

求674×3的单积：超 $\dot{6}$ 进2，

再超 $\dot{6}$ 进2加8取0，

超 $\dot{3}$ 进1加1得2，

末位本个2。

于是，得单积：2 022。

（2）把“2”与“674”的单积拼排上“2”在0位，“674”的首码“6”在2位，单积首码拼排入盘的档位为：0+2=2，就是从［2］档起拼排单积。

求674×2的单积：满5进1，

再满5进1加2得3，

后位4不进加4得4，

末位本个8，

于是，得单积：1 348。

图5－11

## 练　　习

**试脑算下面各题**

| | | | |
|---|---|---|---|
| 0.58×6 030＝ | 60.4×2.05＝ | 820×50.2＝ | 0.93×5 020＝ |
| 20.4×0.608＝ | 30.9×50.6＝ | 7.2×3.06＝ | 340×207＝ |
| 0.67×2 350＝ | 5.3×68.7＝ | 2 600×5.28＝ | 0.43×5 240＝ |
| 6.9×0.296＝ | 6 500×34.2＝ | 2.4×4.93＝ | 520×938＝ |
| 0.58×2 450＝ | 5.89×60.3＝ | 7 600×3.06＝ | 0.42×3 060＝ |
| 6.09×0.295＝ | 2 940×30.5＝ | 8.6×5.92＝ | 590×608＝ |
| 276×3.4＝ | 7.94×9.5＝ | 2.8×7 630＝ | 5.02×39.4＝ |

## 三、多位数除法脑算

### （一）脑算除法模型

脑算除法必须采用珠算模型：只记录被除数或余数、商数。为了减少记忆单元，还可随时把得出的商码用笔记录下来，这样，脑中只记忆余数（被除数）最好。

得出商码后，要减去商码与除数的积（减积），这里最好求出单积再减，尽量不用九九口诀逐位求码积减。

总之，按笔算除法竖式模型脑算，是行不通的。脑算必须按珠算模型程序。

（二）脑算除法程序

依据珠算除法模型，脑算除法的程序如下：

（1）脑记忆被除数；（2）估商码、写商码；（3）脑算商码与除数的单积；（4）减积、记余。

[例 5－12] 33.536 ÷ 6.4 = 5.24（见图 5－12）

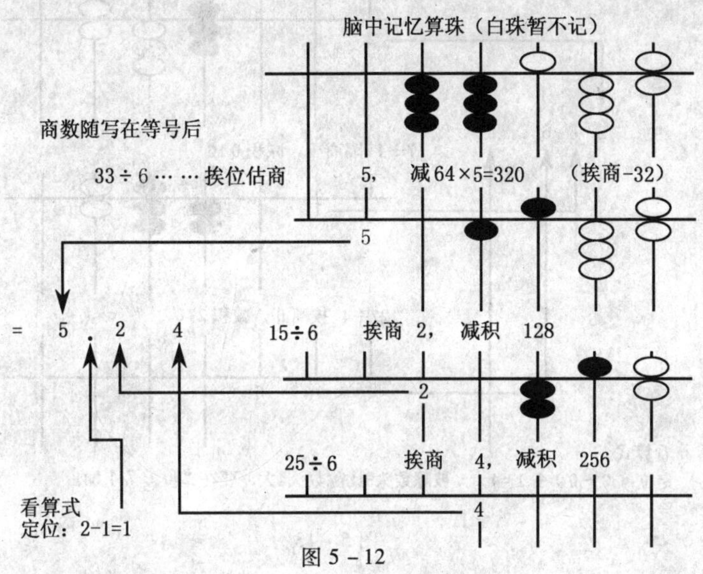


图 5－12

定位也可按第四章的只据算题的公式定位法。这样，脑算除法都按整数除法处理就可以了。

## 练　　习

**1. 脑算下面各题**

| | | | |
|---|---|---|---|
| 28.62 ÷ 5.4 = | 397.5 ÷ 0.75 = | 4 536 ÷ 84 = | 37.96 ÷ 0.074 = |
| 2 666 ÷ 430 = | 403.2 ÷ 650 = | 2.835 ÷ 0.063 = | 33.92 ÷ 0.53 = |
| 486.4 ÷ 64 = | 279.5 ÷ 4 300 = | 55.25 ÷ 0.85 = | 425.8 ÷ 6.3 = |
| 22.78 ÷ 34 = | 53 280 ÷ 7 400 = | 33.84 ÷ 0.047 = | 394.2 ÷ 54 = |

**2. 脑算下面各题**

| | | | |
|---|---|---|---|
| 266.49 ÷ 6.3 = | 364.64 ÷ 0.86 = | 27 625 ÷ 65 = | 230.04 ÷ 0.054 = |
| 40 138 ÷ 940 = | 2 867.6 ÷ 670 = | 1.8018 ÷ 0.042 = | 24.024 ÷ 0.0056 = |
| 2 030.4 ÷ 470 = | 2 771.2 ÷ 640 = | 52.116 ÷ 0.74 = | 317.55 ÷ 7.3 = |

[例 5－13] 993.6 ÷ 0.46 = 2 160（见图 5－13）

[例 5－14] 502.15 ÷ 830 = 0.605（见图 5－14）

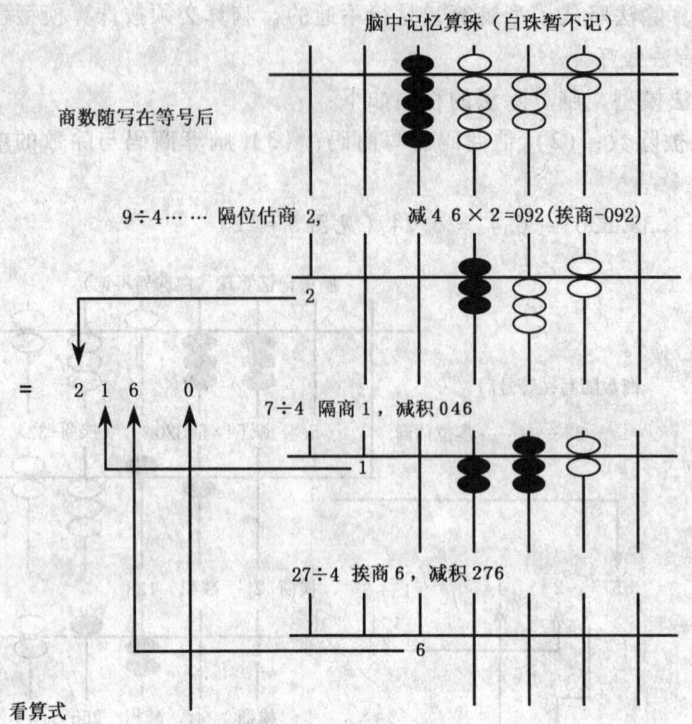


脑中记忆算珠（白珠暂不记）
商数随写在等号后
9÷4……隔位估商 2，
减4 6×2=092(挨商-092)
2
= 2 1 6 0
7÷4 隔商1，减积046
1
27÷4 挨商6，减积276
6
看算式
定位：(3－0)＋1=4
被除数头9比除数头4大，要在“位差”上加1。

脑中记忆算珠（白珠暂不记）
商数随写在等号后
50÷8……挨位估商 6，减83×6=498 (挨商-498或502)
6
=0.6 0 5
41÷8 挨位估商 5，减积 415
5
这档空，商写0
看算式
定位：3-3=0

图5－13

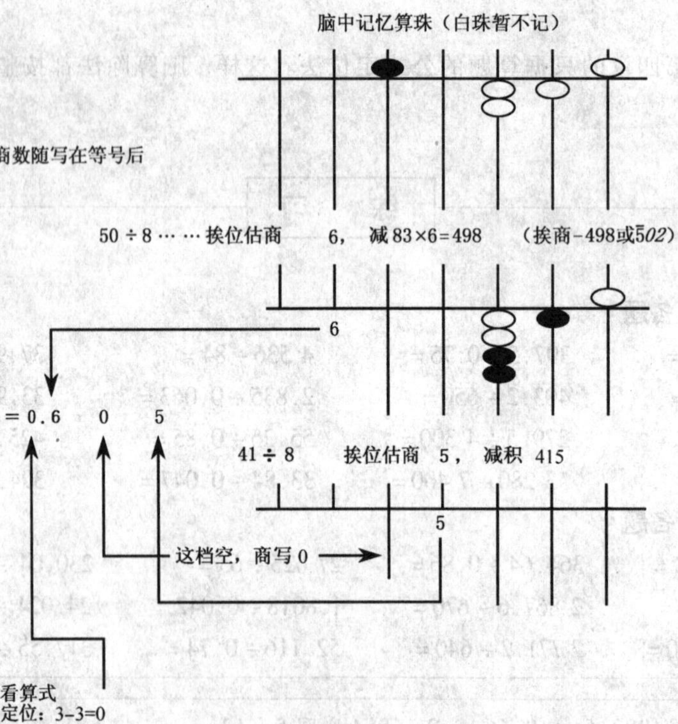


图5－14

［课堂讨论］珠算式脑算乘除法的程序是什么?

［本章小结］珠算式脑算就是把 26 个算母内化，在脑中拼排算母求出得数。内化算母大体上分为手拨算母、打无珠算盘、空拨算母和想拼算母四个步骤。掌握珠算式脑算加减法应从算盘导入，大量进行听题心算、看题心算的训练；乘除法则是珠算加减法的程序。

## 练　习

**脑算下面各题**

| | | | |
|---|---|---|---|
| 14.976 ÷ 7.8 = | 174.44 ÷ 0.89 = | 199.92 ÷ 680 = | 16.986 ÷ 0.057 = |
| 34.104 ÷ 0.87 = | 186.59 ÷ 470 = | 2.8768 ÷ 0.058 = | 17.748 ÷ 0.36 = |
| 411.93 ÷ 69 = | 4 676.8 ÷ 790 = | 33.312 ÷ 0.48 = | 40.31 ÷ 5.8 = |
| 28.512 ÷ 3.6 = | 38 304 ÷ 4 800 = | 741.19 ÷ 0.083 = | 574.08 ÷ 64 = |
| 28.736 ÷ 32 = | 42.822 ÷ 5.4 = | 50.274 ÷ 0.63 = | 58.128 ÷ 8.4 = |
| 64.124 ÷ 0.92 = | 576.02 ÷ 8 300 = | 439.56 ÷ 0.074 = | 256.71 ÷ 43 = |

# 第六章

# 简单电子计算工具应用

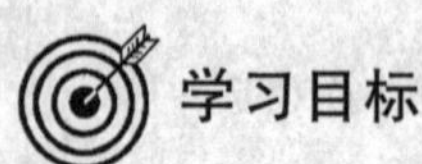

通过本章学习，要求了解电子计算器的结构、分类，理解在电子时代计算机（器）与珠算、脑算相辅相成、相得益彰的道理，明确电子计算工具在某些财会计算中的运用优势，掌握算术电子计算器的基本使用方法和收银机的使用方法。

本章重点是算术电子计算器的基本使用方法和收银机的使用方法。

## 第一节 电子计算器的基本原理与分类

### 一、电子计算器的产生

1946年，世界上第一台电子计算机在美国诞生，它的出现是20世纪科学技术的卓越成就之一，并有力地推动了生产、科学技术与文化事业的发展。随着电子工业的迅速发展，电子计算机经历了电子管、晶体管、集成电路、大规模集成电路四个阶段。因为大规模集成电路的研制成功，使得袖珍电子计算器的制造成为可能。1971年，世界上第一部袖珍电子计算器由美国加利福尼亚州英特尔公司的年轻工程师小霍夫（Marcian E. [Ted] Hoff Jr.）研制成功。它具有体积小、重量轻、价格低、速度快、操作简单、便于携带等优点，解决了电子计算机体积大、耗电多、价格高及不便于携带等问题，因此很快被市场所接受，并广泛应用于社会经济生活的各个方面。电子计算器的出现，说明生活中需要专门能作四则运算的简单工具。

### 二、袖珍电子计算器的结构

袖珍电子计算器是电子计算机家族中的重要一员，其结构和基本原理与微型计算机基本相同，是由输入器、输出器、运算器、存储器、控制器五部分构成，如图6-1所示。

图6-1中，实线是工作信号的传输路线，虚线是控制信号的传输线路。输入器、输出器、存储器、运算器和控制器各自又有复杂程度不同的构成部分。如输入器有把十进制变成二进制的译码器；输出器则有把二进制变成十进制的译码器；存储器内有数码寄存器、写入

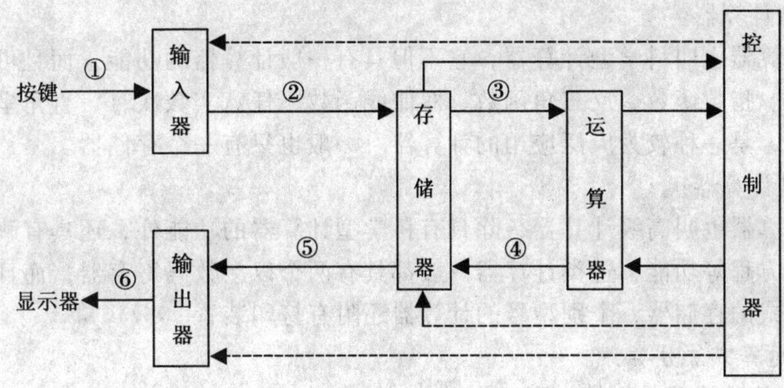


图 6-1

线路、存储单元、读出放大器、地址寄存器等；运算器内有操作数寄存器、全加器、累加寄存器、乘商寄存器等；控制器内有运算码寄存器、指令寄存器、运算码译码器、中央控制器等。它们之间的相互作用是依靠电脉冲信号控制而进行工作的。

打开电源开关以后，显示器上出现“0”字，这时按动0～9任何一个数字输入键时，就产生了电脉冲，由①进入输入器的译码器，把按入的十进制信号译成计算过程所用的二进 制信号；再由②送入存储器中的数码寄存器，然后③按计算程序由运算器进行运算。计算结果出来后由运算器经过④送到存储器，再由控制器发出指令；由⑤送到输出器内的译码器把二进制信号再译成十进制信号，最后由⑥送到显示器显示运算结果。这就是计算器简单的工作原理。

根据前述电子计算器的工作原理可知，电子计算器各组成部分的作用分别是：

输入器：它是由专门的按键开关组合而成，主要是将要输入的各种信息数据或指令输入到计算器中。

存储器：它是将输入的数据、运算过程中的中间结果以及运算的最终结果储存起来的装置。在计算过程中，存储器内所存储的信息，可随时送到运算器或送往输出设备中。

运算器：是根据控制器发布的大量信息资料进行各种数学运算或逻辑运算的装置。

控制器：相当于人的大脑，是整个计算器各部件的指挥中心，它的作用是将指令键传来的信息进行加工整理、组织、协调和指挥，按预定的指令将存储数据或运算结果经“解码”后送到显示器。

输出器：属于显示装置，可将输入数据、中间运算结果及存储器所存储的数据显示出来。

## 三、电子计算器的分类

目前，市场上的计算器规格不同，型号繁多。因此，没有一个统一的标准对计算器进行严格的分类。为了便于大家对计算器有一个初步的了解，下面按各种计算器的功能、运算方法、外形和显示方式进行分类。

（一）按计算器的功能分类

1. 一般型计算器

一般型计算器也叫算术计算器，它可进行加、减、乘、除、乘方、开方、百分比等运算，一般只有一个存储器。

2. 函数型计算器

函数型计算器也叫科学型计算器，它不但具有一般计算器的功能，而且可以进行三角函数、对数函数、指数函数、反三角函数、双曲线函数、任意实数次幂、直角坐标和极坐标转化等函数运算，是一种较为广泛应用的计算器。一般也只有一个存储器。

3. 程序型计算器

程序型计算器也叫高级计算器，除具有科学型计算器的功能外，还具有解微分方程、积分方程、代数方程等功能，这类计算器一般都具有两个以上数码寄存器，而且具有不同容量的存储运算公式的存储器，个别型号的计算器还附有打印装置。

（二）按运算方法分类

1. 法则运算计算器

这类计算器是按照数学运算法则进行运算的，遵循先乘除后加减、从左到右进行运算的法则。

2. 顺序运算计算器

这种计算器的运算是依按入的先后顺序进行运算的，而不是按照数学运算法则进行。

如：3 + 8 × 7 = ？在法则运算计算器下，可按算式次序直接按入，即 3 [+] 8 [×] 7 [=] 59；而在顺序计算器下就会出现 3 [+] 8 [×] 7 [=] 77。要得到正确的计算结果，在用顺序计算器计算时按键次序应成为 8 [×] 7 [+] 3 [=] 59。

（三）按显示方式分类

1. 液晶显示计算器

它是通过液晶分子翻转显示数字的。特点是功耗小、省电；但在无光处不能使用。

2. 数码管显示计算器

其显示器是由微型数码管组成的，数码字显示以“日”字为基础组成。特点是：显示清晰明亮，可在任何场合使用，功耗较大；但可外接电源使用。

（四）按外形分类

1. 台式计算器

体积较大，宜在办公室和商店柜台上使用。

2. 便携型计算器

体积较小，携带方便，是使用最多的一种。

3. 超小型计算器

体积小，重量轻，使用方便。

[课堂讨论] 电子计算器的结构及其功能是什么？

## 第二节 算术电子计算器的使用方法

### 一、电子计算器按键的指法

随着电子计算器的普及，正确按键变得越来越重要，它直接关系到计算工作的效率。

（一）指法

在使用方法中，手指在键盘上的位置是最重要的。为了便于有效地使用键盘，通常规定右手的食指、中指和无名指依次放于第三排的“4”、“5”、“6”基本键。当人们准备操作键盘时，手指应轻轻放在相应的基本按键上。当敲击了其他按键后，也应立即回复到原指定的基本键上。

（二）各手指负责的键域

在正确使用键盘的方法中，并不是任何一个手指都可以随便按任何一个按键的。为了提高键盘的敲击速度，在基本按键的基础上，通常将键盘划分为几个区域，每个区域都有一个手指负责。输入时，一定要严格分工，以形成良好的手感，为“盲打”做准备。

右手的中指，在键盘分区中主要负责“8”、“5”、“2”、“00”键，有时也可负责“M－”键的击键工作，一般是将中指放于“5”基本键上。

右手的食指，在键盘分区中主要负责“7”、“4”、“1”、“0”键，有时也可负责“M＋”键的击键工作，一般是将食指放于“4”基本键上。

右手的无名指，在键盘分区中主要负责“9”、“6”、“3”、“.”键的击键工作，但是经常是将无名指放于“6”基本键上。

右手的小指，在键盘分区中主要负责“－”、“＋”、“＝”键的击键工作。

（三）右手的执笔

为了提高击键速度，执笔的习惯非常关键，它直接影响到运算的效率。执笔的方法是把笔横压在右手拇指与手掌之间，使笔与手掌平行，笔杆上端伸出虎口并露出1/3，笔尖露在外侧。这样执笔对于击键特别有利，既不妨碍击键，又便于书写计算的结果。减少了取放笔的次数，以免浪费时间。

（四）按键技巧

按键时用力要轻重适度，动作幅度不宜太大，手指尽量贴在键面上。当基本指法练熟后，逐步从左看数据右看键盘（即“左顾右看”）变为尽量只看数据、少看或不看键盘，实现“盲打”。

（五）指法训练

可将本教材第二章中珠算指法训练的传统方法作为内容反复练习，直到能够“盲打”。

（1）定数连加连减。（要求：定时不定量，每次先连加1分钟定数，然后连减定数，直到结果为零）

①连加“4 170”与连减“4 170”：4 170＋4 170＋4 170＋…＋4 170－4 170－4 170－…－4 170＝0

②连加“52 800”与连减“52 800”：52 800＋52 800＋…＋52 800－52 800－52 800－…－52 800＝0

③连加“639.36”与连减“639.36”：639.36＋639.36＋…＋639.36－639.36－639.36－…－639.36＝0

④连加“123 456 789”一分钟，然后将结果除以123 456 789，可以得出一共连加了多少次。

（2）答数一条龙。（又称“讨厌的8”）

连加“12 345 679”九次，结果为“111 111 111”；若连加“12 345 679”十八次，结果为“222 222 222”；若连加“12 345 679”二十七次，结果为“333 333 333”……

（3）“666”步步高加减训练。（要求：2分钟内正确完成为及格）

1 +2 +3 +… +36 =666；666 −1 −2 −3 −… −36 =0

（4）“5 050”步步高加减训练。（要求：加减各2分30秒内，正确完成为及格）

1 +2 +3 +… +100 =5 050；5 050 −1 −2 −3 −… −100 =0

（5）大小连加九十九盘和。

将123 456 789连加九十九盘，结果是12 222 222 111；将987 654 321连加九十九盘，结果是97 777 777 779。中间结果有明显的规律，见表6 −1。

表6 −1

| 加数和 / 盘数 | 小九九盘连加和 | 大九九盘连加和 |
|---|---|---|
| | 123 456 789 | 987 654 321 |
| 9盘 | 1 111 111 101 | 8 888 888 889 |
| 18盘 | 2 222 222 202 | 17 777 777 778 |
| 27盘 | 3 333 333 303 | 26 666 666 667 |
| 36盘 | 4 444 444 404 | 35 555 555 556 |
| 45盘 | 5 555 555 505 | 44 444 444 445 |
| 54盘 | 6 666 666 606 | 53 333 333 334 |
| 63盘 | 7 777 777 707 | 62 222 222 223 |
| 72盘 | 8 888 888 808 | 71 111 111 112 |
| 81盘 | 9 999 999 909 | 80 000 000 001 |
| 90盘 | 11 111 111 010 | 88 888 888 890 |
| 99盘 | 12 222 222 111 | 97 777 777 779 |

## 二、算术电子计算器的功能键

算术电子计算器种类繁多，型号不一，使得各自外部组成部分有所差异，但其外形结构却大致相同。其基本的外形结构是：基本功能键，显示器，电源开关，电池盒。下面以国产CD—B86H为例介绍各功能键的作用。

1. [1] [2] [3] …… [9] [0]为数字键，用来输入数字。

2. [.] 键为小数点键，用来确定整数或小数键，按此键后即为小数。

3. [+] [−] [×] [÷] [=] 为四则运算功能键和符号键，用来进行加、减、乘、除运算和结果键。

4. [√] 为开平方键，用来计算一个数的算术平方根。注意，被开方数不能为负数。

5. [+/−] 为符号变换键，用此键改变显示数字的正负号。

6. [%] 为百分比键，用来计算某数的百分比而设定的。

7. [M+] [M−]为累加累减存储键，用来把计算结果或输入数据加入累加存储器或从累加存储器中减去M。

8. [MR] 为输出键，用来显示累加存储器的内容。

9. [MC] 为清除键，用来清除累加存储器的内容。

10. [CE] 为部分清除键，用来清除输入的数据，而不影响以前已输入的正确数字。

11. [AC] 为总清除键，用来清除附加存储器以外的全部数据，此外，它还能清除“溢出封锁状态”。

12. [OFF] 为电源关闭键。

13. [ON] 为电源接通键。在该状态下，可以进行工作。

## 三、算术计算器的应用

在利用计算器进行运算前，应先打开电源开关，按通电源键，并将计算器内全部数字进行清除，显示器出现“0”时，即可进行运算。

（一）四则运算

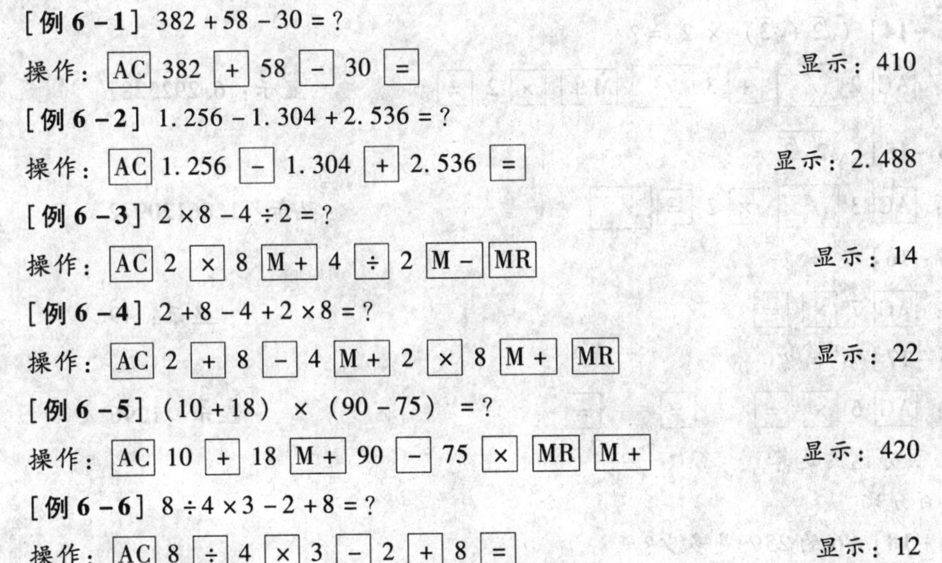

**[例 6－1]** 382＋58－30＝?

操作：[AC] 382 [＋] 58 [－] 30 [＝]　　显示：410

**[例 6－2]** 1.256－1.304＋2.536＝?

操作：[AC] 1.256 [－] 1.304 [＋] 2.536 [＝]　　显示：2.488

**[例 6－3]** 2×8－4÷2＝?

操作：[AC] 2 [×] 8 [M＋] 4 [÷] 2 [M－] [MR]　　显示：14

**[例 6－4]** 2＋8－4＋2×8＝?

操作：[AC] 2 [＋] 8 [－] 4 [M＋] 2 [×] 8 [M＋] [MR]　　显示：22

**[例 6－5]** （10＋18）×（90－75）＝?

操作：[AC] 10 [＋] 18 [M＋] 90 [－] 75 [×] [MR] [M＋]　　显示：420

**[例 6－6]** 8÷4×3－2＋8＝?

操作：[AC] 8 [÷] 4 [×] 3 [－] 2 [＋] 8 [＝]　　显示：12

（二）定数运算

电子计算器作乘法运算时，能记忆被乘数和乘指令。若进行定数乘法运算，需把定数作为被乘数先输入，再按 [×] 键，以后只需输入不同乘数并按 [＝] 键即可求得相应结果。

**[例 6－7]** 10×1.2＝?

操作：[AC] 10 [×] 1.2 [＝]　　显示：12

**[例 6－8]** 10×1.8＝?

操作：1.8 [＝]　　显示：18

**[例 6－9]** 3×2×5＝?

操作：[AC] 3 [×] 2 [×] 5 [＝]　　显示：30

[例6-10] 3×2×4＝?

操作：4 [=]　　显示：24

电子计算器作除法运算时，能记忆除数和除指令。若进行定数除法运算，在作完第一个式子以后，以后只需输入不同的被除数并按[=]键，即可得出相应的结果。

[例6-11] 28÷1.4＝?

操作：[AC] 28 [÷] 1.4 [=]　　显示：20

[例6-12] 70÷1.4＝?

操作：70 [=]　　显示：50

（三）开平方、乘方运算

[例6-13] $\sqrt{8}$ ＝？

操作：[AC] 8 [√]　　显示：2.8284271

（注：负数不能开平方）

[例6-14] $(\sqrt{2}+\sqrt{3})\times 2$ ＝?

操作：[AC] 2 [√] [+] 3 [√] [M+] [×] 2 [=]　　显示：6.2925287

[例6-15] $\sqrt{2\sqrt{3}}$ ＝？

操作：[AC] 3 [√] [×] 2 [=] [√]　　显示：1.86120972

[例6-16] $7^2$ ＝？

操作：[AC] 7 [×] [=]　　显示：49

[例6-17] $6^4$ ＝？

操作：[AC] 6 [×] [=] [=] [=]　　显示：1296

（四）百分比的运算

1. 求百分比

[例6-18] 86的25%是多少?

操作：[AC] 86 [×] 25 [%]　　显示：21.5

2. 求比率

[例6-19] 25:125的百分比是多少?

操作：[AC] 25 [÷] 125 [%]　　显示：20

3. 求增加后的值

[例6-20] 50增加8%后，其值是多少?

操作：[AC] 50 [×] 108 [%]　　显示：54

4. 求减少后的值

[例6-21] 200减少15%后，其值是多少?

操作：[AC] 100 [-] 15 [×] 200 [%]　　显示：170

5. 求增长百分比

[**例 6－22**] 183 较 120 的增长百分率是多少?

操作：[AC] 183 [－] 120 [÷] 120 [%]　　显示：52.5

6. 加上及减去折扣计算

[**例 6－23**] 150＋（150×30%）＝?

操作：[AC] 150 [＋] 30 [%]　　显示：195

150－（150×30%）＝?

操作：[AC] 150 [－] 30 [%]　　显示：105

7. 产品定额计算

[**例 6－24**] 某企业销售甲产品 1 000 件，售价为 150 000 元，销售税费按收入的 5% 上缴，营业费用为收入的 4%，计算企业销售税费和营业费用各为多少?

操作：销售税费：[AC] 150 000 [×] 5 [%]　　显示：7 500

营业费用：4 [%]　　显示：6 000

8. 百分比计算

[**例 6－25**] 某企业生产甲产品 1 000 件的总成本为 65 000 元，其中：材料费用为35 000 元，人工费用为 20 000 元，制造费用为 10 000 元。问：材料费、人工费、制造费用各占总成本的百分比是多少?

操作：[AC] 35 000 [＋] 20 000 [＋] 10 000 [÷] [＝] 35 000 [%]

53.85　（材料占总成本的%）

20 000 [%]　30.77　（人工费占总成本的%）

10 000 [%]　15.38　（制造费用占总成本的%）

（五）本利运算

[**例 6－26**] 求本息：某企业 1 月 1 日存入银行 320 000 元，年利率为 3%，期限三年，利息按复利计算，计算三年后的本息和是多少?

操作：[AC] 1 [＋] 3 [%] [×] 320 000　　显示

[＝]　329 600 元（第一年）

[＝]　339 488 元（第二年）

[＝]　349 672.64 元（第三年）

[**例 6－27**] 求利息：某企业从银行借出年利率为 5% 的款项 300 000 元，借款期限为 35 天，求企业应付给银行的利息是多少?

操作：[AC] 300 000 [×] 5 [%] [×] 35 [÷] 365 [＝] 1 438.36

[**例 6－28**] 某企业有厂房一座，账面原值为 200 000 元，预计报废时的残值收入为 20 000元，清理费用为 10 000 元，使用年限为 20 年。求年折旧率，年折旧额；月折旧率，月折旧额。

操作：AC 200 000 − 20 000 + 10 000 ÷ 200 000 ÷ 20 = 0.0475（年折旧率）
× 200 000 = 9 500（年折旧额）
÷ 12 = 791.67（月折旧额）
÷ 200 000 = 0.00396（月折旧率）

（六）倒数运算

倒数运算的操作方法

1. 算式：$\frac{1}{a}$

**[例6－29]** 1/2 ＝？

操作：AC 2 ÷ = 显示：0.5

2. 算式：$\frac{1}{a+b}$

**[例6－30]** 1/（4＋1）＝？

操作：AC 4 + 1 ÷ = 显示：0.2

3. 算式：$\frac{1}{a \times b}$

**[例6－31]** 1/4×5＝？

操作：AC 4 × 5 ÷ = 显示：0.05

4. 算式：$\frac{d}{a(a+b)}$

**[例6－32]** 80/2×（3＋5）＝？

操作：AC 3 + 5 × 2 ÷ = 80 = 显示：5

5. 算式：$\frac{1}{a^3}$

**[例6－33]** $1/4^3$＝？

操作：AC 4 ÷ = = = 显示：0.015625

6. 算式：$\frac{1}{\sqrt{a}}$

**[例6－34]** $1/\sqrt{4}$＝？

操作：AC 4 √ ÷ = 显示：0.5

（七）操作错误的纠正方法

1. 错按数字键的纠正方法

**[例6－35]** 18＋43＝61

操作：AC 18 + 34 CE 43 = 显示：61

上例表明，错按了数字键后，只需按CE键将错误的数字清除，然后按正确的数字键就可得到正确的结果。

2. 错按 [+] [-] [×] [÷] 运算键的纠正方法

[例6-36] 4+8=12

操作：[AC] 4 [÷] [+] 8 [=]　　显示：12

上例表明，如果错按了四则运算键，只要重新按正确的运算键就可得到正确结果。

3. 溢出封锁状态的解除方法

在计算中如输入的数字或计算结果的整数部分超过显示器的最大位数时，显示器的右端出现“[”符号（这是“溢出”的标志），这时计算器除了总清除键[AC]以外，其余按键都被封锁而不起作用，称为溢出封锁状态，这时必须按动[AC]键来进行清除。

（八）百分比运算

[例6-37] 见表6-2。

表6-2

| 例　题 | 按　键 | 显　示 |
|---|---|---|
| 80×5%=4 | 80 [×] 5 [△%] | 4 |
| 75÷15%=500 | 75 [÷] 15 [△%] | 500 |
| （90+5）÷5%=1 900 | 90 [+] 5 [÷] 5 [△%] | 1 900 |
| （90-5）÷5%=1 700 | 90 [-] 5 [÷] 5 [△%] | 1 700 |

## 四、电子计算器在传票算中的运用

有关传票算的方法详见本教材第二章第四节，这里强调要保持良好的姿势，正确摆放传票和电子计算器，掌握科学的训练方法，将传票的“翻”和“按键”动作连续不断。

（一）姿势

用电子计算器翻打传票，通常简称为“电打传票”。计算时，其姿势同打算盘相似。首先，要求身体坐正略向前倾、两脚平放、两臂放松、双手微微抬起；其次，传票放在桌子的左边、计算器放在右边，头部在两者中间偏左，以方便眼睛看数据为宜；最后，根据需要拿着笔按键。握笔的方法是：将笔杆夹在右手的拇指与食指之间，笔尖朝外，手指立起紧贴在基本键上。（见图6-2）

图6-2

（二）传票的翻法

翻页是打传票快慢的关键，传票翻页是靠左手完成的。首先用左手的小指，无名指，中指弯曲放在传票封面（或开始页）的中部或中部稍右，然后用左手拇指突出部位翻页，当拇指翻起每一页传票后，食指很快放进刚翻起的一页传票下面，将这页传票卡住。左手翻页和右手按键要同时进行，每翻动一页，大脑要迅速将数记住、右手同步录入，票页不宜掀得过高，角度越小越好，以能看清数据为宜。每个人可以结合自己的实际情况总结出切实可行的方法，不必墨守成规，应不断创新、不断总结。

（三）百页传票翻打训练

百页传票翻打是指将传票中某一行数字从第1页一直加到第100页，计算出合计数。百页传票翻打是多年来技能选手广泛使用的一种练习传票基本功的有效方法。它既能训练速度，又能训练准确度。

（四）利用传票算比赛标准试题训练

利用电子计算器进行翻打传票的练习，每10分钟算对12道题为合格。（见表6-3）

表6-3

| 题　号 | 起止页数 | 行　次 | 答　案 |
|---|---|---|---|
| 1 | 6~25 | （三） | |
| 2 | 28~47 | （四） | |
| 3 | 49~68 | （五） | |
| 4 | 65~84 | （一） | |
| 5 | 4~23 | （二） | |
| 6 | 26~45 | （三） | |
| 7 | 46~65 | （四） | |
| 8 | 70~89 | （五） | |
| 9 | 7~26 | （一） | |
| 10 | 29~48 | （二） | |
| 11 | 42~61 | （四） | |
| 12 | 66~85 | （五） | |
| 13 | 81~100 | （一） | |
| 14 | 1~20 | （二） | |
| 15 | 22~41 | （三） | |

## 五、电子计算器在票币计算中的运用

票币计算是指收银员在交班时要填写“现金交款单”，并计算总计金额。这实际上属于“滚乘累加”的计算，在计算器上可以用两种方法实现。

（一）用“M+”和“MRC”键

具体操作程序：循环按“[被乘数]——[×]——[乘数]——[M+]”四项键，直到所有面额的数量都输入，最后按“MRC”键调出合计金额。

例如：100×21＋50×13＋20×9＋10×34＝3 270

操作：AC 100 × 21 M＋ 50 × 13 M＋ 20 × 9 M＋ 10 × 34 M＋ MRC 显示：3 270。

（二）用“GT”键

具体操作程序：循环按“被乘数——×——乘数——＝”四项键，直到所有面额的数量都输入，最后按“GT”键调出合计金额。由此上述例题还可按如下方法操作：

操作：AC 100 × 21 ＝ 50 × 13 ＝ 20 × 9 ＝ 10 × 34 ＝ GT　显示：3 270。

（三）票币计算实训

表6－4是收银员前台交班时需要填写计算的内容，这里要求按上面介绍的两种方法训练，达到每30秒做对一题为合格。

**表6－4　　票币计算表**

| 面　额 | 张（枚）数 | 金　额 |
|---|---|---|
| 100 | 24 | |
| 50 | 18 | |
| 20 | 9 | |
| 10 | 36 | |
| 5 | 26 | |
| 1 | 46 | |
| 0.5 | 27 | |
| 0.1 | 59 | |
| 合计金额 | | |

## 六、电子计算器的使用与维护

1. 电子计算器是一种精密细小的电子装置，由各种电子元件组成，很容易损坏。因此，在初次使用电子计算器时，应认真阅读所使用的电子计算器的说明书，了解其具有的功能。使用时应经常保持清洁，注意防潮、防暴晒、防腐蚀。

2. 使用电子计算器时放置要平稳，防止按键时摆动，造成重复输入。按键时用力要适中，不要太轻，防止没有输入；也不要太重，以防损坏机器或降低使用寿命。

3. 在进行计算器操作时，眼睛要看准键盘，每操作一次按键，都要观察屏幕上是否有相应的显示，只有等到显示出来后检查无误时，才能进行下一步的操作。每一组新的运算开始前，应先将上一组运算和存储内容全部清除，以减少不必要的错误。

4. 用直流电源时，使用完毕应及时取出电池，以防漏电，在使用中如发现数码显示管亮度太暗或完全不亮，应及时更换电池，更换电池时，必须先关闭电源开关。

用交流电源时，应注意交流电压的变化，防止电压过高或过低造成计算器的损坏。不用时，应把整流器从电源插座上拔出。

5. 电子计算器使用完毕后，应放入套中，避免灰尘进入，存放在阴凉干燥处。不要放在温度高、湿度大、有灰尘和阳光直射的地方，特别要严防金属粉末侵入机体，损坏机器。

［课堂讨论］1. 一般型计算器的应用有哪些基本功能？

2. 如何利用电子计算器进行传票翻打、票币计算等应用？

# 第三节　电子收银机的使用

## 一、概述

### （一）零售业态的发展

2001 年底我国加入了世界贸易组织（英文缩写“WTO”），并逐步开放了分销零售业。由于引进外资，我国零售商业迅速发展，现代零售商业业态已全部进入中国。零售业态是经营者为了满足不同的消费需求而形成的不同的经营形态。以前的零售商业都是传统的百货店形式，大到北京、上海的百货大楼，小到县城的各种百货公司，业态比较单一。经过十几年的发展，目前国际上主要零售商业业态在我国都已出现，世界排名前 50 名的企业也已相继进入中国。同时，我国的零售商业也已发展壮大，形成一批主要企业，在中国市场上的占有率也已名列前茅。

众所周知，西方零售业态总体来说经历了四次大的革命，即百货商店、连锁超市、购物中心和无店铺销售。这种业态的演进不是偶然的或无根据的，而是零售业适应社会经济和文化技术发展的产物。如百货商店的出现是适应西方工业革命大量生产、大量销售和城市化进程的要求而产生的；连锁超市是适应商业降低成本、方便顾客的要求产生的；购物中心则是城市空洞化、居住郊区化的必然反映；而无店铺销售则是电子技术和信息技术在流通领域的延伸。应该说，零售业态的每次创新都更好地满足了消费者的利益和需求，更好地推动了工业生产的发展。随着商业的日益发展，商品交易量急剧增加、货币资金的内容越来越复杂，商业系统内部分工也越来越细，收银工作系统、收银员就是在这一背景下产生的。

### （二）收银工作岗位职责

收银岗位是收银员从事收取营业资金工作的场所，通常称为“收银台”、“收款台”。

1. 收银员的含义

收银员是指在百货商场、超级市场以及购物中心等零售企业从事收取营业资金工作的人员。收银员从性质上看是企业财务部门派驻到经营场所的第一线专门从事货币资金收取工作的人员。因此，同出纳相比，收银员只负责资金的收取、核对、保管和上交，不负责资金的支付，也不需要设置现金和银行存款日记账进行专门核算。

2. 收银员的岗位职责

收银员的岗位职责包括：

（1）快速、准确地收取货款；

（2）为顾客提供良好的服务，回答顾客咨询；

（3）严格遵守唱收唱付的原则；

（4）公司财产（收银机、验钞机、收银台、电脑等）的保养；

（5）负责收银区前台的清洁卫生。

收银员的主要工作是：

(1) 确保收银动作的规范化、标准化，提高收银速度和准确性；

(2) 及时上交销售款，及时作出差异报告；

(3) 保证前台区域的清洁卫生；

(4) 对商业资料的保密；

(5) 各种票据和文件的收集、保管和传递；

(6) 确保金库和现金的安全；

(7) 保证充足的零用金；

(8) 确保顾客所购的每一件商品均已收银，不得遗漏；

(9) 及时找零，避免影响正常收银，并将商品存在的问题作好记录；

(10) 掌握收银机的使用、假钞识别方法、现金找赎技巧，熟悉厂商编号等；

(11) 严格遵循礼貌规范用语，礼貌待客，文明经商；

(12) 规范化消磁，避免同顾客产生冲突。

收银员的辅助工作是：

(1) 协助做好顾客服务；

(2) 协助盘点和前区商品的理货、补货；

(3) 提高警惕，注意防盗。

## 二、收银工作系统

收银工作系统是指以前台电子收银机、商品条形码扫描器和后台电子计算机等设备为主要硬件，以电子收银、商品条码技术为软件，从事收银及商业营销管理的一种电子信息工作系统。

(一) 电子收银机的构成

现在，电子收银机种类较多，大体上分为简单实用的电子收银机和功能较强的 POS 收银机两类。本章以深圳智百威科技发展有限公司生产的百威 3000 POS 收银机为例介绍其基本构成（见图 6－3）。

图 6－3 百威 3000 POS 收银机

1. 主机：电子收银机的核心部分，主要由中央数据处理器和存储器组成。

2. 显示器：电子收银机的信息输出设备，由主显示器与顾客显示器（见图 6－4）两个部分组成。

图6－4 顾客显示器

图6－5 电子钱箱

图6－6 微型票据打印机

3. 键盘：电子收银机的信息输入和有关收银功能操作的设备。一般来说其组成与计算机键盘相同，只是对某些功能键重新编程，以便完成收银的相关操作。有的收银机键盘内容在出厂时为空白，使用者根据需要编程确定各键的功能。

4. 电子钱箱：收银员存放营业现金的箱子。它与收银机相连，并配有电子锁控制开启（见图6－5）。

5. 微型票据打印机：电子收银机的信息输出设备。它主要打印销售票据，分热敏式和针式打印机两种（见图6－6）。

6. 外部设备接口：电子收银机与网卡、电子钱箱、条码扫描器等外部设备相连接的接口。

7. 条码扫描器：商品条形码的录入装置。它以条码技术为基础，确保了收银工作的快速、准确、批量、简单和实用的要求（见图6－7）。

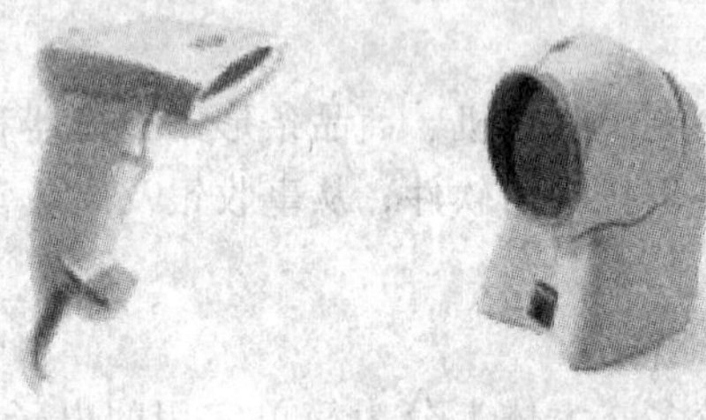

图6－7 条码扫描器

8. 磁卡读写器：是会员卡、信用卡和储值卡等磁信息的读写设备（见图6－8）。

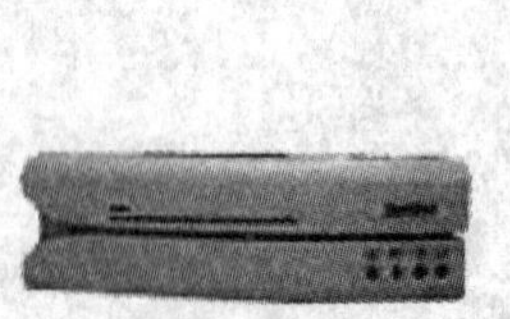

图6－8 磁卡读写器

图6－9 电子秤

9. 电子秤：商场称重计量商品时，能从电脑中查找价目信息，并打印出商品的条形码的计量设备（见图6－9）。

10. 调制解调器或网卡：是将收银机的数据通过电话线或网卡与局域网中的后台计算机连接进行数据处理等双向交流的设备。

（二）商品条码与商品编码

商品条码与商品编码是当今商品流通领域中两个重要的符号，它们在意义上相似，但作用不同，分别代表了各零售业态前台收银的两种不同销售方式。

1. 商品条码

商品条码是商品条形码的简称，它是由一组粗细不同、平行相邻、黑白相间的条纹组成的，按照一定规则排列的特殊符号。商品条码包含了商品的产地、生产厂商、商品名称、销售价格、生产日期等一系列信息，通过光电识读设备可以快速将信息读入收银机，是商品得以在市场上流通的“身份证”。条码技术的应用顺应了全球经济一体化的要求，提高了商品生产和流通的效率，促进了市场经济的发展。

商品条码 EAN－13 码和 EAN－8 码是国际上通用的两种标准码，它们由国际物品编码协会统一管理和分配。EAN－13 码的构成是：第 1～3 位字符是国别码（“前缀码”），代表商品的国家或地区；第 4～7 位字符是厂商码，代表商品的生产厂家；第 8～12 位字符是产品码，代表商品的代码；第 13 位字符是校验码，是扫描成功的依据。EAN－8 码的构成是：第 1～2 位字符是国别码（“前缀码”），代表商品的国家或地区；第 3～7 位字符是产品码，代表商品的代码；第 8 位字符是校验码，是扫描成功的依据。从上可见，EAN－8 码是 EAN－13 码的缩短版。

利用商品条码扫描销售是零售的一种主要销售方式。它适用于实行开放式购物的超级市场、连锁超市等商店。其工作流程是：

条码扫描器扫描录入商品信息 ⟶ 收银机从后台数据库中查找商品的名称、价格等信息 ⟶ 计算销售金额 ⟶ 打印销售清单或发票

2. 商品编码

商品编码俗称“店内码”，是指标识商品信息的一组阿拉伯数字。与商品条码不同的是，它由零售商自己编制，只能用于本商店内部商品的自动化管理。有了商品编码，商家能够方便地使用电子计算机对所经营的商品进行分类管理，查询商品价格、名称、产地、类别、库存量、供应商等信息。

利用商品编码销售又称为编码商品价目表销售。它适用于实行封闭式购物的百货商场、购物中心、专卖店等商店。其工作流程是：

顾客选好商品 ⟶ 营业员填写销售凭证 ⟶ 顾客持凭证交款 ⟶ 收银员手工录入商品编码 ⟶ 收银机查找价目信息计算销售额 ⟶ 打印销售清单或发票

## 三、收银系统软件应用

目前，商业企业使用的收银系统软件版本较多，基本按照系统功能、信息档案、后台商品进销存管理、前台收银、报表中心和图表分析等模块编写。本教材以深圳智百威科技发展有限公司开发的百威 3000XP 商业 POS 软件为例，介绍其操作方法。

（一）百威 3000XP 商业 POS 软件简介

百威 3000XP 商业 POS 软件——超市版是针对流通行业中连锁商业企业的信息管理系统而提供的一个整体解决方案，结合当今零售业态发展趋势，从存在于供应链中的供应商、连锁企业总部、连锁门店和顾客的商流、物流、信息流与资金流出发，对零售企业的组织架构

及职能提出建议。本方案旨在为连锁零售企业的供应商、总部及其门店之间建立快速响应系统。该快速响应系统的突出特征是：敏捷、虚拟、互动。敏捷——使企业信息获取和商务处理以电子速度实时进行，以适应市场变化，赢得先机；虚拟——企业的虚拟化改变了企业运行的时空观，使企业能跨区域范围内更有效地配置资源，形成更大的竞争优势；互动——通过企业内部与外部之间的互联网络，使得企业间（BTOB，供应商，连锁总部，门店），企业与客户间（BTOC）在商业上、信息交换上形成互动。POS销售：基于第三代PC BASE POS机的卖场销售，在保证安全、迅速、数据完整的考虑下，收集商品销售信息并完成交易收付。系统具有以下一些特点：

1. 联机销售，实时查询：POS机通过网络与服务器相连，因此可实时反映单品的最新信息。销售数据直接传送到后台服务器的数据库上，管理人员可利用决策咨询系统的实时查询功能监控全店及各处各部的当前销售情况，可以用列表的方式显示，也可以用柱型图或饼型图来显示。

2. 断网销售：POS机可脱机工作，在网络发生故障时仍能正常销售。一旦网络恢复工作，POS机的本地数据立刻上传给服务器。即使在下班前网络仍未正常，也可用软盘将本地数据拷出，再将数据拷入主机。

3. 支持编码/条形码：POS机销售商品时，既可以使用商品编码，也可以使用商品条码。商品编码的最后一位是校验位，这样可以有效地防止串码、误码现象的发生。

4. 多种付款方式：支持储值卡、会员卡、现金、支票、信用卡等付款方式，支持一笔交易多种付款方式。

5. 支持多种促销方式：可以与后台配合自动打折、手工打折、量贩销售。

6. 后台对前台的实时监控功能：后台的主机及监控系统实时可视化地监控每台收银机的工作状态。

7. 后台对收银机进行集中式管理：后台可对前台收银机进行集中管理，系统可对每台收银机发布消息和指令。如，请将收到的现金上交出纳室、请停止收款、请关机等。

（二）收银台工作程序

收银台工作程序是收银员上岗的规范化要求，它由前台当班、前台收款、商品入袋和前台交班四个环节组成。收银员按规范化要求操作能避免差错，提高收银工作效率，为顾客创造良好的购物环境。

1. 前台当班

收银员上机前的步骤：

（1）填写一式两联的收银现金核算表交由总收款室人员换取一定数额的备用金。

（2）到收银总台向领班询问机台号及当日密码。

（3）准备笔、计算器、抹布、磁扣枪、购物袋、打印纸、小本等。

（4）收银机在作业状态时，输入代码及密码。

（5）将备用金依顺序排放妥当，钱柜排放格式如下：

| 50元 | 10元 | 5元 | 2元 | 1元 |
|---|---|---|---|---|
| 5角 | 2角 | 1角 | 硬币 | |

100元大钞放在夹层。

（6）打扫机台、收银机及机台四周的卫生。

（7）按迎宾站立姿势，提前五分钟进行迎宾。

2. 前台收款

（1）欢迎顾客。前台收款时，收银员应首先面带微笑亲切地向顾客问候，常用的问候语有："欢迎光临"、"您好" 等。同时询问顾客是否有会员卡，如果有则扫描顾客会员卡，或手工输入，如卡无效，请顾客到服务台补办。

（2）录入（扫描）商品并消磁。向电子收银机输入商品信息是收银工作的重要环节，收银员先帮助顾客将所购商品放在收银台上，然后用扫描枪逐一扫描每件商品的条码，同时进行消磁，或解除防盗扣。当扫描不正常时，应采用人工录入的方式输机。本过程应注意：扫描时不遗忘商品、不重复录入商品；带有包装箱的商品，必要时要开箱检查，核对商品描述是否一致，并报出价格。

（3）唱收钱或卡。扫描完商品后，按收款键便出现收款对话框。顾客用现金付款时，收银员应双手接过，当面清点并检验其真假，最后唱收："收您×××元"，将实收金额录入收银机，存入钱柜。顾客用信用卡等付款时，收银员应先双手接过，唱收："收您信用卡一张"；再确认此卡是否能使用，审查其合法性；然后选择付款方式，在刷卡机上刷卡，由顾客输入密码、收银员输入应收金额；最后刷卡机开始打印有中国银联标记的消费单据，由顾客在指定位置签名确认。

（4）唱付找零或还卡。采用现金结算方式的，要将多余的零钱清理好，连同打印出的清单交到顾客手中，同时唱付："找您×××元"；采用信用卡等结算方式的，报出实收金额并打印销售小票，并将信用卡、消费单据存根联和销售小票等双手递给顾客，同时唱付："请收好信用卡"、"谢谢光临" 等礼貌用语。

（5）服务下一位顾客。

3. 商品入袋

收银员在收款以后，还应该为顾客提供装袋服务。做好商品装袋服务要学会正确选择购物袋，遵循装袋的原则和程序，熟练掌握装袋技巧。

（1）目测顾客购物的种类和数量，选择若干适合尺寸的购物袋。

（2）不同性质的商品必须分开入袋，例如：生鲜与干货类，食品与化学品类，以及生食与熟食类等。

（3）入袋程序：

①重、硬物置袋底；

②正方形或长方形的商品放进袋子两侧，作为支架；

③瓶装及罐装的商品放在中间；

④易碎品或较轻的商品置于上方。

（4）冷藏（冻）品、豆类制品、乳制品等容易出水的食品，肉、鱼、蔬菜等容易渗流出汁液的商品，或是味道较为强烈的食品，应先用其他购物袋包装妥当之后再放入大的购物袋。

（5）货物不能高过袋口，避免顾客不方便提拿。

（6）确定公司的传单及赠品已放入顾客的购物袋中。

（7）入袋时应将不同客人的商品分别清楚。

（8）体积过大的商品，可另外用绳子捆绑，方便提拿。

（9）提醒顾客带走所有包装好的购物袋，避免遗忘在收银台。

部分商店因为人手不足，并没有为顾客提供入袋服务，而是由顾客自行将商品放入购物袋。在此情况下，收银员仍须注意下列事项：

（1）将登录完的商品轻放在收银台另一端时，禁止重放或丢甩，必须依照入袋的程序将商品放置，以免商品遭受损坏。

（2）将结账完毕的商品交给顾客时，应同时附上购物袋（不论商品多少），并对顾客说声："麻烦您！"或"对不起"。

（3）必须分开包装的商品，应多给顾客几个购物袋（按商品的大小给顾客不同规格的购物袋）。

（4）体积过大或过重，而无法放入购物袋的商品，应在商品上留下记号，以示该项商品已经结账。

4. 前台交班

收银员上机时段，有时因就餐、上卫生间等需要暂时离开POS机，需经领班批准后，将收银机调到暂停状态，放上"暂停收款"牌，关闭收银通道方可离开。如果一天收银结束，最后需要做的事情是前台交班。前台交班又称"班结"，是指将收银结束时打印的交班记录表和现金一起交给总收款室核对。交班时还应做好以下几点：

（1）班次结束时如顾客排队等候太多，应视商场安排延长收银时间；

（2）收银员在做班结时要关闭收银通道和收银机，并断开电源；

（3）注意四周可疑人物，营业额不可随意放置，以防错乱或遗失；

（4）检查购物袋是否摆放整齐，收银台的"孤儿"商品是否放入孤儿筐等。

（三）前台收银操作

1. 前台当班

前台当班是一天工作的开始，进入前台主界面，点击前台当班按钮或按键盘"1"，系统会弹出当班界面，如图6-10所示：

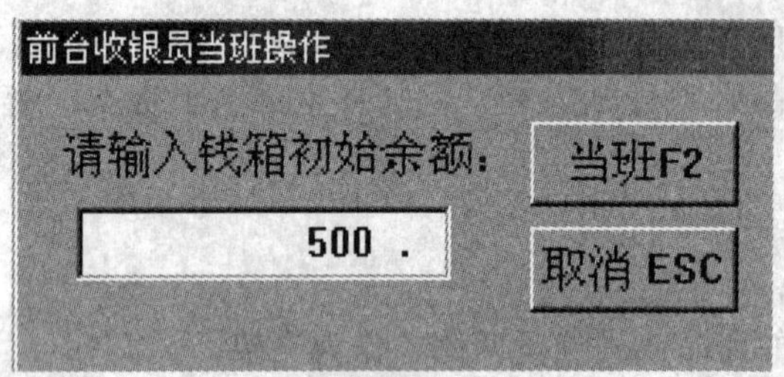


图6-10 前台当班界面

在输入框中输入当班时的零钱（比如500元零钱，就在框中输入500）；然后按"当班"（或F2），此时提示是否真的当班，按"是"，则钱箱弹出，将零钱放入钱箱，即可完成当班工作。

2. 前台收款

前台当班工作完成后，即可进行前台收款操作，如图6-11所示。

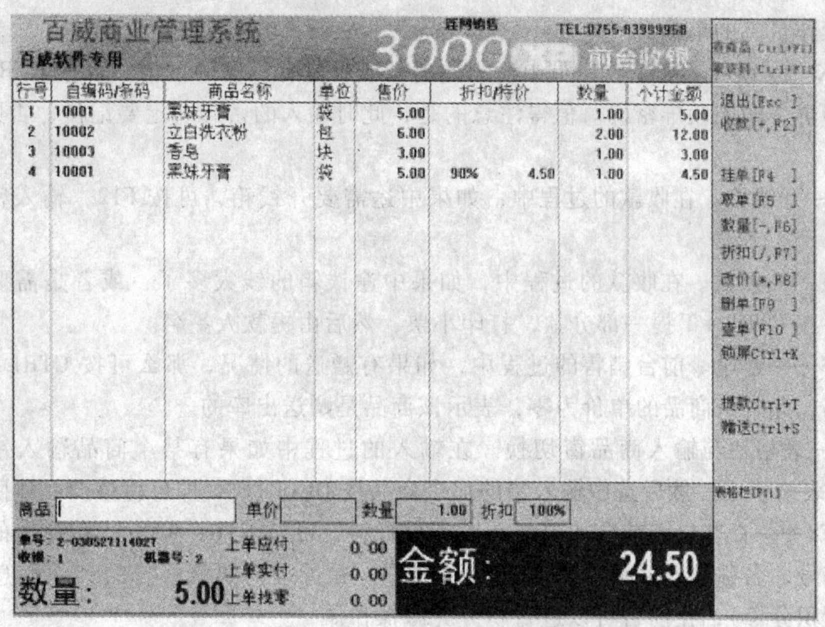


图 6－11 前台收款界面

各功能键操作说明：

ESC——退出收款界面。退出收款界面，只需按 ESC，然后按 Y。

+或 F2——收款。当需要销售的商品全扫描到界面上后，就可以按＋ 或者是 F2 进行收款操作。

F3——输入业务员。如果前台需要输入业务员，可按 F3，然后输入业务员编号。业务员编号就是员工编号，可在后台员工档案中设置。在这里要注意的是，如果在后台参数设置没有设置有业务员，那么在这里就调不出业务员，所以如果需要在前台输入业务员，那么在后台参数设置中一定要设置有业务员才行。

F4——挂单。挂单的意思是，如果某单在输入的过程中，客户突然说我还要买点别的，然后此时就可按 F4，先将这个单挂起来，接着可以给其他的客户收款。

F5——取单。取单是指刚刚挂起的单如果客户又回来了，就可以按 F5，选择需要取的单据，调出挂起的单，继续收款操作。

—或 F6——修改数量。如果收款过程中，有的商品是好几件，可先按—或 F6 将数量改为销售的数量，然后输入商品的条码，那么销售的商品就是刚输入的数量。

/或 F7——修改折扣。如果收款过程中有的商品需要打折，可先按/或 F7 将折扣改为销售的折扣，然后输入商品的条码，那么商品就按输入的折扣进行销售。输入折扣时注意，如果是九折，那么输入的是 90%，八五折的话输入的是 85%。

＊或 F8——单品改价。如果收款过程中有的商品需要更改价格，可先按＊或 F8 将价格改为销售的价格，然后输入商品的条码，那么商品的价格就是输入的价格。

F9——整单删除。如果在收款的过程中，当输入了一些商品后，客户说不需要了，那么在这种情况下就可以按 F9 将该单删除。

F10——查单。如果需要查询今天的销售单，那么可按 F10 进行查询，不过在此只能查询当天该操作员打的单据。

Ctrl + K——锁屏。如果收银员中途需要离开或者是有其他的事情，可按 CTRL + K 进行前台收银锁屏，输入锁屏密码。值得注意的是，此时输入的密码一定要记住，否则只能通过关机重启。

F12——开钱箱。在收款的过程中，如果中途需要开钱箱，可按 F12，输入密码后钱箱便可弹出。

Ctrl + T——提款。在收款的过程中，如果中途钱箱的钱太多了，或者是需要钱急用的话，那么可按 CTRL + T 提一部分款，打印小票，然后由提款人签名。

Ctrl + S——赠送。前台销售的过程中，如果有赠送的情况，那么可按 CTRL + S 然后输入商品条码，此时该商品的单价为零，表示该商品是赠送出库的。

F11——表格栏与输入商品窗切换。在输入的过程中如果有某个商品输入错了，可按 F11 切换到表格栏中，然后选中输入错的那个商品按 DELETE ，即可将该商品删除。

Ctrl + F8——查客户。前台如果想查询客户资料，可按 CTRL + F8 ，在弹出的界面中输入客户的编号、名称或电话都可以查询到该客户，并可查询到该客户的其他信息（累计购物额、累计积分等)，在前台可以进行积分充减操作。

Ctrl + F11——查商品。前台如果想查询商品的信息，可按 CTRL + F11 在弹出的界面中输入商品的条码、编号或名称，可以查询到商品的详细资料。

Ctrl + F12——取资料。如果在后台修改了一些基本资料信息，而前台又没有退出系统，当重新进入前台一遍时，这些修改的信息在前台是不能体现出来的，此时就可以在前台直接按 CTRL + F12 取一次资料。

前台在按了 + 号或者是 F2 时，系统会弹出如图 6 – 12 所示界面：

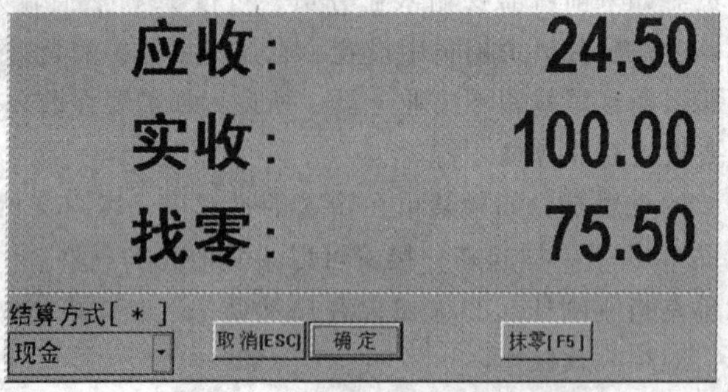


图 6 – 12　前台收款界面

在此界面中显示应收、实收、找零栏目。

应收——表示本单的合计金额；

实收——表示本单的实收金额；

找零——表示需要找客户的金额（实收 – 应收)。

如果有客户在收款时需要去掉零头，可按［抹零］按钮，在弹出的界面中输入需要抹去的金额，那么应收金额就会减去抹掉的那部分金额。

如果客户是会员客户或者是储值卡客户，那么可在此按“/”，输入会员或储值卡卡号，系统便会自动根据会员的优惠方式进行打折，那么应收就会变成会员应收，如果是储值卡客户的话，那么此单的金额会直接从卡里扣除。

3. 销售明细

前台可以查询当天的销售明细，不过只能查询当班收银员的收银记录，并不可打印。能以单据编号、商品名称、类别、单据类型等查询前台的销售情况。

单据编号：前台收银的单据编号；

自编码/条码：商品的条形码或者是商品的店内码；

商品名称：商品的名称或者是商品的全称；

规格：商品的规格型号；

单位：商品的基本单位；

数量：商品的销售数量；

单价：商品的销售价格；

金额：销售数量 × 销售价格。

4. 前台交班（见图 6－13）

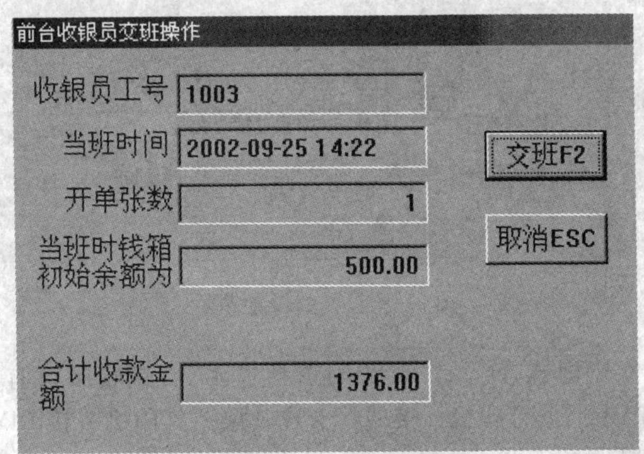


图 6－13　前台交班界面

当一天的工作完成后，最后需要做的工作便是前台交班，交班时打印交班记录表，表中记录交班操作员、当班时间、交班时间、当班时钱箱余额、收款金额、交易笔数等信息，收银员最后将交班报表和现金一并交给财务核对。

5. 修改密码（见图 6－14）

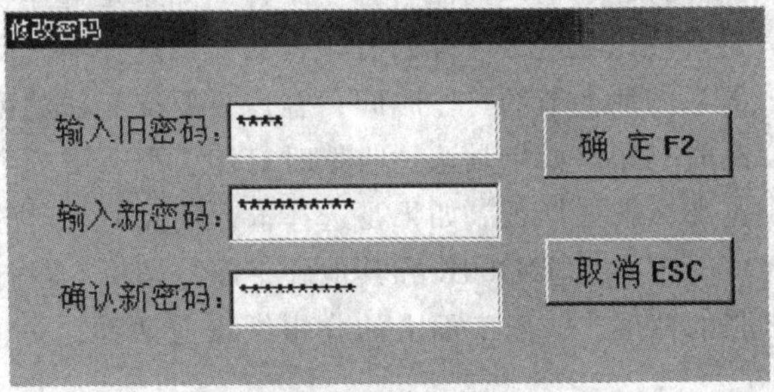

修改密码

输入旧密码：****

输入新密码：**********

确认新密码：**********

确 定 F2

取 消 ESC

图 6－14　修改密码界面

收银员可以在前台更改自己的密码，操作方法很简单，首先进入修改密码，在弹出的界面中输入一次旧密码，然后再输入两次新密码，最后按确定即完成。要注意的是，两次新密码一定要相同，否则不可更改密码。

6. 参数设置

参数设置是最重要的一步，一般由系统管理员来设置。（见图 6－15）

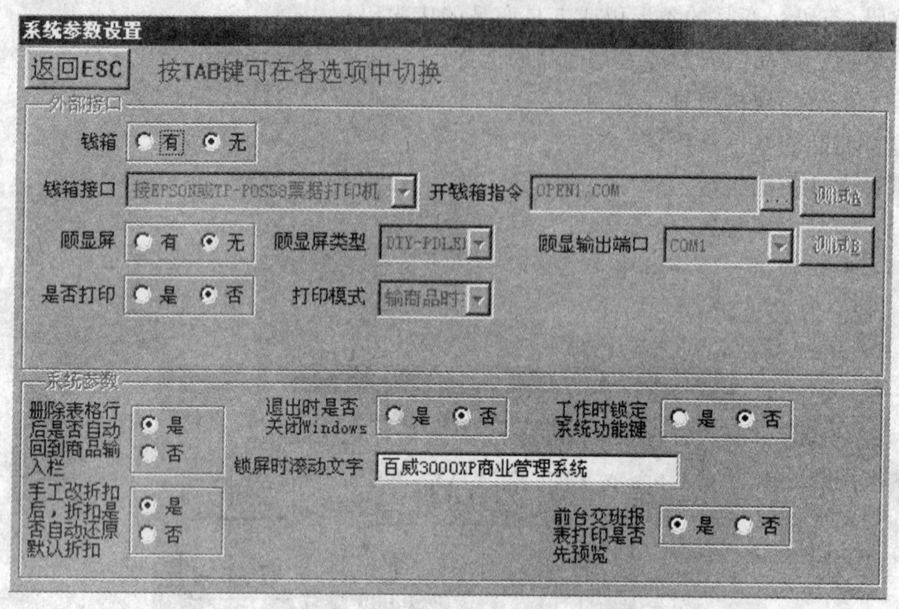


图 6－15　参数设置界面

钱箱：如果接有钱箱则选择“有”，否则选择“无”。钱箱接口有四种：接 EPSON 或 POS58 打印机、接 STAR 票据打印机、接钱箱卡或其票据打印机、接 DIY 顾客显示屏，这四种接口根据自己的情况选择适当的接口，在选择完后，点击测试，试一下钱箱是否会弹出。

顾显屏：如果接有顾客显示屏则选择“有”，否则选择“无”。顾显屏类型：软件提供的顾显屏类型有：LED11、LED12、MBI1828、DIY－LED8、DIY－LED8N、DSP440 液晶顾显屏，选择合适的顾显屏类型即可。

顾显屏输出端口：com1　com2　com3　com4。

是否打印：如果接有打印机，则选择“是”，否则选择“无”。

打印模式：分为收款时打印和输入商品时打印两种。如果是选择收款时打印，那么在输入商品时就不会打印，只有收完款最后才开始打印；而如果选择输入商品时打印，那么每输入一个商品都会打印，那样的话会节约打印时间，客户只要交完钱就可以把小票打完。一般情况下都是选择输入商品时打印。如果是选择收款时打印，那么下一个选择会提示是否在打印前预览，如果不想预览那么就选择否。如果是选择输入商品时打印的话，下一个选择是打印机类型，有两种选择：EPSON －TM300K 和其他硬字库打印机，视打印机的情况确定。最后还有一个选项就是纸张的宽度，一般市面上的收银纸张有两种，一种是 75mm，还有一种是 57mm。

删除表格行是否自动回到表格栏：表示前台收款时，如果按 F11 到表格，删除某条商品后，是否自动将光标回到商品输入框。

手工改折扣后是否自动还原到默认折扣：表示如果按 F7 手工改了商品折扣的话，是否自动还原到默认折扣。

退出时是否关闭 windows：表示前台收款时退出系统的话，是否同时退出 windows。

工作时是否锁定功能键：表示在前台收款的界面中是否锁定其他的功能键，只能是收款的界面，按其他的功能键都无效，最小化的按钮也没有。

锁屏时滚动文字：表示在前台收款界面中如果锁屏，屏幕上显示的滚动文字。

前台交班报表打印是否先预览：表示在前台交班，打印报表时是否需要预览。

7. 员工考勤

该系统提供了一个独特的功能便是前台考勤，所有的员工可以配一个考勤卡，然后在每天上班或者是下班的时候，都通过员工考勤刷卡，将考勤数据记录到电脑。进入员工考勤后，在显示的界面上有三个按钮：员工上班刷卡、员工下班刷卡、退出。如果员工需要上班刷卡，那么就点击员工上班刷卡，此时会弹出请刷卡的界面，然后在此界面中将员工的考勤卡刷一次就可以了，同样员工下班刷卡也是这样操作。

8. 退出系统

如果所有的工作全部完成或者是中途需要退出系统的话，就按退出系统按钮，或者按键盘 ESC 键，便会退出系统。

# 第七章

# 点　钞

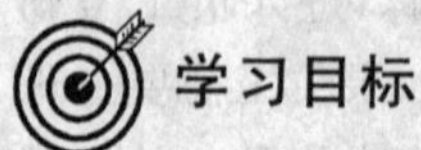

## 学习目标

通过本章学习，要求了解人民币的发行、残缺人民币兑换、损伤人民币挑剔的常识和真钞的防伪技术和印制特征。明确点钞技术是会计人员的基本功。掌握人民币真伪鉴别的基本方法、点钞的八大基本要求、单指单张和多指多张点钞法。要求在毕业前每5分钟单指单张点完500张，多指多张点完800张。

本章重点是人民币真假的鉴别方法和点钞技能。

## 第一节　人民币的兑换与挑剔

### 一、人民币的历史沿革

人民币通常是指由中国人民银行发行的、在全国范围内流通的中华人民共和国的法定货币。

20世纪40年代末，由于人民解放战争的迅猛发展，中国人民解放军以摧枯拉朽之势解放了中国的大片土地。为了迎接全国解放，稳定金融和物价，尽快摆脱国民党货币贬值对解放区的影响，恢复和发展解放区的工农业生产，建立统一的货币制度已成为当务之急。

1948年12月1日，华北人民政府发出布告，将华北银行、北海银行、西北农民银行三行合并为中国人民银行；华北银行总行改组为中国人民银行总行。总行地址设在石家庄，并于中国人民银行总行成立之日开始发行人民币，确定人民币为华北、华东、西北三区的本位币，统一流通。第一批发行拾圆、贰拾圆、伍拾圆人民币各一种。

1949年1月，中国人民银行总行迁入北平（北京）。10月1日，中国人民银行正式成立并成为中央人民政府的国家银行。

1951年3月20日，中华人民共和国政务院颁布关于统一内外币制的命令。当年4月1日起收回东北银行和内蒙古人民银行的流通券，5月1日发行印有蒙文的人民币伍仟圆、壹万圆二种；同年11月1日在新疆维吾尔自治区发行印有维吾尔文的人民币伍佰圆、壹仟圆、伍仟圆、壹万圆共四种，限期收回新疆银元票。从此，人民币成为我国集中统一、唯一合法的货币。

从1953年起，我国进入了有计划的经济建设时期。1948年开始陆续发行的人民币，由于历史原因，面额过大，不便于生产建设和人民生活。为了适应国家有计划经济的需要和方便人们生活，健全和巩固新中国货币制度，自1955年3月1日起发行第二套人民币，面额为壹分、贰分、伍分、壹角、贰角、伍角、壹圆、贰圆、叁圆、伍圆、拾圆11种。新人民币以壹圆折合旧人民币壹万圆的比价收兑。

从那时起至今，人民币一共发行了五套。

1. 第一套人民币从1948年12月1日到1953年12月底，在短短的几年中，共发行62种不同版面图案的纸币。面值从壹圆到伍万圆。第一套人民币发行时，限于条件，纸张和印刷质量参差不齐，尤其色差极其严重，所用纸张有专用印钞纸，也有特别棉纤维纸，甚至还有普通道林纸；印刷则大多为胶印，部分为凹版印刷，少量还有石印；在防伪性能上除了一些特定的暗记外，均无水印。

2. 第二套人民币有壹分、贰分、伍分、壹角、贰角、伍角、壹圆（53版、56版）、贰圆、叁圆、伍圆（53版、56版）、拾圆共11种，1955年开始陆续使用，至60年代中期开始只收不付，1998年5月中国人民银行宣布第二套人民币截止到1998年年底停止流通。

3. 第三套人民币以版面不同区分，共有16种，目前仍在流通使用。

4. 第四套人民币是现流通币。属1980年版，共有9种不同版面，其中高面额50圆与100圆二种，初版已用完，再版改为1990年，图案、字轨与号码位数都未变。低面额的1圆也于1996年再版。共有11种。

5. 第五套人民币1999年国庆开始发行，目前发行了100圆、50圆、20圆、10圆、5圆、1圆纸币及1圆、5角、1角三种硬币。2005年8月31日发行了100圆、50圆、20圆、10圆、5圆和1角硬币新版第五套人民币。1999年版人民币已停止生产，逐渐退出流通。(2005年版第五套人民币简称“新版人民币”)

6. 外汇兑换券共9张一套，初版有7种不同版面，全部是79年版。其中50圆与100圆先用完，于1988年再发行不同版面的新版继续使用。

## 二、残缺人民币的兑换

人民币在流通过程中，由于多种原因会造成不同程度的损伤，银行出纳在办理日常收款业务时，要把残破、污损的人民币挑剔出来，单位和个人手中的残缺人民币要求兑换时，银行也应该予以无偿兑换，并将其交存当地中国人民银行。

中国人民银行的有关规定如下：

（一）凡残缺人民币属于下列情况之一者，应持币向银行全额兑换：

1. 票面残缺不超过五分之一，其余部分的图案、文字能照原样连接者。

2. 票面污损、熏焦、水湿、油浸、变色，但能辨别真假，票面完整或残缺不超过五分之一，票面其余部分的图案、文字能照原样连接者。

（二）票面残缺五分之一以上至二分之一，其余部分的图案、文字能照原样连接者，应持币向银行照原面额半数兑换，但不得流通使用。

（三）凡残缺人民币属于下列情况之一者不予兑换：

1. 票面残缺二分之一以上者。
2. 票面污损、熏焦、水湿、油浸、变色不能辨别真假者。
3. 故意挖补、涂改、剪贴拼凑、揭去一面者。

不予兑换的残缺人民币应由中国人民银行销毁，不能继续流通使用。

### 三、损伤人民币的挑剔

各银行在办理收付、整点票币时，应随时挑出损伤票币，挑剔时既要考虑票币的整洁，便于流通使用，又要贯彻节约的原则。做到残损券内没有完整券，流通券内没有残损券。挑剔时，按中国人民银行发行制度规定的标准办理。通常凡属下列标准之一者均应挑出，作损伤票币处理：

1. 票面缺少一块，损及行名、花边、字头、号码、图徽之一者；
2. 裂口超过纸幅三分之一或票面裂口损及花边图案者；
3. 纸质较旧，四周或中间有裂缝，或票面断开又粘补者；
4. 票面由于油渍、墨渍造成污染的面积较大，或涂写字迹过多，妨碍票面整洁者；
5. 票面变色严重影响图案清晰者；
6. 硬币破损、穿孔、变形或磨损、氧化、腐化损坏部分花纹者。

在实际工作中，还应根据实际情况具体掌握。

[课堂讨论] 1. 现在市面上流通的人民币是第几套？
2. 中国人民银行制定的有关残缺人民币兑换、挑剔的规定有哪些？

## 第二节　人民币真假票币的鉴别

伪造货币在世界上所有国家都被认为是犯罪，都要按照法律给予严厉的惩罚。假币的泛滥，既影响着国家及人民生活的安定，又影响着国家的金融秩序，造成巨大的经济损失。因此，对伪造货币的犯罪活动要给予严厉打击。

建国以来，不法分子伪造人民币的活动从未停止。据统计，2000 年至 2004 年间全国共收缴假人民币面额 42.42 亿元，2004 年达 11.6 亿元。为了保护国家货币，稳定金融秩序，国家先后制定了一系列法律、制度，对伪造货币及贩运假钞等犯罪活动作出明确的惩罚规定。改革开放以来，我国经济建设有了突飞猛进的发展，货币流通量不断扩大。与此同时，假钞在数量上也不断增加，并且境内外犯罪分子相互勾结，采用现代化的伪造方法，使制作的效率高、质量好。这已经严重地影响了广大人民群众的日常经济生活，破坏了人民币的权威性，扰乱了我国金融秩序。近几年来，人民银行与公安部门合作，加大了对伪造人民币犯罪活动的打击力度，破获了一些伪币走私、贩运、销售大案，捣毁了一些地下造假工厂，取得了阶段性成果。国务院还专门建立了反假货币工作联席会议制度，把 2005 年作为“反假货币工作年”。

但是，反假币的斗争是长期的，需要广大人民群众增强反假币的观念，提高识别真假货币的能力。在日常的现金收付行为中，注意发现伪造、变造的人民币，及时向银行和公安部门报告，以便及时打击货币造假的犯罪活动。

鉴别假钞必须首先了解真钞的防伪技术和印制特征，这就要从钞票的纸张、油墨、制版和印刷以及特殊的光学可变技术上来分析。了解其真钞的印制特征和印刷质量，这是鉴别真伪钞的基本依据。

## 一、人民币防伪技术

纸币的防伪技术，按钞票使用的不同阶层分类，有一线防伪，即是普通人鉴别钞票真假的措施；有二线防伪，即专业人员使用专用仪器才能鉴别的措施；有三线防伪，即人民银行专家使用探测器才能鉴别的措施。

为尽快防止和打击制贩假钞的犯罪活动，与世界其他国家一样，我国重视发展一线防伪技术，即让广大群众都能掌握，伪钞在市面一出现，很快就被人识破。增强二、三线防伪技术，使之更加先进和隐蔽。

### （一）水印

真钞水印是在造纸过程中形成的，在造纸时根据设计的图案增加或减少纤维的密度，使纸厚薄不同，显示出明暗的多层次的人像或图形。将钞票迎光透视在正面左侧空白处，可看到层次丰富、立体感很强、具有浮雕立体效果的固定水印。在 1980 年版、1990 年版和 1999 年版的 100 元和 50 元人民币中固定水印是毛泽东头像；1999 年 20 元、10 元人民币的固定水印是荷花。

### （二）雕刻凹版印刷工艺

在流通的各版人民币中，其正面主景人像、背面山水建筑，以及中国人民银行名、盲文等处均使用了这一技术。采用这种印刷工艺使图像层次丰富、色泽浓郁、立体感强、用手触摸有凹凸感。

### （三）多色接线图纹

其特点是图案上的线条由多种颜色组成，线条相接处无漏白、无错位现象。

### （四）磁性印记

如在 20 世纪 1980、1990 年版 100 元和 50 元人民币中正面汉字“壹佰元”和背面少数民族文字中都有磁性印记，用专用磁性检测器在该部位检测，会显示出磁性信号。

### （五）无色荧光图纹

用一定波长的紫光灯照可显示出黄绿色字样。在 1999 年版 100 元票面正面行名下方胶印底纹处，在特定的紫光灯照下可以看到面额“100”字样，该图案为无色荧光油墨印刷，可供机读。在 1980 年版票面上无此特征，1990 年、1999 年版具有此特征。

### （六）安全线

除 1980 年版人民币外，其他各版均采用了此技术。将钞票迎光透视，可看到正面头像后侧有一条贯通票面的、有一定宽度的、不透明的线。在 1999 年版 100 元票面的安全线上还有磁性缩微文字，迎光观察，可见“RMB100”微小文字，仪器检测有磁性。

另外在 1999 年版人民币中还增加了以下防伪技术：

1. 彩色纤维：在票面的空白处，可看到纸张中有红色和蓝色纤维。

2. 隐形面额数字：一般在正面右上方有一椭圆形图案或其他装饰图案，将钞票置于与眼睛接近平行的位置，面对光源作平面旋转 45 度或 90 度角，即可看到面额“100”或

“50”、“20”、“10”的字样。

3. 胶印缩微文字：如在正面或背票图案中多处印有胶印缩微文字，一般要用放大镜才能看到。具体的文字内容因面额不同而异，如“RMB”和“RMB100”或“RMB50”、“RMB20”等字样。

4. 光变油墨面额数字：如在100圆券正面左下方“100”字样，与票面垂直角度观察为绿色，倾斜一定角度则变为蓝色。

5. 阴阳互补对印图案：如在面额100圆券正面左下方和背面右下方均有圆形局部图案，迎光观察，正背图案重合并组合成一个完整的古钱币图案。

6. 横竖双号码：如在面额100圆券正面采用横竖双号码印刷（均为两位冠字、八位号码）。横号码为黑色，竖号码为蓝色。

7. 有色荧光油墨印刷图案：如在面额100圆券背面主景上方椭圆形图案中的红色线纹，在特定波长的紫光灯下显现桔黄色荧光图案。

8. 其他防伪技术：如专用纸张、双色横号码等。

以上防伪技术中，水印、红蓝彩色纤维、安全线、手工雕刻头像、隐形面额数字、胶印缩微文字、雕刻凹版印刷、双色横号码、横竖双号码为公众防伪措施（或称“一线防伪”）。其他的均为专业防伪措施（或称“二线、三线防伪”）。

（七）2005年版第五套人民币与1999年版第五套人民币防伪特征的相同点

2005年版第五套人民币100元、50元、20元、10元、5元纸币的规格、主景图案、主色调、“中国人民银行”行名和汉语拼音行名、面额数字、花卉图案、国徽、盲文面额标记、民族文字等票面特征，固定人像水印、手工雕刻头像、胶印微缩文字、雕刻凹版印刷等防伪特征，分别与现行流通的1999年版第五套人民币对应纸币相同。其中，20元、10元、5元的双色横号码同1999年版。

（八）2005年版第五套人民币与1999年版第五套人民币防伪特征的区别

1. 调整防伪特征布局。

新版100元、50元人民币将正面左下角胶印对印图案调整到正面主景图案左侧中间处，光变油墨面额数字左移至原胶印对印图案处。背面右下角胶印对印图案调整到背面主景图案右侧中间处。

2. 调整以下防伪特征：

（1）隐形面额数字：调整隐形面额数字观察角度。正面右上方有一装饰性图案，将票面置于与眼睛接近平行的位置，面对光源做上下倾斜晃动，可以看到“100”等各面额数字字样。

（2）全息磁性开窗安全线：将1999年版100元、50元、20元的原磁性微缩文字安全线改为全息磁性开窗安全线。背面中间偏右，有一条开窗安全线，开窗部分可以看到由微缩字符“¥100”、“¥50”组成的全息图案；背面中间偏左，有一条开窗安全线，开窗部分可以看到由微缩字符“¥20”组成的全息图案，仪器检测有磁性。

（3）双色异形横号码：将1999年版100元、50元的原横竖双号码改为双色异形横号码。正面左下角印有双色异形横号码，左侧部分为暗红色，右侧部分为黑色。字符由中间向左右两边逐渐变小。

（4）雕刻凹版印刷：新版20元人民币的背面主景图案桂林山水、面额数字、汉语拼音行名、民族文字、年号、行长章等均采用雕刻凹版印刷，用手指触摸，有明显凹凸感。

3. 增加/减少以下防伪特征：

（1）白水印：新版 100 元、50 元人民币位于正面双色异形横号码下方，新版 20 元人民币位于正面双色横号码下方。迎光透视，可以看到透光性很强的水印“100”等字样。

（2）凹印手感线：新版人民币在正面主景图案右侧，有一组自上而下规则排列的线纹，采用雕刻凹版印刷工艺印制，用手指触摸，有极强的凹凸感。

（3）新版各券别纸币背面主景图案下方的面额数字后面，增加人民币单位元的汉语拼音“YUAN”；年号改为“2005 年”。

（4）新版各券别纸币取消了 1999 年版第五套人民币纸张中的红蓝彩色纤维防伪技术。

4. 新版 1 角硬币，在正面图案、规格、外形与现行流通的 1999 年版第五套人民币 1 角相同的基础上，材质由铝合金改为不锈钢，以适应防伪、机读需要。

## 二、假钞的类型，伪造手段、特点和鉴别方法

20 世纪 80 年代中期以来，我国发现的假钞多采用了现代的伪造方法，制作效率高、质量好、危害性大。假钞主要有伪造币和变造假币两大类。伪造币指仿照真币原样，利用各种手段非法重新仿制的各类假币，它包括机制假钞和复印假钞两种；变造币指在真币基础上或以真币为基本材料加工实现升值的假货币。

### （一）机制假钞

这是利用现代印刷设备造假，从纸张、油墨到制版印刷都是伪造的，主要有照相制版胶印、电子扫描胶印和雕刻制版凹印三种。前两种假钞的印刷都是平版胶印，手摸线纹无油墨凸起的感觉。另外水印、各种微印刷技术伪钞都仿造不好，或看不清文字、数字，多色接线、合成对印等都仿制不好，很容易识别。电子扫描胶印的最大特征是构成图案的细部属网点结构，线纹呈现点状而不是真钞图案的条状结构。而且假币对复杂多变的细线纹印得模糊不清，颜色也不真，这些特点在放大镜下一目了然。

雕刻版凹印假钞较难鉴别，但与真钞对比仍有本质区别。具体表现在钞纸不如真钞坚韧，纸张纤维的分布在疏密程度上与真钞不同。虽然凹印油墨也带有磁性，但与真钞相比磁信号和强度是不同的，用专业鉴别器可以检测出来。

### （二）复印假钞

这是利用现代化办公设备造假钞，由于是利用复印机直接复印假钞，伪造方法容易掌握，时间短数量大。今后随着彩色复印技术的发展和普及，运用这种方法伪造假钞的将会越来越多，对其危害性不能低估，我国已破获多起复印假钞案。

1. 利用黑白复印机复印假钞

这是办公用的一般黑白复印机复印，伪造方法是用复印机复印货币主要图案部分（黑色），其他部分用辅助方法印刷。有的用手工刻版套印，有的用手工绘画上色，比较容易鉴别。其特点是：

（1）辅助印刷部分的图案花纹往往不对称，线条不均匀，与原钞差别较大，颜色差别也大。有的手工描绘的图案花纹差别更大，添加的颜色浓淡不匀。

（2）复印的图案花纹是由显影剂颗粒堆集而成的，空白处常弥漫着少量颗粒（墨粉）。辅助印刷部分的着色剂通常是用誊写油墨或其他颜料印刷，不具备显影剂颗粒的特点。

（3）图案花纹套印不准，也没有过度色且有明显的对接痕迹。

（4）不是凹印，手摸纸张光滑，水印是印在纸表面上的假水印。

2. 利用彩色复印机复制假钞

与黑白复印机相比，彩色复印机复制假钞较难鉴别。但仍可从以下几点来判断：

（1）彩色复印机复印伪钞主要是用静电原理，利用原稿的反射复印图像，用显影颗粒粉墨拷印在纸张上。由于复印机采用的是固体墨粉通过烘烤融化形成的线条，一般不很光洁整齐，在放大镜下观察线条是由墨粉堆积而成的，在空白的位置上也有少量的墨粉。

（2）仔细观察复印的伪钞颜色多印得不好，与真钞色调有较大差异。

（3）手摸纸张光滑，无真钞凹印线纹具有的凹凸感。

（4）水印多是手工刻制的印模用浅色油墨加盖在钞纸的一面，也有用浅色颜色描绘在纸上。

（5）其他防伪特征，如隐像、金属反光薄膜、各种光可变特征等，复印不出来或复印出来的效果很差，颜色和图案也不能随视觉位置变化而变化。

（三）变造假钞

变造假钞是以真钞为基本材料经过一定的手法进行处理，从中获取升值的差价。其主要手段有：

1. 涂改票。经过擦除，刮除和利用化学药水褪色除去真钞上的图案和文字部分，然后再换成新的图案和文字，以达到将小面额真钞改成大面额假钞，赚取差价的目的。其检查方法是：

（1）利用放大镜看面额阿拉伯数字和大写数字处，底纹线条及其颜色是否消失或模糊不清，有无多处断裂等情况。

（2）纸张上有无擦刮、起毛、破损及纸张变薄等痕迹。

（3）数字或文字，字体及墨色是否与真钞一致。

（4）在明光下检查纸张颜色是否有异常之处，如变黄或污浊等现象。

2. 拼凑票。目前发现有两种方法，一种是将真票剪成若干长条，每张取出其中一条。用数条拼凑出一张完整的票子，这对真钞有很大的破坏性。另一种是真伪拼凑票，其做法是：将真币剪于1/2或1/3，然后用假币将其拼凑复原。拼凑后的变造币纸幅大小与真币基本相同，但拼凑部分在紫光灯下有荧光反映，而真钞部分是没有荧光反映的。另外拼凑部分与真币相接部分，其图案、花纹部位有错位现象。

## 三、识别真假人民币的几种简单方法

鉴别真伪钞最基本、最有效的方法，是凭手感觉、眼睛观察和耳听声音来鉴别，仪器鉴别只是作为辅助鉴别手段。同时，假钞是仿照真钞制造的，识别真假，首先要了解真钞的印刷特征和防伪技术；其次要对各类假钞的伪造方法及其特征有一定了解，通过对比便能识别；最后要重点检查真钞防伪功能的最强特征，以及检查各类假钞的不同特征。

（一）一般方法

识别真伪钞有以下三种方法：

1. 比较法。常言道："不怕不识货，就怕货比货"，"有比较才有鉴别"。通过真伪钞对比识别假钞是最基本的方法。对真钞防伪特征能记住的最好，不能记住的用实物对比，将发现的可疑之处与真钞实物进行对比，可只进行局部对比，也可以进行全面对比。

2. 抓住伪钞的薄弱点，以点带面，识别假钞。这是快速识别假钞的方法。例如：人头像、水印等假钞一般仿制不好，这是假钞的薄弱点。

3. 运用专业仪器检测：这是最后一道检查措施。但要注意有的假钞也仿制了真钞的某些特征，只用某一种仪器检查有时会失效。

（二）具体方法

1. 眼看。收银员收到钞票后主要用眼看以下内容：（1）钞票的水印是否清晰、有无层次感和立体效果；（2）整张票面图案是否单一或者偏色，人物表情上是否自然逼真；(3) 安全线是否与真钞特征一样；（4）看光变油墨，人民币为蓝色和绿色（美钞为黑色和绿色）。

2. 手摸。第四套人民币两元以上券、第五套人民币均采用了凹版印刷，用手触摸币面主要图案、行名、少数民族文字、盲字等凹印部位的线条是否有凹凸感。另外用手摸钞票的纸张，体会其质量和手感，如厚薄度、坚韧度、挺括度、光滑度等有无异常，假币平滑无凹凸感。如发现可疑之处可作进一步鉴别。

3. 耳听，或借助放大镜仔细鉴别。采用眼看、手摸方式发现可疑钞票后往往不能准确加以判定，特别是旧票、破票，这就需要借助放大镜、透光玻璃等简单工具按照人民币的主要特征，仔细核对，认真加以比较。另外，印制钞票所用的特殊纸张，挺括、耐折、耐磨，拿起纸币一端轻弹或抖动会发出清脆的声音，而假币是普通纸印刷的，抖动时声音混浊不清。

4. 仪器检测。如果通过以上方法还不能准确断定真伪时，那就应该用仪器进行检查。一般主要是检查票面在自然光下不可见的防伪标记。可使用各类不同功能的“伪币检测仪”检查：用紫光灯检测无色荧光图纹，用磁性仪器检测磁性印记，用放大镜检测接线技术及底纹线条等。例如：将 90 年版 50 元、100 元券上的黑色图案处（如山石、森林、深色团花等）在鉴定仪的磁头上磨擦，是真币指示灯会发亮或发出声响。在鉴别仪特定波长紫外线照射下，90 年版 50 元、100 元券上表示面额的汉语拼音、阿拉伯数字发射出黄绿色的荧光。

总之，要想对假钞迅速做出正确的判断和鉴别，必须采取两条腿走路的方针，一是凭工作中不断积累的识别钞票的经验；二是借助仪器。无论采用哪种识别方法，都必须对人民币的内涵了解清楚，掌握人民币防伪的基本特征，这是反假币应具备的基本功。

## 四、发现假币如何处理

1. 单位的出纳人员，在收付现金时发现假币，应立即送交就近银行鉴别。

2. 单位发现可疑币不能断定真假时，发现单位不得随意加盖假币戳记和没收，应向持币人说明情况，开具临时收据，连同可疑币及时报送开户银行鉴定。经开户银行鉴定，确属假币时，按发现假币的方法处理；如确定不是假币时，应及时将钞票退还持币人。

3. 广大群众在日常生活中发现假币，应立即送交就近银行鉴定，并向公安机关和银行举报及提供有关详情，协助破案。

4. 银行收到假币时，应按规定予以没收，并当着顾客面在假币上加盖假币戳记印章，同时开具统一格式的“假人民币没收收据”给顾客，并登记造册，妥善保管，定期上缴中国人民银行当地分支行。

5. 假币没收权属于银行、公安和司法部门。其他单位和个人如发现假币，按上述办法处理。

6. 发现外币假币，按上述方法处理。

### 五、毁损、伪造、贩卖假钞行为的处罚

对于毁损、伪造、贩卖假钞行为的处罚主要依据《中华人民共和国刑法》的有关条款执行，现节选如下：

第一百七十条　伪造假币的，处三年以上十年以下有期徒刑，并处五万元以上五十万元以下罚金；有下列情形之一的，处十年以上有期徒刑、无期徒刑或死刑，并处以五万元以上五十万元以下罚金或没收财产：(1) 伪造货币集团的首要分子；(2) 伪造货币数额特别巨大的；(3) 有其他特别严重情况的。

第一百七十一条　出售、购买伪造的货币或者明知是伪造的货币而运输，数额较大的，处三年以下有期徒刑或者拘役，并处二万元以上二十万以下罚金；数额巨大的，处三年以上十年以下有期徒刑，并处五万元以上五十万元以下罚金；数额特别巨大的，处十年以上有期徒刑或者无期徒刑，并处五万元以上五十万元以下罚金或者没收财产。伪造货币并出售或者运输伪造货币的，依照本法第一百七十条的规定定罪从重处罚。

第一百七十二条　明知是伪造货币而持有、使用、数额较大的，处三年以下有期徒刑或者拘役，并处或单处一万元以上十万元以下罚金；数额巨大的，处三年以上十年以下有期徒刑，并处二万元以上二十万元以下罚金；数额特别巨大的，处十年以上有期徒刑，并处五万元以上五十万元以下罚金或者没收财产。

[课堂讨论] 识别真假人民币的方法有哪些？

## 第三节　点钞技能

### 一、点钞的基本要求

点钞就是整理、清点钞票，使进、出的钞票的数量和质量得到保证。无论对哪个部门的出纳人员来说，清点钞票都是一项技术性很强的工作。点钞速度的快慢直接关系到工作的效率，点钞的准确率直接关系到维护国家及企业财产的安全、完整，因此，点钞技术是出纳人员的基本素质之一，点钞速度和准确率成为考核出纳员业务素质的重要指标。作为职业学校，必须重视对财会专业学生的点钞技能的训练。

学习点钞，首先要掌握点钞的基本要领，无论采用哪种点钞方式都应该遵循以下基本要求：

（一）钞票清理要整齐

收银员对收到的钞票要清理好，以方便清点。要将需清点的钞票分类、整齐、平直，这有利于点钞的准确性和速度。总的方法是按钞票面额大小分类清理，对于同一面额但版本不同的钞票也要分开清理。清理时要将破、旧等不符合要求的钞票挑拣出来另外处理。对弯

折、折角、揉搓过的钞票要整平，并弯成坡形放在桌面上，具体放置应方便左手拿钞。

（二）各种辅助工具的放置要适当

点钞时要用的辅助工具有扎条（或“把条”、“腰条”）、海棉缸、印泥、印章及笔等。扎条应放在桌面的右侧，呈“S”型；海棉缸、印泥、印章及笔等置于右侧适当位置，以方便使用为原则。

（三）扇面或坡形形成要均匀

点钞前先要将钞票打开成为扇形或坡形，使每张钞票都露出一定宽度的边，边留得均匀能保证在捻动钞票时不夹张。

（四）轻轻松松练点钞，手指接触面要小

培养良好的心理素质是掌握点钞技能的必要条件。一个人在心情高度紧张的情况下点钞，手指肌肉就会收缩，手指僵硬，这样既影响速度，又影响准确度。因此我们提倡轻轻松松练点钞。通过天天练能培养学生的耐力、树立自信心，以克服不良心理因素对发挥技术水平的影响。

手工点钞时手指与钞票的接触面要小，这样手指将票面捻出后能迅速回位再点，手指运动幅度小，钞票也容易弹出，点钞速度自然要快些。

（五）扎把要牢

实际工作中每点完一百张后就应作为一把扎上把条，扎把要紧。扎好的标准是以提起第一张钞票不被抽出、不散把为准。

如果是复核已点钞票，当复核后正确无误时，立即扎上新把条，同时拆掉旧把条。如果复核后发现有多余或不足，则可在原把条上写“+1”、“+2”、“+3”、“-1”、“-2”、“-3”等字样，表示具体多余或不足的数字，并放在旁边待处理。

（六）点好的钞票要放齐

每把钞票点好后，要像点钞前一样放置整齐，以利于盖章。一般放置在桌面右侧。

（七）盖章要清晰

对点完并扎好把条的钞票，应在把条上加盖点钞人员的名章，以表示对此把钞票质量和数量负责。因此，盖章必须清晰，以能看清姓名为准。

（八）点钞各环节要求连贯一致

无论是手工点钞还是机器点钞，从起把、打开扇型、清点、扎把、拆把、堆放到最后盖章应连贯一致。同时，每把之间动作要自然衔接，不留间隙时间。点钞时做到手点、眼看、脑记数。

## 二、手持式单指单张点钞法

手持式单指单张点钞法是一种最基本的点钞方法。这种点钞法逐张清点，能观察到的票面面积较大，容易识别假钞，便于挑剔残损破钞，而且不受券别种类限制，因此被广泛地应用于柜面收付和复核、整点各种票币等。其不足之处是逐张清点，劳动强度较大，清点速度较慢。要求每个出纳员要熟练掌握此法，不断提高运用单指单张点钞的工作效率。

手持式单指单张点钞法的操作程序是：

（一）持钞

将经过整理的钞票正面对着点钞者竖起，如果不整齐的要将券底在桌子上理整齐。用中指和无名指夹在钞票下端1/4处，食指和中指并列放贴在钞票背面，左手拇指贴在钞票正面上端1/4处的左侧，稍用力使钞票向外推，使钞票向上翻转呈弧形，然后用拇指将钞票左侧边缘再向外推，使钞票形成扇面，以便清点。

另外，对于小面额的钞票，最好用中指和无名指夹在钞票底部，其他手指部位同上，这样持钞会更加方便。

（二）清点

左手持钞稍斜，正面对着胸前，右手拇指尖放在钞票的右上角处逐张捻动，同时每捻下一张，无名指在背面要弹拨一次，无名指运动方向是向手心来回勾动。右手食指和中指在背面托住部分钞票，左手拇指配合右手手指向右轻微捻推，钞票会自然下落。清点时要求左右手手指之间、右手各手指之间要密切配合，点钞的手指捻动幅度和运动距离要小，频率要快。

（三）记数

在清点钞票的同时要记数，由于单指单张是逐张捻动的，因此记数也要一张张记，一般记到一百张为一把。为了便于记数，适应手点速度，可采用以下两种方法记数。

1. 前缀循环记数法。其方法是将100张券分成10组，每组10张，将组数加在前面循环记数。例如：1234567890、2234567890、3234567890……10234567890，数完称为一把。这里前九组第一个阿拉伯数码字既代表组数，又表示每组的第一张，第十组“10”读成“十”含义同前九组第一个数字。

2. 后缀循环记数法。其方法是将100张券分成10组，每组10张，将组数加在后面循环记数。例如：1234567891、1234567892、1234567893、……、12345678910，前九个阿拉伯数字代表张数，最末一位既代表这一组的第10张，又表示组数。当最末一位是“10”（念“十”）时，说明已点完100张。

（四）捆扎

先将清点完的钞票理齐。如果是复核不要先拆把，等捆扎好后再拆把。左手拿着点好了数的点钞券，左手食指将点钞券厚度的1/3处分开，用右手大拇指、食指、中指拿着把条，在点钞券长度的1/5处从点钞券的上部插入纸条，插入把条的长度约3厘米，用右手食指、中指夹住把条，先向怀里绕，共绕两圈，当第二次绕到插入处时，用右手大拇指和食指将把条向外或向里折成三角形，将末端用右手食指或中指插入双层把条和点钞券之间。

注意：在左手拿住点钞券时，用左手大拇指往里压一下成凹状，直到捆扎完再松手，捆扎完后用右手从点钞券的反面压一下（若是比赛可不压），这样捆扎的点钞券就紧一些，并且能达到提起第一张或最后一张都不会掉出点钞券的要求。

（五）拆把

捆扎好钞票后，如果原来有把条，就需要将它拆掉，拆把时左手拇指将原把条向外拉断即可。

### 三、手持式多指多张点钞法

手持式多指多张点钞法是指同时翻点一次可以清点四张钞票，是当前一种较快的先进手工点钞方法。它的特点是速度快，下张均匀，票面可视幅度较大，点钞效率高，适合于柜台收付和复核、整点各种票币。缺点是初学时四指配合难度较大，钞票不齐时不易点准。因此要以此法理好钞票，应坚持每天强化训练以快速掌握。

手持式多指多张点钞法的操作程序是：

（一）持钞

先用左手把钞票中部夹在中指和无名指之间，让钞票竖起，然后左手拇指和食指管住钞票上角，中指顶住钞票背面用力向外，将钞票压成“ Ͻ ”型，右手拇指、食指等配合将钞票打成一个小扇形。并将夹好的钞票移到胸前适当位置，作清点准备。

（二）清点

右手清点时，小拇指、无名指、中指、食指的指尖分别在第一张、第二张、第三张、第四张钞票的右下角向斜下方翻点，一次四张，称为一手。翻点时，左手持钞在下方，右手在上方，右手食指、中指、无名指、小指自然并拢，弯成弓形，在翻点时四个指尖呈弧形状。右手翻点时，每下一手，左手拇指推动一次，食指同时松开，使每手钞票送放自如，然后管住未点的钞票，来回翻点。这样能保证左右两手协调配合，动作整齐划一，每手之间连贯一致。

（三）记数

四指点钞每次清点四张，又称为一手。这样每 100 张就有 25 手。由于手数较多，必须寻找规律巧记，下面介绍两种记数法。

1. 只记手数，不记张数。当第一手清点完后记作“1”，当第二手清点完后记作“2”，……当第二十五手清点完后记作“25”，手数是 25 时，说明已点完 100 张钞票。

2. 前缀循环记数法。前缀是手数，但由于四指点钞时手数较多，有两位数的情况，为了简化记忆可根据 $10\times4+10\times4+5\times4=100$ 张。总结为：重复记两个 1234、2234、……10234，然后再记一个 1234、2234、3234、4234、5234，这样便能较快记住。

（四）捆扎

同单指单张点钞法。

（五）拆把

同单指单张点钞法。

## 四、扇面点钞法

扇面点钞法是指将钞票打开成扇形，然后用一指、多指进行清点的方法。它适用于收、付款的复核和大宗票币的整点工作，具有省力、省时，效率高的优点。其不足之处是钞票基本不翻动，不易识别假钞。下面介绍一指五张扇面点钞法的操作程序。

（一）持钞开扇

将钞票竖立，左手拇指放在钞票左下角略上部位，食指和中指抵在钞票背面的下端，三指捏住钞票，左手无名指、小指自然卷向手心。右手拇指按在钞票正面下半部，并且要高于左手拇指，其余四指在钞票背面，食指和中指也要放在左手食指的上方。

开扇时，以左手为轴心，右手拇指不断向左向上推搓，同时中指和食指向右向下推搓，左手配合右手反方向用力。开扇要刚柔相济，既快又匀。

（二）清点

用一指五张法清点时，右手拇指按钞票的上角，一次 5 张，食指紧随其后将已清点过的钞票按下，边清点边记数。

（三）记数

用一指五张法清点时，每把 100 张可分成 2 组。记数时可采取只记组数，不记张数的方法，分别用1234567890、2234567890表示2个10组，合计20组。

（四）捆扎

钞票清点完毕要关扇合把，其方法是用右手中指放在钞票侧中端，左右手同时推钞合把，然后按前述方法捆扎。捆扎好的钞票放在桌面右侧，要求堆放整齐并加盖经手人名章。

## 五、机器点钞的方法

随着市场经济的发展，银行储蓄业务不断拓展，业务量急剧增大，为了将出纳员从繁忙的手工点钞中解放出来，机器点钞应运而生。机器点钞就是出纳员把整理好的同面额钞票放入点钞机中，用机器进行清点。有的点钞机还具有识别人民币真伪的功能。机器点钞的特点是迅速、方便，效率是手工点钞的数倍。一般多用于收付现金时的复点。

点钞机由捻钞系统、识别系统、计数系统和传送、整钞系统组成。它模拟了人工点钞的操作过程。使用点钞机前要先详细阅读说明书，并将点钞机按要求调试好。机器点钞的一般程序如下：

（一）整理

出纳员把钞票进行初步清点，按面额大小分类，同面额的还要按版本不同分类，并剔除损伤、残缺券后，整理放好。

（二）清点

将整理好的钞票送入点钞机中，由机器自动清点。为了保证下钞流畅不堵塞，出纳员应将每把钞票搓成小斜坡形。方法是若有把条先将把条拆掉，钞票竖起对着自己，左右手拇指和食指捏住钞票两边的中部，右手拇指向左边，左手食指向右边前后搓动几下，自然形成小坡形。

（三）捆扎

每百张钞票清点完后还要手工捆扎好，每笔收付业务完成时，必须在把条上盖经手人名章。捆扎的方法与前述单指单张捆扎法相同。

在日常工作中运用机器点钞的要领可总结如下：

调好机器整好钞，拆把揉搓呈坡道。
紧张操作争分钞，左右连贯用技巧。
右手送入欲点钞，左手拿出捻好票。
两眼观察票面跑，余光扫过计数表。
顺序操作莫慌乱，动作环节要减少。
遇到假钞票抽出，快速捆扎要做到。
维护保养经常搞，正常运转工效高。

## 六、提高点钞技术水平的基本途径

为了不断提高点钞技术水平，必须经常练习，必要时进行强化训练。首先要有明确的练习的目标，还要注意练习的方法，此外心理素质、敬业精神等要素的培养也很重要。

（一）制定明确的练习目标

学校应根据教学大纲的要求，本着实事求是、因材施教的原则，将学生划分为若干层次，并制定学期和毕业应达到的目标，每学期开展一次点钞技术比赛和若干次点钞等级鉴定。有了明确的目标和要求，学生有努力方向，才会对点钞技术练习产生高度的自觉性和积极性，比赛、鉴定活动能促成提高学生点钞的技能技巧。

（二）采用正确的练习方法

点钞可以采取不同的方法，而只有正确的练习方法才能获得最佳效果。

1. 专业老师指导和示范，让学生掌握正确的点钞方法。

老师的示范和指导能加深学生对正确动作的视觉印象和体验，使学生能对比找出自己的差距，提高练习的质量。要求学生按示范方法去做，杜绝错误的动作。

2. 将点钞动作的分解练习和综合练习相结合，并检查练习的结果。

点钞动作可分解为持把、点张、记数、捆扎和盖章等具体动作。在训练过程中要严格遵循点钞的八大基本要领，逐项练习，先准后快，准中求快。如点钞的速度要随心算记数速度的加快而同步加快，不能只点快而不练记数。只有手点和心算记数合拍，才能达到准确的目标；只有点钞各环节连贯一致，才能提高点钞的速度。

3. 个人练与集体练相结合，教学和等级鉴定、比赛相结合，推动强化训练向深度发展。

个人练习适合自我提高,但往往缺乏横向比较;集体练习竞争性强,适合在对抗中锻炼自己的心理素质,检查训练的效果。等级鉴定和比赛等能培养坚韧不拔的毅力,增强奋发向上的精神。

（三）熟练掌握人民币真伪鉴别的方法

鉴别人民币真伪是会计人员的基本功之一。首先要掌握各个版本的人民币防伪特征，其次要了解假钞的种类和制假方法，最后要通过点钞熟练的运用看、摸、听、比等方法鉴别假钞。

[课堂讨论] 你认为怎样才能提高自己的点钞技能水平？

[本章小结] 本章主要介绍了人民币的真伪鉴别技术，人民币的挑剔和兑换办法；手工点钞主要介绍单指单张、多指多张和扇面点钞法三种方法；要求掌握点钞机的使用。